Research on the Coordinated Development of
County Economy and County Financial Services
in the Process of Urbanization

城镇化进程中县域经济
与县域金融服务协同发展研究

高晓燕 / 著

中国财经出版传媒集团

经济科学出版社
Economic Science Press

图书在版编目（CIP）数据

城镇化进程中县域经济与县域金融服务协同发展研究/高晓燕著.
—北京：经济科学出版社，2020.6
ISBN 978 - 7 - 5218 - 0642 - 7

Ⅰ.①城…　Ⅱ.①高…　Ⅲ.①县级经济 – 区域经济发展 –
研究 – 中国②地方金融事业 – 研究 – 中国　Ⅳ.①F127②F832.7

中国版本图书馆 CIP 数据核字（2019）第 125028 号

责任编辑：杜　鹏　刘　悦
责任校对：隗立娜
责任印制：邱　天

城镇化进程中县域经济与县域金融服务协同发展研究

高晓燕　著

经济科学出版社出版、发行　新华书店经销

社址：北京市海淀区阜成路甲 28 号　邮编：100142

编辑部电话：010 - 88191441　发行部电话：010 - 88191522

网址：www. esp. com. cn

电子邮箱：esp_bj@ 163. com

天猫网店：经济科学出版社旗舰店

网址：http：//jjkxcbs. tmall. com

固安华明印业有限公司印装

710×1000　16 开　18.5 印张　310000 字

2020 年 6 月第 1 版　2020 年 6 月第 1 次印刷

ISBN 978 - 7 - 5218 - 0642 - 7　定价：88.00 元

（图书出现印装问题，本社负责调换。电话：010 - 88191510）

（版权所有　侵权必究　打击盗版　举报热线：010 - 88191661

QQ：2242791300　营销中心电话：010 - 88191537

电子邮箱：dbts@ esp. com. cn）

前　言

本书是国家社科项目《城镇化进程中县域经济与县域金融服务协同发展研究》（项目编号：13BJY172）的最终成果。在我国城镇化进程加快的同时，各地不同模式的县域经济纷纷发展起来，我国县域经济发展模式形成区位导向型、资源导向型、资本导向型、市场导向型、产业导向型等多种模式。与国外先进国家相比，我国城镇化进程比较缓慢，城镇化质量不是很高。城镇化发展方面的理论，县域经济与县域金融服务协同发展的理论的系统性不够。

研究此课题的目的是，以城镇化进程为前提，探讨中外的城市化发展理论，县域经济与县域金融协同发展理论，分析我国实现城镇化的支撑条件，对新型城镇化质量体系进行评价，从与县域经济发展相契合的视角，研究县域金融服务的滞后问题，研究县域经济发展的非均衡性问题，探讨适应不同县域的具有差异的金融服务模式和运行机制，寻求评价县域经济和金融服务协同发展的方法和指标体系，构建保障县域经济与县域金融协同发展的长效机制。

本课题的意义是通过细致梳理研究，揭示适合我国发展城镇化，以及县域经济与县域金融发展的理论；分析我国新型城镇化的内涵、发展原则和动力机制，用案例方式系统总结了我国新型城镇化过程中积累的经验；分析了县域经济与县域金融协同运行的关键性指标，解释我国县域经济发展不均衡的原因，明确县域经济与县域金融服务协同发展的长效性机制；在完善我国城镇化发展理论、县域经济发展理论和县域金融改革理论的同时，为省部委和县市制定农业发展政策和县域金融改革政策提供指导。

本课题的主要内容包括：（1）界定了城镇化、新型城镇化、县域经济与县域金融服务的内涵。依据城镇化的发展前提，对县域经济发展的阶段性、差异性、发展模式分类、现状和发展特点，揭示了县域经济与金融服务不协调的制约因素和特征。（2）探索县域经济与金融服务协同发展的评判标准，通过收集数据利用实证法对城镇化进程中县域经济与县域金融服务协同发展进行了研究。用 TOPSIS 法建立新型城镇化质量评价体系，对相关地级市做了分析。运用锡尔指数分析方法，分析了我国县域经济发展的非平衡性。探讨了县域金融服务对县域经济的影响机理、反馈机理以及两者良性互动的具体表现。(3) 梳理了美国、日本、印度、孟加拉国县域经济与县域金融服务协同发展的路径及特色、共同点和经验，为我国城镇化进程中金融服务于县域经济提供了可资借鉴的经验。(4) 根据金融服务滞后于县域经济发展的特征表现，对显性成因和隐性成因进行分析，找出差距，寻找和改善金融服务滞后的突破点。(5) 提出了城镇化进程中，县域经济的发展战略、县域金融改革的路径。县域经济与县域金融服务协同发展的路径是发挥比较优势走特色化之路，以人为本走民本经济之路，发展循环经济走可持续之路，分别从中西部地区、东北地区、东部地区三个角度，对于实现县域经济与金融服务协同发展提出了政策建议。(6) 对县域经济与县域金融协同发展的长效机制进行了经典总结。

一、关于本书中有关章节数据的说明

第八章第一部分实证研究，重新调取全国 1942 个县的数据进行分析，使研究更有依据，结论更加真实。根据《中国统计年鉴（2012）》的行政区划数据，各省"县级市""县""自治县"（合称为"县"或"县域"）共有 1942 个。本部分以各省县域数量在全国所占的比例以及数据的可获取性为原则，选取了 133 个样本县。样本的时间跨度为 2005 ~ 2011 年，因此，样本容量为 $133 \times 7 = 931$。数据资料来源于中国统计信息网中各县的国民经济和社会发展统计公报。

第八章第二部分晋城研究，数据进行扩展分析，样本扩展至最新的 2016 年，新样本数量由 27 组增至 31 组，每组数据由晋城市当年的国内生产总值、年末贷款余额和年末存款余额三部分组成，共计 93 个数值。这是一个县域金融与县域经济未协同发展的实践，重点说明未实现协同发展的教训。

本书提出的重要观点，诸如：(1) 导致县域经济与金融发展失衡的可能原因有金融环境水平的制约、金融主体规模不足、实体经济发展落后和社会需求总量低下。(2) 通过对我国 133 个县进行实证研究表明，总体上看，我国县域经济与县域金融有着一定的互动关系，但互动的效果在不同地区之间呈现较大差异，未形成理想的良性互动的关系。(3) 我国由于多种因素的作用，使东、中、西部三个地区在经济发展的总量、结构和增长效率等方面上存在着很大差异，故在分析县域经济发展非均衡性上将采取项目与空间的多维度分析，在分析现状的同时，进一步探究了县域经济非均衡性的产生原因。（4）提出了县域经济的发展战略，县域金融的改革路径。分别从中西部、东北地区、东部地区三个角度，对于实现县域经济与金融服务协同发展提出了政策建议，提出了建立两者发展的长效机制：一是县域金融在网点设立方面需要适应县域经济发展的实际情况；二是县域金融的业务发展需要适应县域经济增长的特点；三是县域金融的政策安排应充分注重当地金融生态和金融集聚的因素；四是实行差异化的区域金融发展政策；五是加强县域金融监管，强化风险管控能力。

二、对策建议

1. 提出城镇化进程中县域经济的发展战略。新型工业化是县域经济发展的前提与时代背景，新型城镇化是县域经济发展的重要机遇，农业现代化实现是经济发展的基础性内容，市场化是县域经济发展的方向，"三农"问题的解决是县域经济发展的最终目的。

2. 提出城镇化进程中县域金融改革的思路。在内部，金融机构自身要加强内部的管理，开辟资金来源渠道，创新业务种类，扩大服务范围，提升服务质量，提高抗风险能力；在外部，要完善外部金融环境，通过立法，加强监管力度，提高政府执行能力等。需要坚持强化政府主导，尊重农民主体地位，创新金融产品种类，金融手段多元化，以政策性为主大力发展农业保险，规范非正规金融组织，激发经济活力。

3. 提出县域经济与县域金融服务协同发展的路径。发挥比较优势走特色化之路，以人为本走民本经济之路，发展循环经济走可持续之路。

4. 分别从中西部、东北地区、东部地区三个角度，对实现县域经济与金融服务协同发展提出了政策建议。对中西部地区县域金融服务与县域经济协同发展的政策建议是县域金融服务以政策性金融机构为主要主体，县域金融政策应有差异性，金融政策应具有阶段性，金融服务发展重点是金融环境构建。对东北地区，我们提出的政策建议是：（1）培育县域合作型金融机构。首先，可以适当引入县域范围内的企业等民间资本参股。其次，与当地农协和中小企业联合会进行合作。（2）探索县域金融机构独立法人地位的确立。

（3）鼓励县域金融机构进行适当的创新，东北地区的县域经济发展是建立在大农业与大工业之上的，因此，东北地区的产品有很多符合大宗交易品的标准。东北地区的县域金融机构不应该只局限于融资、保险等传统金融服务之上，应该大胆开拓新型的金融服务模式。东北地区的县域金融机构完全可以凭借地理上的优势开展多种多样的业务，期货、咨询、股权融资等都是适合于东北地区县域金融发展的创新方向。对相对发达的东部地区，提出的政策建议是发展县域经济，为改革打下良好基础，创新县域金融服务模式，丰富金融产品，大力发展资本市场，促进金融市场的多元化，创新金融服务和金融产品。

三、本书研究的学术价值和应用价值

（一）研究视角的突破

以全国东、中、西部的县域经济发展为研究对象，从区域经济的角度，结合农村工业化、城镇化过程中，各个县域经济不同的发展模式和水平、产业结构、地域特征进行分类分析，从而揭示出我国具有不同特点的县域经济发展模式，所需要的差异化的金融服务，使研究问题更加深入具体，对策建议更具针对性、可操作性。尤其是对全国 133 个县进行了分析研究，揭示了县域经济与县域金融在规模上与发展效率上的相关关系，并由此得出我国县域金融与县域经济存在互动关系，但是不同地区在效果上存在很大差异，真正的良性互动并未形成。

（二）研究方法的突破

在方法上，采用了规范理论分析法、数量经济研究方法、实证分析法和重点案例调查法。尤其在数量经济方法方面有一些突破。（1）用 TOPSIS 法建立新型城镇化质量评价体系，对四川、湖南、河北等地级市做了一些分析。（2）在采用复合系统协调度模型的基础上，用有序度和整体系统协调度模型对县域经济与金融之间的关系进行了实证研究，以此来评价两者共同发展之间的关系。并且确定了县域经济与县域金融服务协同发展的评价指标。（3）对于造成县域地区经济发展差异的因素，借鉴了锡尔指数分析方法，目的是在于利用锡尔系数，将这种总体差异分解为相互独立的地区间差异和地区内各县市差异，以便找出导致其总体差异的主要原因。（4）构建了一个评价区域金融发展与区域经济增长之间关系的模型，来判别县域经济与县域金融服务支持之间的关系，为如何让金融发展和经济增长相互促进、良性反馈提供指导意见。选取晋城市相关历史经济数据，研究晋城市金融对区域经济增长的影响，并以此为基础提出一定的政策建议。（5）利用规范分析的方法，对城镇化发展理论、县域经济发展理论、县域金融服务理论进行了梳理，分析了县域金融与县域经济两者之间的互动关系。（6）总结了县域经济与县域金融协同发展的长效机制。

（三）研究内容的创新

1. 通过建立一整套衡量县域金融与县域经济协同发展水平的指标体系将两者之间相对水平进行客观的度量，这样可以通过指标化手段更加明确地判断出两者的协同关系是否合理，为政策制定提供正确、公平的依据。

2. 提出了县域经济与县域金融协同发展的长效机制。一是县域金融在网点设立方面需要适应县域经济发展的实际情况；二是县域金融的业务发展需要适应县域经济增长的特点；三是县域金融的政策安排应充分注重当地金融生态和金融集聚的因素；四是实行差异化的区域金融发展政策；五是加强县域金融监管，强化风险管控能力。

此成果对于完善我国城镇化发展理论以及对于我国县域经济发展理论、县域金融理论以及县域经济与县域金融服务协同发展理论均有一定补充及完善。运用的方法、模型对他人研究这些问题有明显的借鉴意义和指导意义。提出的政策建议对我国省部委和相关县市有具体的指导意义和应用价值。

此课题取得了较好的社会影响和效益：（1）在此课题完成过程中，课题组成员多次参加国际学术讨论会，向美国、德国、中国台湾等来自国内外的专家宣传了我国城镇化发展进程、县域经济发展概况、县域金融服务改革进程，产生了良好的社会影响和社会效益。（2）阶段性成果对某些在北京、天津、上海、成都参会的市级、县级领导，也有一定的启发和指导意义。

课题组的研究进度正常顺利进行：（1）课题组负责人严格执行计划，即使在2015年8月~2016年8月到美国西弗吉尼亚大学访学期间，也没有放松对计划的执行。课题组分为三个小组，两位教师负责一个专题，专题分为城镇化理论与发展阶段研究，县域经济与县域金融协同发展标准研究，县域金融与县域经济互动及反馈机制研究。（2）多次召开课题组研讨会和专家会议，确定具体研究内容。（3）将课题写作提纲和B类核心期刊以及国际会议内容全部落实。课题支撑材料有 6 篇核心期刊论文，一本专著，参加 7 次国际学术会议，参加 1 次全国会议，均以文参会。先后到德国、美国以及中国台湾、成都、上海、北京等地参加国际学术会议和全国会议，吸收借鉴了国际国内专家们最新的研究成果。（4）课题负责人在美访学期间，到德国开会期间调研了美国、德国关于城镇化的进程和县域经济、县域金融发展情况。最后，由课题负责人进行整体编辑工作。

在此课题的研究过程中，项目负责人高晓燕进行了整体策划、提纲拟订和书稿的撰写，课题组的同志们齐心合力，为课题结项作出了巨大贡献。绪论和第三章由高晓燕独立撰写，第一章、第二章由刘川撰写，第四章由高晓燕、李媛媛、李瑞晶撰写，第五章由高晓燕、姜荣荣、马少辉撰写，第六章由高晓燕、向念、付赛飞撰写，第七章由高晓燕、文艺、付森撰写，第八章由高晓燕、赵双、许璐撰写，第九章由阮萌、卢悦、王敏撰写，第十章由高晓燕、谢松延、王丹撰写，第十一章由杜金向、初美慧撰写，第十二章由高晓燕、王治国撰写，第十三章由王学龙、崔光华撰写，第十四章由董乃全、王小雪、刘雅撰写。

感谢为项目中期检查亲临指导的南开大学经济学院梁祺教授、天津财经大学现代经济管理学院李宏教授和天津财经大学金融学院马亚明教授。谢谢大家！

课题组

2020 年 4 月

目　录

导　　论

一、选题背景及意义

2014 年 3 月 16 日，中共中央、国务院印发《国家新型城镇化规划(2014—2020 年)》，这是中央颁布实施的第一个城镇化规划。该规划强调新型城镇化的核心是人的城镇化。本课题 2013 年开始申报时用的是城镇化的概念，但是，在研究过程中，我们一直紧抓新型城镇化的核心。所以题目中的城镇化可以视作新型城镇化。新型城镇化是在党的十八大上提出的重大国家战略，是实现中高速经济增长、刺激国内需求的机遇，是转变经济增长方式、调整经济结构的手段。新型城镇化所涉及的内容范围广、难度大，整个过程极为复杂。要实现"增长、包容、绿色"三大目标，除了抓好城市区域整体规划、金融体系建设、城市土地管理和户籍制度改革等关键环节外，还要在解决城乡二元社会、经济的开放型与包容度和构建生态文明社会等问题中有所侧重。新型城镇化的重点与核心是人的城镇化，而在人的城镇化之中县域人口的城镇化是重点。县域人口需要在新型城镇化过程中实现融入城市的目标，故户籍制度改革、新城市人口的发展与提高等问题必须得到有效解决，这是新型城镇化的本质要求。新型城镇化意味着从快速城镇化向深度城镇化转型，这要求我们将之前城市发展的方式有针对性地向更加广大的地区推广，形成新的城市集群与城镇化区域。城市是 80% 的 GDP、95% 的创新成果、85% 的税收和财富的聚集器。在城镇化的进程中，更加需要县域经济与县域金融服务协同发展，只有协同发展才能保证县域经济的健康发展，确保经济对金融、金融对经济的有效支持，才能更好地促进新型城镇化建设。

（一）选题的背景

2016 年 7 月 2 日，北京大学国家发展研究院与国家卫生计生委联合主办的第三届"新型城镇化与流动人口社会融合论坛"上，全国人大财经委员会副主任辜胜阻认为，"十三五"时期，城镇化应实现以下五个方面的转型。第一，从以土地为核心的城镇化转向以人为核心的城镇化。改革开放以来，我国城镇化速度最快的是土地，土地城镇化的速度远快于人的城镇化。根据世界银行的调查，我国只有 20% 的流动人口是家庭式迁移，剩下 80% 的流动人口是劳动力的迁移，这直接造成 6000 多万留守儿童，5000 多万留守老人，5000 多万留守妇女，在家庭与社会层面付出巨大代价。以后要向重视人的城镇化转变。我国"十三五"规划提出了三个"一亿人"目标，即促进约 1 亿农业人口落户城镇，改造约 1 亿人居住的城镇棚户区和城中村，引导约 1 亿人在中西部地区就近城镇化。让 1 亿农业人口落户城镇的目标十分艰巨，因为许多农民不愿意放弃户籍。如何使这 1 亿人有意愿改变户籍，如何把城市户籍的含金量落地，这些都是在人的城镇化过程中亟待解决的难题。在新型城镇化的过程当中，要让农民自主地选择，根据农民的意愿推进城镇化的制度改革。第二，城镇化的要素使用从低效转向高效。城镇化使用了五大要素，包括人、业、钱、地、房。其中，人、地、钱这三种要素的使用效率非常低。中国过去辉煌的发展成就得益于廉价劳动力和土地，但这种要素驱动的发展模式难以为继，还有很多后遗症。面对土地红利和人口红利逐渐消失，城镇化的要素使用必须向更高效的目标转变。第三，从粗放式污染型的城镇化转向绿色城镇化。十八届五中全会提出了五大发展理念，即创新、协调、绿色、开放、共享。对于城镇化而言，最为重要的就是绿色发展。中国应以绿色加特色引领新型城镇化发展。第四，从政府主导的城镇化转向市场驱动型的城镇化。在城镇化的问题上应该以市场为主体。政府应该有所作为，起到引导作用，不能缺位也不能越位，要做好规划，提供公共服务、环境保护、市场监管、社会管理等。第五，城市集群应从分散外延型转向集中集约型。

坚持两条腿走路的模式：一方面发展城市群；另一方面要在城市群中间发展中小城市。我国城市体系有一个很大的问题就是小城市太少，导致了严重的大城市病。我国 20 万人口以下的城市只有 4 个，20 万~50 万人口的只有 47 个。本来城市分布应该是正金字塔，但我们国家却不是这样的。背后的原因是，1997 年以后我国停止了县改市。这导致 2000～2010 年小城市从 350 个减少到 250 个，不但没有发展，反而在绝对地减少。从相对落后的城镇化向新型城镇化发展，要大力发展智慧城市，推动信息化、工业化、城镇化的深度融合，以智慧城市来治愈大城市病。

在我国城镇化进程加快的同时，各地纷纷开展了不同模式的县域经济发展，我国县域经济发展模式形成区位导向型、资源导向型、资本导向型、市场导向型、产业导向型等多种模式。这些模式的发展都需要县域金融的支持。我国县域众多，县域金融发展差异到底体现在哪些方面？金融发展的区域差异是以何种机理并且在多大程度上加剧了县域经济增长的非均衡性？如何构建县域经济与县域金融协同发展的指标测度体系？如何通过县域金融环境的改善促进县域经济的均衡发展？如何保证县域经济与县域金融协同发展的长效机制？对这一系列问题进行深入研究，有着重要的学术意义和现实价值。

（二）国外研究现状述评

波特斯（Poteous，1995）通过银行区位模型进行理论分析，指出市场潜力在空间中的分布不均是银行分布疏密的原因，银行聚集为该地经济发展提供帮助进一步加大地区间经济发展的差距。克拉克（Clarck，2002）将英国的银行业数据带入到波特斯的理论模型中进行了验证，结果支持以银行业为代表的金融集聚会促进经济发展。马歇尔（Marshall，2004）、马丁（Martin，2005）通过对经济欠发达的边远地区进行研究，认为在这些地区存在经济发展与金融服务的正反馈，经济发展与金融服务具有很强的马太效应。西方学者对县域经济发展和县域金融服务关系做了很多的研究。金和莱文（King & Levine，1993）利用 80 多个国家 1960～1989 年的相关数据研究了金融服务与经济发展之间的关系，结果表明在非发达国家金融服务促进经济发展，在发达国家经济发展促进金融服务的提升。罗德里格斯（Rodriguez，1998）通过研究贷款发放机构放贷的难度与地区经济发展之间的关系得出了结论：放贷活动积极的地区经济发展相对较好，放贷在一定程度上促进了地区经济发展。卡林和梅耶（Carlin & Mayer，1998）利用 OECD 国家中的 20 个国家 1970～1995 年的数据进行研究，认为工业增长率与金融融资之间存在重要关系，并且两者的相关关系在发达国家和发展中国家是完全相反的。研究还认为科研与创新是影响经济发展和金融结构的主要因素，固定资本的投入并非主因。乔治波洛斯（Georgopoulos，2009）通过测度加拿大货币政策对不同产业的冲击，证明同一冲击对不同产业的影响存在差异性，研究表明制造业和基础产业对利率最为敏感，金融相关冲击对其影响很大。

而在农村金融领域，有农业融资理论、农村金融市场理论和不完全竞争市场理论三种不同的理论流派。国外农村经济与金融研究起步较早，已形成较为完善的体系，为本书研究提供了分析范式。对此加以消化吸收，有助于深入地研究我国县域经济与金融服务的协同发展。

（三）国内研究现状述评

1. 关于县域经济与县域金融服务增长之间关系的综述。与国外学术界相同，县域经济发展与县域金融服务之间的关系也是今年国内学者研究的热点。曾康霖等（2003）对县域金融制度在经济欠发达地区安排的问题进行深入分析。谢问兰、董晓林等（2008）以及周春喜（2010）分别对江苏、浙江县域经济与县域金融发展进行了实证分析。吕红波（2007），肖翠鸿（2007），王建淼（2009）分析了县域经济发展与金融支持之间存在的矛盾。石全虎（2009）分析了县域金融服务对县域经济发展的重要支持作用。巴曙松（2010）认为我国在构建中国特色县域金融服务体系的过程中应该充分借鉴境外地区的成功经验，并认为发展中国特色县域金融体系是促进县域经济发展的重要手段。艾洪德等（2004）通过实证分析得出以下结论：在我国的不同区域内皆存在县域金融与县域经济的因果关系；东部地区和全国的金融发展与经济增长之间存在正相关关系，中、西部地区则几乎是负相关关系，区域金融发展差异可以在一定程度上解释区域经济差异。陈先勇（2005）通过理论分析支持了上述结论，认为国家层面上的分析研究很大程度上适用区域金融与区域经济增长相关性研究，金融可以凭借其显著的联合功能及结构调整功能在区域经济发展中发挥第一推动力的作用，这一点在发达地区尤为明显，但在不发达地区由于金融资源利用效率低下等原因制约了当地经济发展。

采用实证数据进行关系研究也有很多成果，通过对两者关系进行量化分析，以探索县域金融发展影响县域经济增长的作用机制。石盛林（2011）采用我国31个省、自治区及直辖市2004～2006年的县域金融数据，以GDP和城镇化率为产出变量，运用数据包络分析法分析了县域金融对县域经济发展的有效推进，认为县域金融通过贷款数量、贷款质量和金融密度等变量影响县域经济增长，但具体到不同地区其作用机制又存在着不同。褚保金等

（2011）构建了我国农村县域金融发展指标评价体系，以江苏省为例，采用因子分析法测算出 1994～2009 年该省 39 个县（市）在银行规模总量、银行组织结构、资金配置效率、储蓄投资转化效率和金融可获得性五个层面的因子得分，具体评价了江苏省县域金融的发展状况及其对地方经济发展发挥的作用。

2. 关于县域金融发展及对县域经济增长产生制约问题的综述。张静（2006）通过对 2000～2005 年湖北省县域资金运作的情况进行实证分析，认为资金外流是县域金融形成资金缺口的重要原因，这个资金缺口妨碍县域投资和经济增长。通过对该问题在金融服务方面原因的分析，直指县域金融体制和制度设计等方面存在的缺陷使得县域金融深度不够，资金注入动力不足，从而制约了县域经济的增长。王雅卉等（2013）从供给和需求两个角度分析了我国县域经济发展中存在的金融抑制问题，指出供给型金融抑制主要是由于县域供给主体的紊乱和供给资源的不足，需求型金融抑制则是由于供给的硬约束和需求的软约束矛盾加剧及县域金融需求主体自身资质不足，两个层面的县域金融抑制阻碍了我国县域经济的发展。王小华等（2014）则同样从县域金融抑制的角度着手，基于我国 30 个省 2037 个县的县域截面数据，运用分位数回归法分析了农村金融抑制与农村居民收入的内部不平等问题，结论显示，我国县域农村地区内部存在明显的金融抑制现象，且这一问题加剧了县域农村居民收入的不平等现象，阻碍了县域经济的健康、长效增长。

3. 在促进县域金融与县域经济协同发展方面的综述。部分研究以县域金融与县域经济的互动关系为出发点，得出的结论较为一致，即都认为我国县域金融与县域经济间存在着某种程度上的互动，但这一互动关系缺乏良性匹配。谢问兰等（2008）通过收集江苏省 51 个县 2001～2006 年的面板数据，利用面板模型讨论县域金融与县域经济发展之间的关系，结论认为，金融是县域经济增长最主要的推动因素，但县域政府的财政支出活动对银行信贷的干预却阻碍了经济、金融的良性互动。高晓燕等（2013）利用 2005～2011 年全国东、中、西部 47 个县的县域经济与金融相关数据，以县域人均生产总值、县域金融机构贷款与县域生产总值的比值、金融机构存贷比等为指标，通过建立面板数据模型，分别对东、中、西部的县域经济发展和县域金融服务两者之间的关系进行回归分析。该研究认为，我国东部和西部县域经济发展和县域金融规模呈现负相关关系，中部地区呈现正相关关系；

东、中、西部县域经济与县域金融发展效率都呈正相关关系，且东部地区最为显著。从全国范围来讲，我国县域经济与县域金融存在着互动关系，但不同地区差异性较大，未形成理想的良性互动关系。马常青（2011）认为县域金融在县域经济发展过程中具有杠杆作用，县域金融服务有促进经济发展的一面，但县域经济发展对于县域金融并没有产生显著影响，县域金融发展滞后于县域经济增长。县域经济以农业为主、内在风险大，不能自发为县域金融提供良好的发展环境，以及政策扶持不到位等问题都限制了县域金融的发展。在所提出的各种促进县域金融服务与县域经济协调发展的政策建议中，各类研究普遍提到的一点是要改善我国当前县域金融生态环境。张静（2006）认为应以提高经济运行质量和发展水平为基础，以加快金融生态评级建设、大力开展信用环境整治工作等为手段构建良好的县域金融环境。谢问兰（2008）指出应加强县域金融生态建设，为金融发展营造良好的制度环境。具体包括建立地方政府领导下的多部门参与的金融协调机制以及推进县域信用体系建设等。另外提到较多的一点是引导县域经济增长反哺县域金融发展。同时认为应引导县域经济结构调整，为金融发展营造良好的经济环境。高晓燕（2013）认为应发展壮大县域经济，为县域金融提供改革动力，以提升县域经济自身的运行质量作为根本任务解决县域企业融资难的问题。

4. 关于县域金融与县域经济协调发展的长效机制研究的综述。县域金融与县域经济协调发展的长效机制研究从研究方向来讲属于金融发展与经济增长的相关性研究范畴，对此可以采用由顶至底、逐层递进的逻辑整理和构建研究思路。因此，可以从国家层面上的经济增长与金融发展相互关系这一理论高度看待县域经济与县域金融作用机制的问题。戈德史密斯（Goldsmith，1969）是这方面的早期探索者，他认为经济增长与金融服务发展之间存在着相关性。其运用1860~1963年35个国家的数据，率先对金融发展与经济增长之间的关系进行了定量分析，该研究认为金融发展水平和经济增长率之间存在较强正相关关系。麦金农（Mckinnon，1973）和肖（Shaw，1973）在戈德史密斯提出的概念框架下进一步展开，他们分别从"金融深化"和"金融抑制"的角度出发将发展中国家作为对象进行研究，使学界对于经济发展与金融服务发展之间的关系有了更加深刻的了解。他们特别提出了发展中国家金融发展与经济增长之间的两维体系，即经济发达与经济欠发达地区的金融与经济发展之间相互独立，这一论点为我国县域金融问题的研究提供了理论上的启发与指导。周立（2002）则第一次将我国金融发展的研究深入到地区层面，选用我国不同地区1978~2000年的数据对金融发展与经济增长关系展开了研究，认为中国不同地区金融发展与经济增长的相关性显著，各地区间的金融差距某种程度上可以解释其经济发展的差异。其研究为县域经济与县域金融协调发展的研究指明了现实意义。

综上可知，现有研究多角度的分析为本书研究提供了理论本源借鉴，对于逻辑起点起到了梳理作用，因此，前人的研究对于本书研究有重要影响。但在这其中也存在着问题，有关县域经济和金融两者关系的研究多局限于省内县域，缺乏从全国范围和区域性范围进行整体分析，本书将对东、中、西部地区进行全面、整体地研究，深化了前人的研究成果。现有研究对于不同县域经济发展模式应该采用适度的特色的金融服务的问题尚未解决，本书将在此给予一定程度的创新。本书拟以城镇化进程为前提，探讨中外城市化理论，我国实现城镇化的支撑条件，对新型城镇化质量体系进行评价。从与县域经济发展相协调的视角，研究县域金融发展落后问题与县域经济增长的非均衡性问题，探讨适应不同县域的具有差异的金融服务模式和运行机制，寻求县域经济和金融服务协同发展的路径。

（四）选题的价值和意义

在城镇化进程中，我国县域经济发展模式形成了区位导向型、资源导向型、资本导向型、市场导向型、产业导向型等多种模式，不同发展模式具有不同的适应性和金融服务要求。本书试图从县域经济与金融服务的关系入手，分析县域金融在支持经济发展中的现状及制约因素并提出对策建议。中国城镇化、工业化将带动农村产业结构转型升级，将影响农村金融布局并产生巨大的金融需求。没有金融的支持，城镇化将无法完成。因此，本书研究具有重要的现实意义。

本书通过全面系统地研究东、中、西部县域经济的不同发展模式，对构建针对不同经济发展水平的市场化金融服务体系，对促进农村经济发展、产业结构优化与审计、推进新型城镇化建设具有重要价值和金融理论指导意义。本书研究结论进一步扩展了县域经济、县域金融理论，推动了农村金融理论的发展。从理论、实证和经验方面支持政策制定，其中部分结论对政策出台具有直接指导意义。本书研究的相关方法、结论为后续研究与相关教学提供借鉴。

二、主要内容及研究方法

(一) 研究的主要内容

第一,界定了城镇化、县域经济与县域金融服务的概念范围。依据县域经济发展的阶段性、差异性、发展模式分类、现状和发展特点,揭示了县域经济与金融服务不协调的制约因素和特征。第二,梳理了美国、日本、印度、孟加拉国等经济体城镇化进程中金融服务支持县域经济的经验,分析了各国的发展路径及特色、共同点和启示,探索出县域经济与金融服务协同发展的评判标准,为我国城镇化进程中金融服务于县域经济提供了可资借鉴的经验。第三,对金融服务滞后于县域经济发展的特征表现,对显性成因和隐性成因进行分析,找出差距并寻找改善金融服务滞后的突破点。第四,对城镇化进程中县域经济与县域金融服务发展进行了多角度的理论与实证研究。利用面板数据模型和 DEA 的数据包络方法,探讨了县域金融服务对县域经济的影响机理、反馈机理及两者良性互动的具体表现。第五,提出了城镇化进程中,实现县域经济与金融服务协同发展的政策建议。促进县域经济与县域金融协同发展的长效机制为:县域金融体系的网点分布必须和经济发展相适应;县域金融服务体系所开展业务必须和经济增长驱动要素相适应;县域金融的政策安排应充分注重当地金融生态和金融集聚的因素;实行差异化的区域金融发展战略;加强县域金融体系的监管;强化风险管控能力。

(二) 基本观点

1. 明确界定城镇化进程的发展阶段、县域经济发展的不同模式、县域金融服务的体系建设。从新型城镇化进程、县域经济和县域金融三个维度,寻找县域经济与金融服务良性互动和协同发展制约因素。

2. 根据县域经济的地域特点、发展模式、资源禀赋、产业结构等,分类研究东、中、西部县域金融需求特征,建立和培育适度竞争的农村金融组织体系,实行有差别的政策支持体系,建设良好的金融生态环境,找到使县域经济与金融服务良性互动、协同发展的有效途径。

(三) 研究思路

本书的分析框架:首先,梳理总结县域经济与县域金融协同发展过程中不协调部分的现状，分析其原因并提出解决办法。其次，以不同理论为基础探求县域经济发展困境的金融因素、运行机制以及可持续发展之有效路径。本书重点研究县域经济与县域金融服务之间的关系、影响及传导机理。具体内容包括：（1）用 TOPSIS 法建立了新型城镇化质量评价体系，对相关地级市做了一些分析。通过详细数据以点带面，作出了一些评价指标。（2）在复合系统协调度模型的基础上，用有序度和整体系统协调度模型对县域经济与金融之间的关系进行了实证研究，以此来评价两者共同发展之间的关系。（3）对于造成县域地区经济发展差异的特点，借鉴了锡尔指数分析方法，目的是在于利用锡尔系数，可以将这种总体差异分解为相互独立的地区间差异和地区内各县市差异，以便找出导致其总体差异的主要原因。（4）构建一个评价区域金融发展与区域经济增长之间关系的模型，判别县域经济与县域金融服务支持之间的关系，为如何让金融发展和经济增长相互促进、良性反馈提供指导意见。选取晋城市相关历史经济数据，研究晋城市金融对区域经济增长的影响，并以此为基础提出一定的政策建议。（5）县域经济影响县域金融的反馈机理。（6）对于县域金融服务与县域经济协同发展的经验、教训进行了典型案例分析（在第十二章第四节）。

（四）研究方法

1. 规范分析方法。分析了我国东、中、西部地区县域金融服务在支持县域经济发展方面存在的问题，梳理了国外先进国家城镇化进程中县域经济与金融服务协同发展的成熟经验与研究成果。对我国县域金融体系支持县域经济"边缘化"的问题进行了深入探讨。论述了城镇化进程中县域经济的发展战略，新型城镇化进程中县域金融体系变革的思路，提出了县域经济与县域金融服务协同发展的方向，为促进县域经济与县域金融协同发展提出了相应政策建议。

2. 实证分析方法。（1）TOPSIS 法；（2）复合系统协调度模型；（3）锡尔指数分析方法；（4）格兰杰检验方法；（5）EViews 软件分析法。

3. 重点案例分析法。在金融对农村土地流转的案例中，分别对上海等三地案例——土地银行模式 、枣庄案例——土地产权交易所模式、绍兴案例——土地信托流转模式、吉林案例——土地收益保证贷款融资等九个重点案例进行剖析，找到了未来农村金融支持县域经济发展、土地流转的基本路径。

三、创新及其尚待继续研究之处

（一）研究视角的创新

以全国东、中、西部的县域经济发展为研究对象，从区域经济的角度，结合农村工业化、城镇化过程中各个县域经济不同的发展模式、水平、产业结构、地域特征进行分类分析，从而揭示出我国具有不同特点的县域经济发展模式及所需要的差异化的金融服务，使研究问题更加具有针对性，对策建议更具有现实性、可操作性。

（二）研究方法的创新

用 TOPSIS 法建立了新型城镇化质量评价体系，对四川、湖南、河北等地级市做了一些分析；运用锡尔指数分析方法找出相互独立的地区间差异和地区内各县市差异，运用复合系统协调度模型对县域经济与金融之间的关系进行了实证研究，研究农村金融发展与农村经济增长的相互作用机制和因素，剖析县域金融抑制的根源。试图通过经济指标的分析，寻找县域经济与金融服务协同发展的评判标准和路径，探究县域金融服务于县域经济的长效机制。

（三）研究内容的创新

通过建立一整套衡量县域金融与县域经济协同发展水平的指标体系来将两者之间相对水平进行客观的度量，这样可以更加明确地通过指标化手段判断出两者的协同关系是否合理，为政策制定提供正确、公平的依据。

本书严格按照项目计划书所列方法和提纲，对某些重大问题进行了全面研究，可能还存在研究不够细致、深入的地方，例如，对于金融服务滞后于县域经济发展的隐性原因的分析，可能还不够到位，期待进一步深入研究。

第一章　新型城镇化的内涵、
原则及发展机制

一、我国新型城镇化的内涵及发展现状

2013 年在党的十八届三中全会上，新型城镇化的概念被正式提出，为我国城镇化迈入新时代提出了新的要求和规划。2014 年通过的《国家新型城镇化规划（2014－2020 年)》细化了新型城镇化的具体措施，下面通过对相关规划、研究和国内外发展经验对新型城镇化概念进行阐述。

（一）新型城镇化的内涵

为了解决我国在之前阶段城镇化发展所带来的诸多问题，故提出新型城镇化概念，其内涵概括来讲可以归纳为三个类别：人口城镇化、生活方式城镇化和经济城镇化。

1. 人口城镇化。人口城镇化概念的发展也是一个从浅到深的过程。早期的观点普遍偏向于人口从农村到城市的转移，并认为这就是城镇化。例如，赫茨勒认为城镇化就是人口从乡村向城市转移并集中[1]；威尔逊认为城镇化就是城市人口比重上升[2]；库兹涅茨将城镇化定义为城镇与乡村人口分布的变化[3]。但是，随着对于城镇化和人口城镇化认识的不断深入，人口城镇化逐渐从城镇化概念中独立出来并成为其中一个重要组成部分。一方面，人口城镇化是城镇化的本质与核心，但是人口城镇化并非城镇化的全部；另一方面，人口由乡村向城市的流动与转移依然是人口城镇化的关键，但并非只限

---

① 赫茨勒．杨秀丽等译．世界人口的危机［M］．北京．商务印书馆1965．

② Christopher Wilson. The Dictionary of Demography［M］. Oxford：Basil Blackwell LTD.，1986．

③ 西蒙·库兹涅茨．现代经济增长［M］．北京：北京经济学院出版社，1989．

于此。人口城镇化的内涵也不断丰富，沃斯（Voss，1938）认为人口城镇化是居民从乡村生活的方式向城市生活方式的转换；孟德拉斯认为人口的城镇化应该是居民享有都市的一切物质条件①。从城镇化发展历史来看，人口城镇化也不单纯是人口向城镇聚集，在人口向城镇流动之后新的城镇居民需要融入到城镇生活的体系之中，包括生活条件、生活质量、制度等许多方面，总而言之，人口城镇化更应该认为是人口市民化和居民化。

新型城镇化中核心观点就是人口城镇化，综合《规划》、相关学术研究和国内外城镇化实践，新型城镇化中的人口城镇化可以归纳为以下四个方面：（1）人口"乡—城"转移。具体到新型城镇化重点在于缩小常住人口城镇化与户籍人口城镇化之间的差距。包含外来务工人员在内非户籍常住人口向户籍常住人口转变，使其可以享受到与城镇居民相同的福利待遇和生活质量。（2）合理引导人口流动。新型城镇化一方面重视经济、人口和产业聚集效应，另一方面也严格控制热点城市人口规模，防止人口数量超过城镇承载力。将人口流动的重点放在中小城镇方向，合理引导人口向正确方向转移。（3）重视就地城镇化。除了合理引导人口流动，还需加强城乡统筹发展，在条件适宜的地区开展就地城镇化，通过达到城乡等值化实现乡村地区的城镇化。（4）提高人口素质。新市民需要融入城镇原有的体系中，这与乡村的体系并不相同，需要提升新居民的文化教育水平与价值观念使之适应新体系。

2. 生活方式城镇化。生活方式城镇化在城镇化过程中起着十分重要的作用，一方面，人口的城镇化需要依靠生活方式的城镇化来最终实现；另一方面，生活方式的城镇化是基本城镇化向更加完善的城镇化过渡的必然结果。实现生活方式城镇化需要完成以下四个子目标：公共服务的城镇化、基础设施的城镇化、生态环境的城镇化和制度城镇化。下面来具体分析实现本目标所要达成的标准。

（1）公共服务的城镇化。公共服务是衡量城镇化水平的重要标准，同时也是生活方式养成的重要途径。义务教育、居民就业、医疗卫生、公共交通、居住条件改善等都是公共服务城镇化需要重点推进的方向。城镇区域应该完善和提升公共服务水平，而对于农村地区需要进行重点公共服务领域的开展和普及，做到在基本生活条件方面与城镇等值化。

（2）基础设施的城镇化。教育文化、通信交通、医疗卫生、地下管网等

---

① 孟德拉斯. 农民的终结［M］. 北京：中国社会科学出版社，1991.

相关的基础设施建设需要得到完善，为居民日常生活提供便利。

（3）生态环境的城镇化。生态环境治理是新型城镇化重点的目标之一，环境污染在世界城镇化进程中是难以避免的，英、美、日等具有代表性的城镇化模式都没能够避免环境污染，因此，在城镇化发展到一定程度后各国不约而同将环境治理放在突出位置。生态环境不仅是新型城镇化的焦点，还是五位一体总体布局的关注重点。

（4）制度城镇化。制度城镇化是生活方式城镇化的前提、保障和助力，目前我国城镇化进程中出现的许多障碍都是制度不合理造成的。制度城镇化影响着城镇居民的生活质量，例如，城乡二元的户籍制度影响我国人口城镇化；社会保障制度中的很多方面影响人口的跨区域流动；土地管理制度的宽松致使城市空间扩展缺乏规划等。新型城镇化要求我国在法律、监督、管理等方面进一步完善相关政策，扫除我国城镇化进程中的制度缺陷。

3. 经济城镇化。经济城镇化是城镇化进程的动力，不论是从实践还是从理论角度来探究，工业化都是城镇化的基础动力。工业化带动国民经济的发展，促进产业结构的优化，吸引人口形成聚集效应。经济城镇化与人口城镇化相互作用形成了城镇化不断发展的基础，两者需要相互协调才能实现合理的城镇化。经济城镇化是城镇化的基础，新型城镇化对于经济城镇化也提出四个重要目标：经济结构优化、缩小人口城镇化与经济城镇化之间差距、"四化"同步发展和合理规划的城镇化。

（1）经济结构优化。产业结构优化需要从两个方面实现：一方面需要实现产业结构的合理化；另一方面需要实现产业结构的高度化。我国经济还处于二元经济结构之中，但是由于重工轻农的情况不断发展，我国产业结构出现了一定的偏差，其中最为严重的是第一和第二、三产业之间的偏差。表现为第一产业劳动生产率增速低于二、三产业生产率增速，进而出现第一产业增加值占经济总增加值下降速度高于第一产业劳动力转移速度，这使我国难以达到刘易斯拐点。产业结构的合理化需要做到三个产业协调发展不能有所偏废，城镇化发展不能够忽略对于农村地区的支持，否则城镇化本身会受到严重的阻碍。产业高度化则要求我们在进行产业结构升级时需要注意二、三产业之间不仅是比重的变化，更深层的是产业本身的升级。以日本产业高度化过程为例，日本在进行产业高度化时并不是发展第三产业抑制第二产业，而是第三产业规模不断扩大的同时第二产业整体进行技术升级，向高科技、高质量和高附加值方向转变。

（2）缩小人口城镇化与经济城镇化之间的差距。我国在城镇化发展过程中由于户籍制度、城市基础设施与公共服务等方面的限制，存在着一个不同于其他国家进程的现象，即人口城镇化速度落后于土地、经济城镇化速度。从美日英等国家的经验来讲，人口的城镇化往往会高于经济城镇化的进程，人口的聚集快于经济发展。如果人口城镇化与经济城镇化之间差距过大，则会阻碍城镇化进程。为了缩小两者之间的差距，经济城镇化需要在以下三个方面做出努力：首先，创造更多就业与创业机会，促进农村剩余劳动力转化为城镇居民；其次，合理进行资源配置，促进中小城镇发展，引导人口合理流动；最后，加快农业现代化，提升第一产业劳动生产效率，解放生产力。

（3）"四化"同步发展。工业化、城镇化、信息化和农业现代化需要同步发展，不能在其中出现明显的短板。四化之间存在着极强的相关性，一个方面出现滞后必然影响其他方面的进展。工业化和农业现代化是城镇化的动力，信息化是工业化和农业现代化的助力，城镇化是三者的目标。

（4）合理规划需要从三个方面着手进行：城镇功能重新规划、城乡均衡规划、区域统筹规划。在我国发展过程中长期忽视城市规划，导致先发城镇在发展过程中出现严重的城市功能分区不合理，这影响到城镇的进一步发展，通过城镇资源的重新配置、行政区划重新组合等方式优化城镇功能布局，提升城镇运行效率。在城市圈建设过程中，最为重要的一点就是为了达成城乡均衡发展、缩小城乡差距，通过以区域内大城市为核心，辐射带动临近小城镇与乡村地区，通过商业圈、交通圈、生活圈的连接与扩展，实现多层次、多核心的区域均衡发展。在区域城镇化过程中需要将区域内所有情况放到"一张图"中进行统筹规划，这是构建高耦合区域性中小城镇的合理方式。不同行政区划下的小城镇将各自资源和条件纳入到同一维度下进行思考，构建共同的主导产业和发展计划，形成统一的产业链和上下游关系，最终实现城镇化。

（二）我国城镇化现状与问题

我国城镇化在极短的时间内取得了辉煌成就，目前城镇化率总体过半，实现基本城镇化，截至2017年末我国总体城镇化率为58.52%，有10个省份城镇化率超过60%，近十年来城镇化率年均增长接近1.5%。我国正处在快速城镇化阶段，并且未来一段时间内这种趋势依然会延续。下面将从我国城镇化现状入手对我国城镇化进程中的一些问题进行梳理。

　　1. 城镇化进程处于快速发展中。依照国际经验来看，城镇化率处于30%～70%时城镇化的发展一般相对较快，我国城镇化率超过55%正好处于这一范围。从工业化角度来看，我国正处于基本实现工业化向更高水平的工业化转变，这也为城镇化提供了根本动力。我国从建国之后城镇化率每提升10%所花费时间基本呈现出越来越短的趋势，从最初的32年缩短到6年左右，因此，预计我国快速城镇化还将延续10年左右。2006～2015年我国城乡人口构成及城镇化率如图1－1所示。

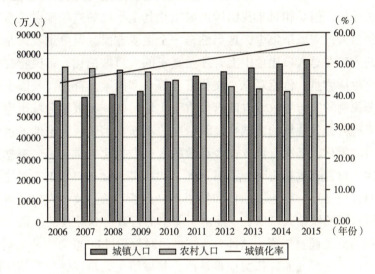

图1－1　2006～2015年我国城乡人口构成及城镇化率

资料来源：《中国统计年鉴》历年。

　　2. 明显存在城乡二元制结构。根据刘易斯二元理论，在城镇化进程出现城乡二元制结构这是极为正常的，虽然每个国家明显程度不同，但是都会经历这一阶段。而我国受限于两个原因可能会在达到刘易斯拐点过程中经历很长时间：首先，我国城乡二元户籍制度。该制度给人口转移尤其是农村人口向城市转移设定了很高的门槛，有很多农业人口奋斗一生都没有完成向城镇转移。这不仅影响我国城镇化的进程，还会造成许多社会问题。其次，由劳动密集型向资本密集型产业转移的速度相对较快。中国城镇化进程的速度和所处时代使得中国在30年内走完了西方200年走完的路程，产业结构升级速度远高于发达国家的速度，这在一定程度上影响了中国城镇化的进程。这些原因导致我国社会将长期处于二元结构过程中，也许不会很快到达刘易斯拐点，而是处于一个刘易斯阶段。

3. 城镇化进程落后于工业化进程。根据长期理论和实践研究，工业化是城镇化的核心动力，工业化水平与城镇化水平保持正相关，一般来讲，城镇化率应该高于工业化水平。另外，根据钱纳里—赛尔奎因模型所归纳的结论来看，在我国目前的城镇化发展水平下，城镇化率应该比工业化率高 10% 以上，但是我国所计算的偏差是负值，说明我国目前城镇化进程慢于工业化进程。

4. 人口城镇化进程相对缓慢。我国城镇化进程的绝对速度在人类历史上是极为迅速的，但是相对于我国国内城镇化其他维度的进程来讲较慢。人口城镇化包括人口向城镇集中，这当然是一个重要方面，但更重要的是具有市民特征的人口在总人口比重中上升才是真正的人口城镇化，市民特征包括生活条件、生活质量、价值观念、文化素养等众多因素。首先，我国土地城镇化由于分税制的实行导致地方政府倚重于土地财政，无限制的城市空间范围扩大和未进行充分规划的新城建设等情况的不断发生使我国土地城镇化速度快于人口城镇化。其次，行政命令导致的人口城镇化非常普遍。根据第五次和第六次人口普查数据表明，我国 2000～2011 年城镇人口增加来源主要有三种：农村人口迁移、就地城镇化和城镇人口自然增长。其中人口迁移贡献了其中接近六成的城镇人口增长，而由于简单的行政命令导致的所谓"就地城镇化"则占到了超过三成。这部分人口的绝对量超过 8000 万，从人口城镇化的定义来讲，这部分人口其实很难被认为是城镇化人口，这只是简单的数字游戏而已。再次，从事农业生产人口比重过大。我国人口城镇化速度相对缓慢与"三农"问题解决缓慢不无关系。我国在经济发展过程中利用农业工业剪刀差完成了资本的原始积累，这从本质上来讲并没有错误，但这是以工业发展起来后反哺农业为基础的，事实上我国农业现代化水平还是相当低的，工业并未完成反哺农业的承诺。最后，我国农村基础设施建设长期相对滞后，这加重了城乡差距。"三农"尤其是农业现代化的滞后，一方面占用了大量农村剩余劳动力；另一方面也妨碍了真正的就地城镇化的进程。

5. 城市群建设逐渐成为城镇化进程的主体。随着城镇化进程的不断推进，城镇化会由单个城市的据点化发展向多个城市区域化发展过渡，这是城镇化由低级向高级转变的重要标志。不论是美英等先发西方国家，还是日韩这样的后发亚洲国家，都会经历这样的过程。随着我国城镇化的不断深入，不少大城市甚至特大城市发展已经达到了高度城镇化，作为地区范围内的增长极已经完全足够。我国已经具有将数个大城市作为中心构成城市群的基础，由此我国也进入了城镇化的新阶段，城镇化完成由点到面的转变。从"十二五"时期开始国家也同样将城市群建设提升到城镇化工作的中心。我国目前初步设定了 13 个城市群规划，其中已获批复的有 6 个。

　　6. 城镇化发展存在区域差距。受包括地理、人口、历史、经济发展程度等多方面因素的影响，我国城镇化发展存在地区性的不均衡、不协调。东部和东北地区城镇化率相对较高，基本在 60% 以上；中部地区次之，大体在50% 左右；西部地区最差，基本处于 50% 水平。2015 年我国分省城镇化率如图 1-2 所示。

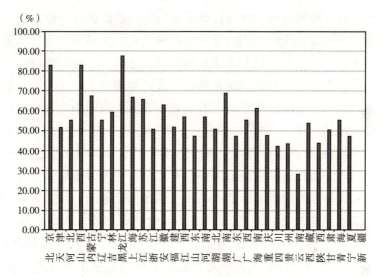

图 1-2　2015 年分省城镇化率

资料来源：《中国统计年鉴》（2016 年）。

　　7. 中小城镇和农村地区城镇化发展未受足够重视。城镇化进程中以大城市为核心形成聚集效应是一般规律，从实践经验上来讲，美、英、日都经历了这一过程，美国从 20 世纪 70 年代后的"郊区化"、英国的新城建设、日本"三全综"（1975 年 4 月日本政府调整的《全国综合开发规划》）开始的破除一极化规划；从理论上来讲，四大理论之一的非均衡发展理论就是在承认城镇化发展非均衡必然存在的基础上产生的。但是，允许非均衡的存在并不代表允许其永远存在，非均衡只是暂时性的，是城镇化发展过程中的一种中间态。因此，在我国中小城市和农村地区发展非均衡存在是正常的，在进入以城市群建设为主的区域性发展战略之后，需要将城镇化重点转移到中小城市上，形成以大城市为核心，以中小城市和农村地区为重点的城镇化格局。

8. 城镇规划水平相对不高。城镇规划是非常重要的问题，但是由于这个问题受很多因素的影响，我国在城镇化前期并未形成应有的重视，因此，在城镇规划的道路上我国还有许多工作要做。其中重点问题体现在：一是缺乏整体观念。城镇化规划需要结合区域整体的资源、区位、人口、风俗、比较优势禀赋等多种因素进行统筹规划，资源配置需要合理。二是缺乏对城镇功能的规划。城镇规划需要对当下和未来的城市功能进行分区，根据不同资源配置和分布情况将功能合理地划分好并为未来发展留出缓冲区。三是新城开发缺乏科学性。新城规划或者说是城市层级和核心的多样化是一件非常需要科学性支持的决定。英国在战后开展了新城运动，从结果来看，总体上是失败的；日本在"三全综"进行了大规模政府主导的基础设施建设以期转移中心城市压力，但是受政府财政因素影响，最终也出现了较大偏差。新城建设本质上是城市资源和功能的重新配置与划分，需要有明确和科学的规划，不是土地财政的一个借口。

9. 城镇化发展缺乏特色和主导产业不清楚。我国城镇化进程同质化严重、缺乏城市自身特色，这在很大程度上也影响我国对于城镇主导产业的选择，造成城镇缺乏持续发展的动力和永立不败的竞争力。在进行城镇规划的过程中，需要结合自身特色资源确定未来的主导产业，产业发展是城镇化的根本动力。城镇发展应该因地制宜，城镇化不是成功模式的简单复制，城市发展需要有自身特色。其中最为典型的问题是历史文化遗存保护和利用不力，历史文化遗存的保护和利用对于任何国家来讲都是重要的资源，在英美的城镇化发展过程中这些资源的管理是非常认真的，例如，美国对于华盛顿的诸多具有历史意义的政治性建筑都进行了详细的规划和保护，并认为其是华盛顿不可替代的标志。一个城市的历史遗存是其发展历史中的重要特色，是其城市特质的集中体现，失去这些特色城市的发展很可能变得千篇一律。

二、新型城镇化的基本原则

为了保证新型城镇化的基本目标能够实现，新型城镇化需要遵循一定的原则。这些原则包括以人为本、"四化"同步、城乡均衡、区域统筹、合理规划、绿色发展、因地制宜。

（一）以人为本

城镇化的核心是人的城镇化，如果一国在城镇化进程中忽略作为主体的人的感受和需求，那么城镇化必然失败。就新型城镇化而言，以人为本的含义可以从三个方面体现：首先，农村人口城镇化应遵循以人为本。农村人口的城镇化是新型城镇化的重点所在，一方面关系到农业现代化能否顺利实现，另一方面更是关系到社会公平与稳定能否持续。需要改革现行制度中阻碍农村人口城镇化的桎梏，从住房、就业、社保等方面解决由乡入城所存在的各种问题。其次，人口流动过程应遵循以人为本。合理引导人口在城乡、城城之间的流动，一方面防止大城市人口过于集中，另一方面防止中小城镇人口过疏。最后，实现居民生活方式的以人为本。与居民生活相关的各种制度、公共服务、基础设施等方面需要不断优化，提升居民对于城镇化的满足感和获得感。

（二）"四化"同步发展

我国所处时代与先发国家不同，这也造成了我国新型城镇化的目标和内涵与美日英等发达国家有一定区别，先发国家是步步推进，而我国需要跨越式发展。新型城镇化面临的情况需要我国在实现城镇化的同时，完成工业化、信息化和农业现代化。"四化"不是孤立存在，而是相互嵌套，城镇化是目标，工业化和农业现代化是手段，信息化是助力。在新型城镇化进程中"四化"相互促进、相互协调，四个方面缺一不可。

（三）城乡均衡发展

不论是理论还是实践，城乡均衡发展都是城镇化追求的一种理想状态。多数理论和绝大多数实践都认为在城镇化进程中出现城乡非均衡是正常的，但是也认为其是城镇化进程中的一种中间状态，不应该也不会延续到城镇化完成。新型城镇化需要解决的问题中城乡发展不均衡就是其中重点之一，"四化"中农业现代化就是解决城乡不均衡的重要手段。新型城镇化一方面借由农村人口向城市转移来提升农村人均资源占有量，以便规模效益的产生，另一方面通过公共资源的合理配置帮助农村地区完成就地城镇化。

（四）区域统筹发展

新型城镇化的区域发展战略是以城市群建设为主，城市群建设过程中需要协调两个方面，一方面是统筹城乡；另一方面是统筹中小城市集群。从宏观角度来审视，城市群建设是以2～3个大城市为核心，以中小城镇和农村地区为重点的发展模式，由之前的单个据点式开发向多核心联合的区域式开发转变，因此需要明确城乡差距，正确引导大城市向区域外的功能疏解、辐射影响和产业转移。从相对微观角度来看，区域内中小城镇和乡村地区的统筹发展也是一个重点问题。区域内中小城镇与乡村需要打破行政区域界线，将资源、人口等纳入同一个规划当中，确定比较优势、主导产业、产业分工，形成区域内高度耦合的新型城镇集群，完成与大城市的对接。

（五）合理规划

新型城镇化的重要特征就是重视城市规划。城市规划是解决城市发展瓶颈的良好对策，各国也不乏对于城市规划的理论与实践研究。英国"田园城市"理论所代表的协调发展城镇化理论是其中最具影响力的城市规划理论，虽然该理论本身指导性和实践性不是很强，但是其对后世理论与实践影响却堪称深远。英国城市绿带和"新城运动"；美国的城市郊区化；日本的都市圈圈层结构规划等都是在其影响下形成的。中国开展城市规划相对较晚，另外加上我国城镇发展较早，城镇基本格局已经形成，因此我国大城市病问题显现无疑。虽然已经出现的结果不能改变，但是新型城镇化需要在新的城镇中认真、合理、有远见地进行规划，城市主导产业选择、功能分区、未来规划预留空间以及城市群中的交通圈、商业圈和产业链构建、历史文化遗产保护等方面都是城市规划的重点工作。

（六）绿色发展

绿色发展是新型城镇化概念中的亮点，也是人类所处的这个时代赋予人类的重要责任。在人类城镇化进程中往往伴随着严重的环境污染，大部分国家的城镇化都付出了极大的环境代价，而且城镇化进程越快的国家往往付出越大的代价，美英日无不在此行列。我国城镇化速度年均超过1%，在世界城镇化历史中算得上是极其快的速度，在过去30多年中，我国也未能从环境污染中幸免，积累了比较严重的环境问题。因此，将绿色发展定为新型城镇化的原则之一，既是通过借鉴国际经验得出的有远见的启示，也是应对当下我国发展的实际情况所做出的明智选择。绿色发展需要落实到实践过程中，需要从两个方面着手：首先，立法先行。在环境治理方面，发达国家无不在立法层面付出了很大心力，日本从 1970 年开始在很短的时间里进行了 34 部环境相关法律的制定；英国从 19 世纪中叶即开始逐步完善环境相关立法，一直持续到 20 世纪 70 年代；美国除了制定相对完善的环境法律体系，还建立了一整套环境评估体系。其次，制度保障。除了环境保护相关立法，我国还需要在制度层面确保环保法律的实行和落实。例如，项目环境评价体系的建立和完善、绿色融资体系的建立、环保监督体系的完善等。

（七）因地制宜战略

不同地域、历史、风俗、人口、环境、资源禀赋情况，对于城镇化进程会产生极大的影响。城镇化应该根据城镇所拥有条件的不同因地制宜，而不是毫无特色的千篇一律，更不应该不顾自身情况简单复制所谓成功经验。在进行城镇规划时，需要结合当地资源情况确定主导产业，以主导产业规划其他功能区。尤其应该注重体现地区特色，包括历史文化、民间风俗、自然景观等特殊资源，应该做到保护优先、合理利用。

三、新型城镇化的模式与发展机制

根据我国城镇化发展的现状、城镇化发展的理论和实践经验，新型城镇化的模式必然会出现转变，由集中单个大城市的城镇化发展模式向以数个大城市为核心的区域性城镇化转变，我国称之为城市群发展模式。而新型城镇化的运行机制则与城镇化的内涵相关，三个内涵之间构成的"递增循环"也成为城镇化继续深入发展的机制。

模式的本质内容为，以大城市为"点"，不断完善的交通网络作为沟通城城、城乡的"线"，以其中的中小城市和小城镇组成多核心城市群的"面"。新型城镇化的模式是以城市群建设为核心的，通过城市圈的发展由核心城市发挥辐射作用，形成新的更广泛的城镇化区域。该模式的原则是以大型城市为核心，以中小城市为重点方向，有重点地发展小城镇，最终形成区域统筹、城乡协调。

从地区角度来讲，城市群建设分为两个部分：东部沿海发达地区和其他地区。东部沿海地区的城市群建设基础相对较好，以京津冀、珠三角、长三角为代表的三个城市群在资源、人才、创新开放等方面是国内最优秀的，未来发展应以世界级为目标。其发展的重点在于产业结构优化增强科技创新能力、非必要城市功能的疏解和重新配置、实现区域内人口和产业的合理分配形成完整产业链、完善区域内生态治理和保护创造城市宜居新环境。其他地区的城市群建设相比东部地区还有所差距，以东北地区的哈大城市群、中部地区的中原和西部地区的成渝为代表的城市群需要增强核心城市的经济引领作用、承接东部地区转移产业、合理聚集产业和人口。

从城市规模来讲，大城市作为该模式的中心需要增强辐射周边的作用，这个作用的实现需要从以下两个方面着手。

（一）需要加强自身的发展水平

俗话说"打铁还需自身硬"，作为城市群的核心，大城市在产业优化方面需要起到引领作用，是区域内产业链的中心。另外，在公共服务、基础设施和制度保障等方面也需要做到先行先试，为这些方面的完善提供基础。

（二）注重城市非核心功能的适当疏解和转移

大城市在区域城镇化进程中需要防止大城市病的产生和一极化的形成，需要将非必要功能向区域内合适的节点进行转移，引导人口和资源向中小城镇聚集。中小城市是新型城镇化设想中重要的发展方向。

对于中小城市的建设有两个目标：其一，对于现存小城市需要加强基础设施、公共服务相关建设，根据自身特色确定主导产业，融入城市群整体的产业链当中，提升城市的人口聚集能力；另外需要提升城市规划水平，吸取大城市发展的经验教训，合理城市布局、确定城市规模、完善交通节点建设、提升服务城乡的能力。其二，对于具备发展成中小城市的县镇需要适时进行县市改革。小城镇是服务"三农"、连接城乡的重要节点，新型城镇化对其的要求是提质限量、集约发展、体现特色。城市周边小城镇需要加强与城市的统筹规划，需要考虑如何疏解城市非必要功能，并与自身特色相结合形成新的特色产业。从长期来看，城市周边小城镇需要转变为城市的次核心，实现城市多圈层、多核心的发展格局，均衡分配城市功能、实现人口的合理分布。远离城市的小城镇重点在于服务"三农"、连接乡村。这类小城镇的作用是为周边地区提供城市公共服务，为农业发展提供助力，连接乡村与城市。

从新型城镇化的发展机制来讲，借由三个内涵可以形成一个可持续的"递增循环"，经济城镇化是城镇化进程的根本动力，人口城镇化是城镇化进程的核心本质，生活方式城镇化是城镇化进程的保障手段。经济城镇化致使人口聚集引发人口城镇化，人口城镇化需要新的保障和手段满足居民生活需求促使生活方式城镇化，生活方式城镇化带来新需求，而为了满足这种需求迎来下一轮的经济城镇化。

城镇化就是在这种"递增循环"中不断扩展和推进，不论是从理论上来讲，还是从实践上看，城镇化都离不开这种递增循环机制。区位理论、非均衡理论、城乡结构转换理论和协调发展理论这四个城镇化基本理论流派从本质上来讲其实关注的都是一个问题：如何通过乡村向城市的人口迁移完成人口的集聚。不同的内容是各个理论的侧重点有所不同，区位理论重视空间结构的布局和功能分区从而完成城镇化；非均衡理论重视城乡发展的非均衡特征即增长极的形成，但又正是增长极促进了人口的聚集并最终通过城市辐射乡村实现均衡城镇化；城乡结构理论通过传统部门和现代部门之间劳动力转移、边际生产率和工资之间的均衡实现产业由低到高的转变，并实现人口从乡村到城镇转移从而完成城镇化；协调发展理论从城乡统筹发展角度探讨城市应如何规划为适宜人口聚集的地点。城镇化理论的核心本质从未离开人口城镇化，而经济城镇化也永远是城镇化的动力前提，只是生活方式的城镇化的具体手段有所区别。从实践角度来看，中小城镇区域性耦合发展模式、都市圈模式、大都市结合新城模式，本质上都是符合三个基本目标的，即经济发展—人口聚集—生活方式转变。

四、新型城镇化与其他城镇化实践的区别

新型城镇化有别于我国先前的城镇化进程，也与发达国家城镇化不尽相同，其摆脱了传统城镇化实践的限制，是根植于我国国情所形成的有中国特色的城镇化规划战略和伟大实践。新型城镇化吸取前人在城镇化过程中的经验，针对我国在城镇化实践中所面临的现实问题，是本阶段我国城镇化的指导方略、行为准则和奋斗目标。

（一）回归以人为本的城镇化建设初心

城镇化的核心与本质是人的城镇化，人是城镇化进程的主体，但是在城镇化发展过程中以人为本的城镇化初心往往被忽视。环境问题、大城市病和种族问题接连伴随美国城镇化的发展进程；英国城镇化是在第一次工业革命中凭借煤和铁而高速发展的，这其中的环境污染问题不言而喻；日本城镇化由轻工业快速过渡到重化工业，环境污染在日本留下了磨削不掉的痕迹，日本战后城镇人口急速增长，且相对集中于三大都市圈，直到现在日本以东京都市圈为代表的国家级都市圈也面临着极大的人口压力。这些问题的解决都在城镇化率超过70%后才被逐渐重视起来，发达国家在城镇化发展中正是忽略了以人为本的重要性才需要在之后的城镇化进程中不断弥补这些问题所产生的不良影响。美国当下社会的诸多问题可以说根源都与城镇化有关，例如，美国城镇化快速发展是以广泛引入移民支持不断增长的劳动需求，但是这些移民中大部分并未真正享受到应得的回报，之后一直困扰美国的种族问题、贫富差距等问题都与此有剪不断理还乱的关系；更不要说因为缺乏合理的城市规划让美国陷入大城市病和随之而来的过分郊区化。英国城镇化最早同样也承担了极大的"探路"代价，在城镇化基本完成之后的接近百年中，英国为了解决环境问题付出非常大的代价，为了解决城市人口过于集中尝试了绿带政策和新城建设，但是，从真正的效果来看很难称之为成功。日本城镇化的经济动力是重化工业，快速发展的背后是世界级的环境污染，四大环境公害案件、严重的土壤和大气污染等问题使日本在"二全综"（1962年日本政府调整的《全国综合开发规划》）到"五全综"（1998年3月日本政府调整的《全国综合开发规划》）的几十年中都在持续付出代价；以三大都市圈为核心的城镇化进程固然为日本带来了极大辉煌，但是这之后的一极化情况却是日本始料不及的，人口过密与过疏的并存严重影响了日本的人口增长，日本除了三大都市圈范围内的都市，其余城市衰落情况愈加严重，而且根本看不到解决的可能性。这些惨痛的代价应该时刻成为警醒我国的教训，以人为本城镇化进程的初心，这一点是新型城镇化必须正视和践行的。

新型城镇化以人为本的独特性在于以下三个方面。

1. 放开户籍制度的限制。我国人口城镇化的速度相对于土地和经济城镇化速度明显缓慢，这种情况在当下已经成为影响我国城镇化进程的阻碍之一，二元户籍结构则是城镇人口增加相对缓慢的主因。人口城镇化缓慢会带来价格问题，其一，影响城镇聚集效应的形成。我国城镇密度相对较低，中小城市和小城镇数量相对较少，人口的聚集效应在大城市规模之下的城镇难以形成。从长期来讲，这种情况也影响着经济发展的潜力，对于新型城镇化的"循环递增"机制会产生消极影响。其二，影响农业现代化发展和农村地区的城镇化进程。我国从事农业生产的人口数量相对于美国来讲比例过高，农业生产占据着过多的人口，这对于人口城镇化来讲并不是好消息。从理论上来讲，农业人口不释放其潜力会将达到刘易斯拐点的时间周期拖长，不利于人口红利的释放和工业化与城镇化进程。从实践角度来看，我国农业资源人均占有量相对较低，过多的农业人口不利于开展农业的规模化发展，更难以实现农业现代化。其三，影响社会稳定。长期生活在城镇却难以转变为市民的所谓"农民工"为城镇建设和发展提供了廉价劳动力，但是并未获得等值的回报。结合美国的历史，这有成为未来不稳定的可能性。

2. 完善城镇公共服务和基础设施建设。公共服务和基础设施建设是满足市民生活的最核心事项，人们之所以向往城镇化，重要原因在于人们对于城镇生活方式的渴望。缺乏完善公共服务和基础设施的城镇化是不完全的城镇化：其一，影响人口城镇化。两者的完备程度影响着城镇的人口承载力，例如公共交通体系的构建、文化教育和医疗卫生的基础设施建设、居民就业服务等方面都关系到城镇生活的正常运转能力，缺乏这种能力的城镇其吸纳人口的能力必然低下。我国中小城市和小城镇由于缺乏相应资源上的倾斜，在公共服务与基础设施建设上存在不足，这严重影响其人口聚集能力，同时也影响着人口城镇化。其二，影响社会公平的实现。大城小城之间、城乡之间在公共服务与基础设施方面存在过大差距将会影响社会公平，尤其在文化教育上的差距将产生深远影响，阻碍城乡均衡发展的目标。因此在新型城镇化进程中应该充分考虑城镇公共服务与基础设施的完善，将中小城镇作为该行动的主攻方向，增强中小城市的人口吸纳能力，提升县镇服务乡村的连接机能，为城乡均衡发展奠定基础。

3. 制定符合我国国情的城镇化制度保障体系。在制度方面除了户籍制度外，同样需要关注其他种类的制度建设和完善。在我国户籍制度是各种公民切身权利的基础，户籍的不同决定了其他制度的适用范围，例如，社保制度和福利救济制度等诸多方面。在户籍制度改革的当下，这些基于公民本身的制度也需要抓住有利时机进行改变。首先，户籍的城乡区别不应该成为制度差别化的前提。随着户籍制度的改革和我国城镇化不断推进的现实，城乡之间在制度上的差别也应当逐渐被平等化，不应放任这种差距的不断拉大，因为这种差距逐渐成为城镇化过程中的阻碍。其次，中央政府应承担起更大的责任。伴随分税制改革，中央财政的财权得到相应提升，对于重点的社会保障、公共服务和基础设施支出的承担也应该得到相应提升，否则不利于社会福利的增加。甚至地方政府为了地方财政扩充税源，进行土地财政，这就更会引发一系列问题，影响会更加严重。最后，促进社会公平共享。新型城镇化除了完善各项制度、提升公共服务水平、优化基础设施建设外，还需要做到一点才能够达到以人为本，那就是实现公平共享。在城镇化进程中非均衡是难以避免的，但是为了最终达到均衡、防止在非均衡过程中出现贫富差距过大、阶层固化等问题，需要政府在一定程度上进行干预以实现相对公平。具体到新型城镇化则需要在接下来的两个方面有所作为：其一，身份公平。身份公平的重点在于解决"农民工"问题，在计算人口城镇化的过程中这一群体是非常尴尬的，其被算作城镇化人口，但是由于身份上的限制，其享受不到城镇化市民应有的权利。如何尽快完成这部分人身份上的平等，让其享受付出努力所得到的成果和应有的尊重，是实现身份公平在当下最重要的问题。其二，制度公平。在身份公平的前提之下，包括住房、教育、医疗、就业等各方面的制度设计也应该实现公平。这关系到社会的稳定与未来发展的前景。"农民工"群体经过 20 余年已由一代向二代转变，这一群体当下面临着进退两难的情况，一方面在城镇难以融入，另一方面由于基本适应了城市生活也难以退回乡村。如果不解决好这个问题，那么城镇化就是失败的。

（二）彰显优秀文化的城镇化建设内核

作为一个崛起中的大国，我国城镇化应该结合自身国情走出一条有特色的城镇化之路，切不可一味复制他国成功经验而不加辨析。那么这条特色之路又是从何而来呢？纵观大国城镇化之路，其源自大国自身的文化传统，一国的历史文化是其发展、强盛的基础，良好的城镇化也同样离不开本国肥沃的文化土壤。

英国是最早进行大规模城镇化的国家，在其他国家还未进入城镇化之时，英国城镇化基本已经完成，其为之后他国城镇化建设提供了非常多的启示和范本。其中最有特点的便是英国的"田园城市"理论以及其所进行的实践，田园理论反映了英国文化对于城镇化的一种愿景与期盼。虽然不得不说该理论本身有些理想化和乌托邦主义色彩，但是它体现了英国人对于自然、乡村和城镇的思考。虽然田园城市理论鲜有直接的实践结果，但是其影响力是极其广泛的，不但英国的新城运动和绿带政策源自于此，而且包括美国和日本在内的众多国家在城镇化过程中也或多或少的参考了该理论的精髓并付诸实践，该理论的影响也延续至今。美国存在的历史并不长，因此，可以作为传统的文化并不如其他国家那样丰富，但是美国城镇化中体现的本国文化特色却并不稀少。由于美国历史相对短暂，因此美国城镇化进程强调城市历史遗存的保护和城市文化的培养。例如，在城镇化规划过程中美国许多地方政府要求将地域文化特征和文化符号融入老城改造和新城建设中；另外，美国极为强调对于历史建筑的保存，美国是世界上文化馆和博物馆最多的国家，其利用政府、民间组织、社会志愿者等一切力量强化对于历史文化的保障，并将其纳入城镇化规划之中。新型城镇化作为我国城镇化建设的崭新时期更应该强调其对于我国优秀传统文化的继承与发展，并将这种文化精神作为具有我国特色的城镇化的内核。

1. 历史文化遗产的保护与利用。城市中历史文化遗产往往具有其所在城镇和地区的文化特征，既是该地历史的见证也是独特的文化符号。我国历史悠久、幅员辽阔、民族众多，是一个具有丰富文化内涵的国家，各个不同地区在同属中华文化圈的同时也具有自身不可复制的特性，这些文化遗产正是特性的集中体现。在城镇规划过程中要加强对于历史遗产的保护，这种保护不应该只由政府部门负责，还需要发动社会团体、民间志愿者等一些可调动力量参与，因为这不仅是对历史的保护更是对我们文化之根的传承。除了进行保护之外，新型城镇化还应该在规划中以这些遗存为核心构建当地的利用体制，不论是作为旅游、休闲还是作为历史教育基地，都应该将其建设成为城镇的特色和文化名片，为城镇建设赋予自身的特点，而不是千篇一律的城市。

2. 非物质文化遗产的传承。如果说历史文化遗产是对历史和文化有型的传承，那么非物质文化遗产则是润物细无声的无形传承。相对于有形之物，无形之物传播范围更广、影响力更大，是软实力的重要载体。城市的文化底蕴是塑造城市、市民的核心。一个城市的精神来自其文化的长期积淀，不论是文化遗产还是非物质文化都是文化的载体，如何将文化融入城镇化建设中，是一国完善城镇化建设的重要课题，更是提高城市群国际竞争力的重要手段。

3. 小城镇和乡村地区传统民俗的保留与利用。除了城市中的历史文化因素外，我国还有一股不可忽视的文化力量，那就是以小城镇和乡村为传承地的地方乡镇民俗。乡镇传统民俗更加贴近生活，既是文化体现又是生活的还原，从资源角度上看是不可多得的文化资源。一方面它异于城市文化体系，另一方面它又是贴近我们日常生活的存在，既满足人们对于未知的好奇，也迎合人们对于乡村生活的渴望。相邻村镇除了统筹加强对于文化资源的保护外，更应该将特色文化资源纳入区域主导产业的考量范围内。

随着在经济建设方面创造的一个又一个奇迹，我国综合国力不断提升，一扫百年颓势，除了在国力上重拾自信，我国更应该找回在文化方面的荣光。我国文化博大精深，虽然不能否定其中有少许瑕疵，但是值得今后推广的内容不在少数。新型城镇化建设过程中不能缺少对于自身文化的认同与宣传，因为我们正是沐浴在这种文化芬芳中成长起来的，不能在未来丧失这条文化之根。

（三）突出城乡均衡的城镇化建设理念

城乡均衡既是城镇化需要达成的最终目标也是城镇化继续推进的前提，城乡之间的关系是无法割裂的。我国目前人口城镇化的相对缓慢除了依靠通过以人为本的方式不断完善和设立更加合理的制度消除阻碍之外，还需要通过城乡均衡发展更加有效地将乡村人口转变为城镇居民。

在这之前我们需要认识到我国在城乡均衡方面究竟有哪些问题。

1. 农业现代化程度低下、边际生产率不高。刘易斯二元结构理论认为，释放农村剩余劳动力是一个动态的过程，这是由于在城镇化过程中伴随着工业化的发展，农业技术会不断进步从而提升整体的劳动生产率。这个过程重新将必要的农业劳动力数量向下修正，农村剩余劳动力会增加从而为城镇化提供人口基础。因此工业化、农业现代化和城镇化本是一个循环发展的体系，但凡其中一环出现问题必然会影响整个进程。但是，我国在农业现代化方面存在着不足，这在一定程度上拖累了城镇化尤其是人口城镇化的速度。农业现代化在我国目前面临着三个问题：一是农业科技发展相对落后。农业科技发展是一个需要时间周期的项目，例如作物改良、动物育种等都需要长期投入与研究，成果往往需要以十年为周期进行评估。我国在农业科技方面要赶上发达国家还需要一段时间。二是农业机械依赖进口。我国东北、新疆等适宜农业机械作业的省份所使用的农业机械进口比例极高，而且不仅大型农业机械如此，在农业深加工、人工智能、绿色农业等农业机械涉及领域这种问题也同样存在。三是农业服务体系不够完善。农业服务体系在我国的建立情况相当不容乐观，在农业技术普及、农业信息传播、优质种苗提供、农产品销售等方面的服务在我国缺乏统一性和制度化。除了与农业生产直接相关的领域，在农业金融服务方面也存在着诸多制约。我国不妨效仿日本的农协制度，成立一个独立的农业服务组织提供与农业相关的直接和间接的服务，以促进现代农业服务体系的构建。

2. 城乡统筹规划并未充分将乡村地区纳入进去。过去我国城镇化规划的中心在城市，并未将乡村纳入城镇化规划的范围内。这其中的表现是在空间、产业、交通、城镇功能服务等方面城乡存在着极大的差距和断裂。城乡统筹发展需要将城与乡纳入一张"图"中进行规划，从确定主导产业形成城乡一体的产业链，到功能区划合理分配形成协调的城市圈层结构，从提升小城镇连接城乡的作用，到交通设施能够融为一体。这些都是未来新型城镇化需要不断完善的方面，这是城市群建设从单个到区域、从中心到边缘所必须经历的过程，是城镇化完善阶段必须做好的工作。

3. 土地管理体系不健全。乡村和城市近郊土地为集体所有，这种土地制度束缚着农民，也阻碍着土地的合理流转和整合。不仅不利于人口城镇化，也不利于农业现代化。土地管理制度目前面临着两个问题：首先，土地所有权、经营权和使用权三权划分所带来的利益划分。如何通过合理、正确地确权来进行利益的分配是长期困扰农村繁荣、农业发展的问题，所有权问题涉及农地抵押，经营权和使用权的划分涉及复杂的补贴归属问题。其次，土地流转问题。土地流转是农业规模化乃至农业现代化的基础，我国人口众多而耕地面积却相对不足，因此，长期以来难以形成规模化。通过合理的土地流转让土地流入相对少数人的手中，有益于规模化农业格局的形成，也是农业现代化的基础。

因此新型城镇化必须突出城乡统筹发展的理念，正所谓"有乡才有城，有城乡更好"。城乡统筹需要从以下四个方面进行努力。

第一，完善农业支持体系。农业支持体系主要由两个方面构成，一是农业服务体系，这个体系应该包含农业技术、农业信息、生产资源、咨询销售等涉及农业产业全链条的重要环节，最好形成一个完善的组织能够全方位服务于农业发展；二是农业金融服务体系的完善。农业融资困难一直是横亘在农业发展进程中的障碍，融资周期长、风险大、抵押标的物缺乏等都是制约农民融资的原因，为此需要构建以政策性银行、农业银行、邮政储蓄、城市农商银行为主体的金融机构体系，一方面政府应该在利率、担保、确权等方面提供政策支持，另一方面机构方面则需要专款专用、创造专门产品以支持农业发展。

第二，城乡统筹规划。城镇在进行规划设计过程中需要充分考虑所辐射的乡村地区，将乡村地区纳入商业圈、交通圈、产业圈、生活圈的范围之内，并合理设计城市功能布局。重点发展城乡之间的中小城镇，将自身辐射范围与强度进行提升，作为沟通城乡和服务乡村的节点。

第三，完善土地管理制度。土地作为城乡发展的重要资源，其作用不言而喻，对于乡村来讲更是如此。一方面需要保障土地流转制度的尽快确定，在流转过程中保证国家、农民、租户的各自利益，提升土地使用效率；另一方面则需要把握土地性质的转变，尤其是农业用地不可以简单变更用途，粮食安全涉及国家战略，英日在城镇化进程中因为各种原因失去了粮食自给能力都曾导致严重后果，我国不应重蹈覆辙。

第四，加强乡村基础设施建设力度。基础设施的等值化是城乡统筹发展的核心前提之一，以交通、公共服务等为代表的基础设施建设是新型城镇化推进的重要手段。除了以上方面，在四化同步的前提下还需要强调通信基础设施的建设。互联网的嵌入从深层次改变了人际关系网络、商业关系网络、商业模式发展方向、价值链形成，乡村地区要实现发展不能再落后于信息化浪潮，需要乘势而行，以农村电商为代表的手段正为此写下了背书。

结语：新型城镇化是我国在城镇化新阶段所提出的极具自身特点的一套城镇化发展概念，一方面借鉴了先发国家在理论和实践层面的经验与教训；另一方面也根据国情尝试走出一条适合自身发展的城镇化之路。下面简述新型城镇化的相关特点：一是由基本完成向完善阶段转变。新型城镇化与前一阶段的区别在于由单个向区域转变、由重视速度向重视质量转变。从目标来看，将快速城镇化所带来的非均衡态势转变为均衡发展，从而实现更全面的城镇化，这是本阶段的方向。从手段来看，城市群建设是本阶段城镇化的基调，以区域内数个大城市为核心、中小城镇为重点是我国城市群建设的途径。从机制来看，工业化以及由此所带动的农业现代化是新型城镇化的动力，信息化是城镇化、工业化和农业现代化的重要助力和时代前提。重点需要实现经济、人口和生活方式的城镇化循环递增模式，即经济发展—人口聚集—生活方式转变的循环。二是坚持新型城镇化的发展原则。无规矩不成方圆，新型城镇化也需要遵循一定的推进原则，归纳起来包括：以人为本、"四化"同步、城乡均衡、区域统筹、合理规划、绿色发展、因地制宜。三是保持自身城镇化建设的特点。新型城镇化需要借鉴国外的理论与实践经验，这是前人在城镇化进程中的智慧结晶，为后人指明了前进的道路。但是，除了前人经验更需要结合自身发展的实际情况，做到以我为主。因此在新型城镇化进程中还需要回归以人为本的城镇化建设初心、彰显优秀文化的城镇化建设内核和突出城乡均衡的城镇化建设理念。

新型城镇化是我国未来一个阶段国内发展战略的核心之一，是经济可持续发展的动力源泉之一，更是实现城乡均衡发展和人民生活水平普遍提高的重要方式之一。从本书研究的角度出发，新型城镇化是县域经济发展最为重要的理论前提、事实基础和奋斗目标。县域发展是新型城镇化的重要组成部分和重点发展方向，是实现区域均衡发展的核心支撑条件。因此，县域发展需要充分理解新型城镇化的内涵、把握新型城镇化的原则、体现新型城镇化的特点，为实现新型城镇化的目标作出切实的贡献。

第二章 国内外城镇化的理论及经典案例分析

新型城镇化是我国现阶段城镇化进程中最为核心的概念,从宏观角度来讲,它既是我国城镇化的指导方针,也是道路途径,更是动力机制;从微观角度来讲,它既是本书研究成立的前提、也是理论基础、更是最终目的。首先,通过梳理发达国家城镇化进程,为我国新型城镇化概念的提出提供理论与实践基础。其次,结合国内外研究与实践界定新型城镇化的内涵、机制和原则,指出新型城镇化与传统城镇化模式的区别。最后,以我国新型城镇化试点的典型案例为事实基础,以新型城镇化概念为指导,分析我国未来城镇化应如何推进。

一、美国城镇化进程的理论与实践启示

(一) 美国城镇化进程

美国是一个建国不到三百年且相对年轻的国家,但是,从城镇化角度来看,美国的历史也可以被定位为一部城镇化史。从 18 世纪末开始美国在取得国家独立后即开始了城镇化进程,并在之后的两百多年取得了极为辉煌的成果。

根据不同标准可以将美国城镇化的阶段划分为不同方式,因此,选取发展阶段这种最为广泛接受的划分方法将美国城镇化划分为三个阶段。第一阶段,18 世纪末到 19 世纪 30 年代的初始阶段;第二阶段,19 世纪 30 年代到 20 世纪 30 年代的快速发展阶段;第三阶段,20 世纪 30 年代至今的新发展阶段。

美国城镇化进程如图 2 - 1 所示。

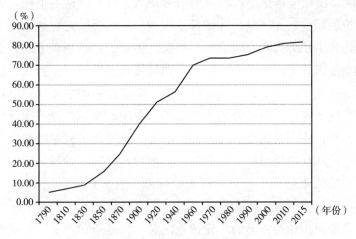

图 2 - 1　美国城镇化发展情况

资料来源：胡光明．城市史研究（第 2 辑）［M］．天津：天津教育出版社，1990；中国国家统计局．主要资本主义国家统计集［M］．北京：世界知识出版社；世界银行。

（二）美国城镇化进程的理论与实践启示

美国城镇化进程作为基本由市场力量决定的城镇化范本，在不同城镇化模式中独树一帜。综观美国城镇化，在整个过程中行政干预的行动相对较少，自由发展、市场优先是美国城镇化的主要模式。下面分别从理论和实践两个方面来探讨美国城镇化进程对后发国家的启示。

1. 理论启示。美国城镇理论随着城镇化发展的不同阶段而有其各自的特点，随着城镇化进程的不断推进也在不断向前发展。

（1）二元经济城镇化发展理论。美国在起始阶段城镇化发展水平相对较低，因此，与世界上大部分国家一样，城镇化的原因就是自然聚集。作为英国的殖民地，美国是生产原料和财富的提供地，因此作为原料采集、运输和储藏的地方自然聚集形成城市的雏形。在美国独立之后，随着美国的西进运动，美国的国土不断扩张，而中南部地区自然条件优越，因此美国在城镇化的初始阶段是一个纯农业国。这也为城镇化理论的重要一极——二元理论提供了土壤。

二元理论并非由美国提出，其最早由荷兰经济学家贝克提出，之后希金斯、缪尔达尔、赫希曼等众多经济学大家都对其从技术上做出过不同的阐释，但是在众多学者中对该理论贡献最显著的则必须要提到美国经济学家阿瑟·刘易斯。二元经济结构理论中以农村剩余劳动力为核心讨论一个在发展中国家中极为普遍的城乡二元问题。在该理论中刘易斯认为随着农业不断发展，农业社会会出现劳动力边际产量为零的情况，因此，这些剩余劳动力会成为工业发展的重要劳动力。美国在城镇化初期城镇化程度极低，而优越的自然条件为美国农业发展提供了得天独厚的优势，发展良好的农业在城镇化初始阶段为美国提供了进行工业革命的坚实基础。在快速发展阶段美国近代工业高速发展，而移民和农村剩余劳动力为美国工业化提供了充足的劳动力。刘易斯的二元理论从理论层面很好地解释了美国城镇化高速发展的原因，这也为后发国家在城镇化进程中如何考虑人口问题、农业发展问题、工业化问题、经济结构问题提供了重要思路。

在刘易斯提出相对完整的二元理论之后，拉尼斯和费景汉等对该理论进行了修正和扩展，其认为：第一，农村剩余劳动力不可能无限；第二，农村劳动力应该保持适当数量，不可能完全转化为其他产业劳动力；第三，在考虑农村剩余劳动力问题时也需要考虑技术进步问题。对于该理论中所提到的剩余劳动力转化为工业化和城镇化人口这一表述的更通俗说法即为"人口红利"，人口红利是当今发展中国家在工业化和城镇化中最为关注的问题之一。虽然我国在"十一五"期间就达到了"刘易斯拐点"，但是二元理论对于我国当下和之后的城镇化也同样具有指导意义。这反映在以下四点：一是强大的农业是国家工业化和城镇化的基础；二是农村地区是我国未来城镇化和经济发展的重点；三是农业现代化是农村城镇化的先决条件，而农村城镇化将会推动农业现代化；四是农村地区的城镇化将会延长我国人口红利的持续时间，激发潜在的人口红利。

（2）"核心—边缘"城镇化理论。本理论是城镇化空间理论中的重要组成部分，此外还包含增长极理论、"扩散—极化"理论等部分。城镇化空间理论阐释城镇化进程中由不均衡发展向均衡发展变化的过程，增长极理论和"扩散—极化"理论重点在于解释城镇化发展的非均衡现象，而"核心—边缘"理论则解释了城镇化由孤立到联系、由非均衡到均衡的整个过程。

该理论由美国学者约翰·弗里德曼在 20 世纪 60 年代中期提出，他认为，首先，随着经济发展和工业化的推进，会出现非均衡现象，而非均衡现象会将区域分为经济增长迅速的核心区与经济发展缓慢的边缘区域；其次，随着经济与工业化的继续发展，聚集于核心区的要素会逐步向边缘地区转移，在边缘地区形成新的工业集聚；最后，随着这一现象的加剧，核心区与边缘区形成一个在功能上相互依存的区域性城镇体系，从而实现均衡发展。

"核心—边缘"理论在一定程度上对应了美国城镇化的大都市发展阶段，随着城市的发展城市中心区由于要素过于集中达到了发展的瓶颈，因此，资金、技术、人口等要素不断由中心区向郊区扩散、迁移，城市规模逐渐扩大形成了大都市。该理论也不断进步，在更大范围的区域中单核心情况向多核心情况发展，在多核心之间的交叉边缘区域成为核心之间的连接桥梁，将核心与核心连接在一起形成多核心结构。这种理论上的发展在现实实践中则对应了美国都市带发展阶段，由点到面在国家层面上实现了覆盖范围广、发展相对均衡、人口分布合理的高质量城镇化。城市化空间理论的发展实际上是对于城镇化过程中非均衡与均衡发展之间的一种研究和讨论。从最终目的来看，其希望能够在城镇化发展过程中实现均衡发展，因此，该理论对于城镇化均衡发展问题具有很强指导意义。但是，从路径上又存在不同看法，首先在不均衡是否必然存在方面存在争论，其次在是否应该由政府介入从而改变非均衡局面上存在着争论。不论争论如何，该理论认同随着经济发展和产业结构的不断优化，不均衡在理论上是可以消除的，城镇化最终是均衡发展的城镇化，这种均衡体现在城乡均衡、资源配置均衡、人口分布合理等方面。

我国目前正处于由单个大城市高度城镇化模式向以大城市为主导的区域性城市群模式转变的过程中。在我国大城市城镇化布局基本完成，城市群框架基本形成，但城市群尚在规划过程中，因此，该理论对于我国城镇化具有相当重要的启示：第一，从国家层面上来讲，城镇化发展过程中应该避免发展的极度不均衡，尤其是城乡之间差距过大；第二，超大型城市应该去中心化从而疏解非必要城市功能，应该在城市区域内合理配置资源，形成相互配合的城市空间布局；第三，注重提前规划，为城市发展提供所需的预留空间；第四，重视城市群区域内交叉边缘区的发展，为城市群内的相互连接打下基础；第五，资源向边缘地区流动并非单纯的产业转移，而是流出资源与当地资源重新结合形成新的主导产业的过程。

美国作为城镇化发展相对较早、城镇化理论相对成熟的国家，对于发展中国家实现城镇化具有很广泛的理论启示，因此从中选取对于当下我国城镇化发展具有特殊意义的三点作为总结。其一，经济发展水平高低是城镇化发展的基础与动力。不论是二元理论还是"核心—边缘"理论，经济结构的变化、经济发展的不同水平将会在很大程度上影响城镇化的进程。城镇化与工业化、农业现代化等进程存在着很强的联系，虽然不论哪个国家都难以实现不同进程中的均衡发展，但是尽量将差距保持在合理范围内则是城镇化健康发展的基础。我国长期通过农业剪刀差来实现资本积累，农村经济发展长期滞后于城市地区，这导致我国在城镇化过程中的城乡二元发展极不均衡。因此，在我国城镇化程度接近 60% 的当下，中小城镇尤其是农村地区的城镇化就成为下一阶段我国城镇化的重点，而如果不提升农村经济发展的现代化程度，那么将严重影响我国城镇化的进程。其二，城市去中心化是解决"大城市病"的重要手段。我国当下城市尤其是大城市发展过程中存在着与美国相似的"大城市病"，很多研究成果中对于美国解决这一问题的方法称之为"郊区化"，虽然不能完全否定，但是缺乏其精髓而又不够严谨。从理论上来讲，其本质是城市资源的一种外流，大城市病的病因是城市资源与功能过于集中，过于集中的资源不仅没有使效率提升，反而导致城市失去了使作为城镇化主体的人更好生活与发展的根本作用。因此，将这些资源在城市空间中进行重新配置变得势在必行，当然这种配置并非随意而为，这是在充分考虑不同资源与当地所具有的资源后而形成的一种合理搭配。这才是正确地消除核心区与边缘区域之间非均衡的方式，而不是简单地通过行政命令进行城镇化，以扩大城市范围。通过城市资源的重新配置，一方面使城市的边缘区域产生新的主导产业，使城市发展进入新阶段；另一方面也将城市功能进行分散，构成相互依存的宜居城市。其三，区域性城市群是实现城乡均衡城镇化的可行路径。以"核心—边缘"理论为代表的城镇化空间理论重点讨论了城镇化过程中非均衡问题，其中大部分学者的观点都认为：在城镇化过程中非均衡几乎不可避免；在发展过程中非均衡在理论上会逐渐向均衡转变。那么问题的重点就变为如何在城镇化进程中实现均衡发展，从城镇化空间理论体系出发，结合各国实践成果，大部分相对成功的国家都选择了通过区域性城市群来实现区域城镇化均衡发展。虽然可能在具体方式上有所区别——在美国城市带的形成过程中，自由发展的程度很高，而在日本都市圈的形成过程中，政府的顶层设计在很大程度上决定了其发展的方向—但是通过构建城市群的确实现了理论中所预测的均衡城镇化。

2. 实践启示。除了在理论方面的启示，美国城镇化进程本身也具有很多值得借鉴的经验，通过上一部分对于美国城镇化进程的概述，可以总结出以下五点启示。

（1）发达的农业是城镇化顺利推进的基础。美国的城镇化能成功的理由非常多，但是高度发展的农业是不得不提的一个重要原因。发达的农业为美国城镇化提供了相当雄厚的基础：①美国自立国之后几乎从未因粮食不足发生过饥荒，而且农业的发展为之后的快速工业化提供了丰富的原料保障；②农业的发达为工业化和城镇化提供了充足的剩余劳动力；③发达农业促进地区发展以避免城乡差距过大，有助于实现城乡均衡发展；④在整个城镇化进程中，美国一直通过农产品出口获取巨大利益来支撑城镇化，例如，第一阶段换取技术、原料和资金，第二、第三阶段换取他国的劳务。

美国发达的农业对城镇化的促进作用给我国城镇化进程带来了三个启示：首先，发达农业是工业化的基础，而完善的工业化会为农业现代化提供条件，最终工业化和农业现代化会促进城镇化的不断发展。农业现代化和工业化与城镇化之间是相互促进的关系，任何一方面的落后都会加深非均衡的情况出现。其次，发达农业将会延长人口红利时间。2009 年第二次农业普查结果表明，我国从事农业的人口超过 3.5 亿人，占全国人口比例超过 20%，而美国从事农业的人口在 1000 万人左右，占全国人口比例的 3.5% 左右。虽然不可否认美国农业自然条件优于我国，例如耕地面积更多、农业主产区地形相对平整等，但是我国在农业现代化方面还与美国存在着差距。从事农业人口过多在一定程度上压缩了我国人口红利的规模，缩短了持续时间。最后，发达农业有助于缩小城乡差距以实现均衡城镇化。乡村地区实现城镇化并不是抛弃乡村生产农产品的职能，农村地区需要借助农业发展实现城镇化，而并非复制城市区域的城镇化路径。例如我国推进"特色小镇"和"特色小城镇"等乡村地区城镇化的试点工程就是利用农业等特色产业的发展来帮助乡村地区实现城镇化。

（2）交通基础设施是城镇化发展的助推器。在美国城镇化历史中隐藏着另一部历史，那就是美国交通运输史。美国在独立之前作为英国的殖民地，其最为重要的作用就是从美洲获取原材料运往英国，因此交通基础设施的发展伴随着美国历史进程。美国独立之后，交通设施的开发继续向前发展且经历了多个阶段，从水路阶段到铁路阶段，再到公路阶段，最终形成了完善的水陆空立体交通运输体系。通过修建运河，在水路交通阶段纽约和五大湖区形成了美国最初的城镇化区域；铁路交通大发展期，中西部迎来了城镇化快速发展的时期；高速公路发展期，美国迎来了都市带形成的高峰期。在不同城镇化发展的不同阶段，交通运输设施的大发展往往也意味着美国城镇化进入新阶段。

同样作为幅员辽阔、人口众多的国家，美国在交通运输方面的先发经验也同样对我国有着极强的启示性。首先，交通基础设施是人流和物流的载体。

美国人口从东北部向中西部最后向南部的人口迁移过程，与其交通设施建设的顺序大致吻合，交通设施将人流物流引导到需要的地区，为人口稀少地区的快速发展奠定了基础。同时，通过这种人口流动也使美国人口分布相对均衡。其次，交通基础设施是连接城市内和城市间的媒介。不论是"核心—边缘"理论及其发展理论所倡导的城市多中心化还是区域都市带的形成，都离不开交通设施的建设。可以认为交通设施是其形成的基础：①交通发展降低通勤成本，扩大生活圈半径。美国大都市化的形成正是源于公路和汽车的普及，这些新事物的出现降低了居民的通勤成本，将人口与资源带离城市核心区从而实现了边缘区域的发展，使城市多中心化开始形成。②交通设施连接不同都市，是区域都市带形成的前提条件。美国都市带之所以能够形成的重要条件之一就是交通设施促进了都市间交叉边缘地区的发展，提升了大都市对于周边边缘地区的辐射带动性，从而完成了区域城镇化。

（3）重视地方特色，因地制宜发展城镇化。美国在 20 世纪 50 年代之后的城镇化权力由联邦政府层面逐渐向地方政府转移，因此也开始逐步强调对于地方特色资源的利用和保护，同时因地制宜制定城市发展的主导产业。产业发展是城镇化的重要动力，明确自身的主导产业是当下城镇化发展规划当中的重中之重。主导产业的选择需要考虑包括资源禀赋、历史条件、环境承载力等多方面因素，不同地区主导产业也不尽相同。

美国在城镇化第三阶段后期越来越重视因地制宜地塑造城市，其中对我国的启示包含以下三点：①抓住地方特色，明确主导产业。将地方特色资源融入到主导产业之中是美国深度城镇化阶段最为重要的特点。其中极为成功的案例有旧金山的硅谷、纽约的金融和文化娱乐产业、西雅图的电商业（西雅图是重要港口又是微软总部）、迈阿密的旅游和疗养产业等。②区域共同规划形成相互补充的产业链以促进区域城镇化。美国小城镇集群在进行主导产业规划时会充分考虑各自的要素禀赋，选取能够相互补充的主导产业，创造出 1 + 1 > 2 的效果。③注重制定长远规划，合理权衡城市建设。在美国深度城镇化阶段，城市规划研究也进入成熟期，对于城市的规划注重体现城市特色、保护历史风貌、合理功能布局和确保未来发展这四个方面。例如美国首都华盛顿，很多政府建筑既是日常行政工作的场所也是历史文化的传承地，通过合理规划保持两者的平衡是很重要的工作。

（4）中小城镇聚合体建设不断推进。美国在发展大都市的同时也没有忘记中小城镇和乡村地区，但是与大都市的城镇化相比，一方面这些地区在资源、时机、区位、人口等方面全面落后于大都市，另一方面考虑到大都市城镇化出现的大城市病问题，在这些地区的城镇化过程中，美国逐渐形成了一种区域聚合体的模式。

这种模式其实也并非完全创新，与当下美国大都市的多中心化相同，根据区域内小城镇的不同禀赋情况统筹进行规划，在该过程中决定了以下两个问题：①主导产业及其城市定位；②区域内不同小城镇进行功能分区。这些中小城镇聚合体并非会像大都市一样不断扩大并变为区域核心，而只是一种满足当地城镇化需要的就地城镇化的方式。这种城镇化的模式对于我国当下城镇化尤其是中小城市和农村地区的城镇化具有很强的现实意义：①中小城镇尤其农村地区的城镇化与大城市的城镇化方式存在着本质性不同，不应照搬之前城镇化的模式。②中小城镇以及农村地区应该在城镇化过程中重视区域统筹规划，明确城镇化定位和功能的合理分区，避免之前大城市城镇化的缺点。③中小城镇及农村地区城镇化应该重视当地的特色资源，重视以人为本的城镇化初衷和当地人的实际需求。

（5）应该注重以人为本。美国城镇化既存在正面启示也存在负面启示，美国城镇化过程中最为严重的问题就是忽略了城镇化主体——居民在城镇化过程中的获得感。美国历史上爆发过多次持续时间长、范围大的民众抗议活动，其中原因是多样、不能同一而论的，但是从侧面也说明城镇化进程中缺乏对于人发展需求的满足。例如，在美国城镇化速度最快的第二阶段，正值美国工业化快速发展，大量农民和移民成为产业工人，但是由于城镇化速度过快，工人的生活条件并未得到应有的满足，工人运动在这一阶段非常普遍；在美国城镇化的深入阶段，20世纪60年代的民权运动之所以爆发也同样与城镇化过程中没有顾及城市中的贫困人口有关，虽然在之后的20年中美国联邦政府在保障性住房方面给予贫困居民一定的预算倾斜，但是在里根时代由于星球大战计划联邦政府逐渐放弃了对该部分的预算倾斜。

贫富差距、种族矛盾、宗教冲突、恐怖主义等问题在美国的长期存在和愈演愈烈并非只因为美国的城镇化进程忽略了人在其中的获得感，但是这些问题毫无疑问都与其存在着千丝万缕的关系。因此，在我国城镇化进程中，尤其贫富差距、地区差距等问题在我国当下越来越显著的情况下，从中获得的启示是极其有实际意义的。首先，时刻把握以人为本的城镇化基准。城镇化从根本上来讲还是"人"的城镇化，是人为了满足自身不同层次的需求而推进的一个过程。因此，城镇化不仅是城市规模扩大、城镇人口增加、经济增长等数字上的提升，还是生活方式、满足自身价值等方面的提升。其次，控制城镇化进程中的非均衡程度。城镇化进程中的贫富差距等问题不论是在理论中还是实践中都是难以避免的，原因在于初始禀赋的不同在发展过程中必然会出现发展速度的差距。但是，差距的程度是可以通过政府干预、人为引导、资源的合理配置等方式降低的，因此，在城镇化进程中需要控制非均衡程度。

二、英国城镇化进程的理论与实践启示

（一）英国城镇化进程

英国城镇化进程曾经领先世界，其在城镇化进程中既强调自由发展也重视适当干预，形成了一种综合型的城镇化模式。英国作为城镇化最早的国家之一，其城镇化历史可以追溯到罗马时期，限于篇幅只对其具有借鉴意义的近现代城镇化进行分析与研究。本研究的英国城镇化指从工业革命开始到现今的英国城镇化进程，通过对于这一阶段的梳理和分析，为之后的理论和实践启示提供事实依据。本研究按照学术界最普遍的区分方式将英国这一阶段的城镇化进程分为三个部分：第一部分，初步城镇化时期（18 世纪中叶到 19世纪中叶）；第二部分，高度城镇化时期（19 世纪中叶到 20 世纪初）；第三部分，城镇化完善时期（20 世纪初至今）。英国城镇化进程如图 2 – 2 所示。

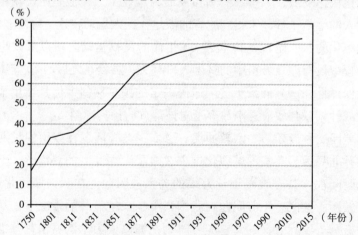

图 2 – 2　英国城镇化变化情况

资料来源：城市史研究；主要资本主义国家经济统计集；世界银行 2016 年

政府需要在城镇化进程中担当立法、规划和监督的角色，这也使英美两国迈上了不同的城镇化道路。在解决大城市病方面英国也提出了具有自身特色的方法，一方面英国在"田园理论"的指导下实践了"新城运动"，其不仅为疏解大城市人口压力提供了助力，还为第二次世界大战后英国复兴提供了公共产品；另一方面英国重视中小城市的建设，客观上来讲英国重工业的衰落也在侧面助推了英国人口从大城市向中小城市迁移的进程，缓解了英国城市人口压力。

（二）英国城镇化进程的理论与实践启示

英国城镇化始于350年前，起步相对较早，故当时缺乏城市理论加以指导，因此，英国城镇化进程的启示主要集中于完善时期。城镇化的重要启示源自英国城镇化的实践过程，英国城镇化进程可以将政府介入与否分为两个时期，介入前（基本完成时期和快速发展时期）是"狂飙的自由发展阶段"，介入后（完善时期）是"缓慢的完善调整阶段"。下面从理论和实践两个方面简要总结英国城镇化对我国的启示。

1. 理论启示。英国在城镇化前期与美国相似，基本理论区别也并不大，可以说美国城镇化前期难以摆脱前宗主国英国的影响，因此理论启示主要从后期英国城镇化理论角度阐述。

英国城镇化完善阶段的重要指导理论是以霍华德为代表的"田园城市"理论，田园理论从本质上来讲是一种城乡统筹协调发展的城镇化理论。其发展的背景包括：①英国在城镇化和工业化高速发展时期带来了非常严重的社会问题；②在城市与乡村格局基本形成的条件下，如何统筹城市与乡村协调均衡发展从而实现城乡共同城镇化；③限制城市的无限发展，由于英国失去大部分殖民地，农业发展需要更大程度上依靠本土；④第二次世界大战结束后，英国希望借助再城镇化助力复兴过程。在这些背景之下，该理论认为城市的发展应该做到城乡融合，综合城乡两者优势；以人为本，重视人在城市中生活的便利性和城市环境的舒适性；限制城市规模，城市不应以单核为中心无限制扩大。

田园城市理论提出时间相对较早，又深受乌托邦理念的影响，因此，其在思想上具有局限性、在实践上难度也很大。但是，这并不影响该理论指导城镇化进程尤其是在城镇化完善和深入阶段，美国城镇化郊区化和英国的新城运动都深受田园理论的影响。我国近年完成了基本城镇化，正处于城镇化的深化和完善期，但是也面临城乡发展不均衡、高速发展的环境问题和大城市病。因此田园理论对于我国本阶段城镇化具有很强的借鉴意义，我国应该积极将其理论精髓融入到城镇化进程中。

田园理论的启示：①以人为本是城镇化的最核心目标。城市从根本来讲是为了满足人的各种需求而形成的，因此人生活的城镇化才是城镇化的目的。当然，城镇化的基本理论流派大部分都认为城镇化进程中出现社会问题是不可避免的，城镇化必然经历一个打破均衡并再回到均衡的过程。因此，如何控制非均衡范围和引导均衡更快地形成以更好地满足人的需求，成为城镇化进程中不可缺少的话题。②城乡融合发展是城镇化完善阶段的重点问题。田园理论虽然有些理想化地认为实现"城中有村，村外有城"就可以形成融合城乡的均衡发展，但是这在实践角度来看是不可能实现的。可是不能否定，如何在城乡格局形成后使乡村地区也能够实现城镇化是一个严肃的问题。田园理论不抛弃乡村定位的观点非常有前瞻性，乡村城镇化不能使乡村失去其作用与定位，农业与乡村的特点皆应该在这一过程中保留下来。乡村城镇化应该是结合以上两点的城镇化，而不是对城市城镇化的复制。③重视大城市病的解决。田园理论的提出是基于英国严重的大城市病，因此该理论的很多基本建设思路都关注如何让城市更加宜居。不论是新城建设、绿带城市，还是之后衍生出的生态城市、循环城市都应该将解决大城市病作为城镇化推进的重点。我国在现阶段正面临高度城镇化和低度城镇化并存的情况，对于高度城镇化的地区需要采取包括疏解城市非必要功能、提升基础设施和服务水平等方法应对大城市病，而对于还在城镇化初期阶段的地区则需要在规划阶段通过合理功能分区、区域统筹规划、预留发展用地等方式防止出现大城市病。④构建现代交通网络。田园理论极为强调交通网络的构建，这一方面与英国城镇化发展最初即重视交通设施的建设进行区域化城镇化有关，另一方面也与田园理论将交通便利作为解决大城市病的一环有关。交通设施作为当今社会最为普遍而重要的公共设施对于城镇化的发展有着很大的作用，在区域发展过程中作为沟通城市间、城乡间的纽带促进区域均衡发展，在城市发展过程中降低居民通勤成本提升居民的居住舒适度，方便满足各种需求。⑤城市范围不能无限制扩大。田园理论的重要观点即强调单核城市不能无限制扩大自身范围，这其中包含两层意义：一方面，对于城市本身，过于巨大的城市规模影响城市本身发展，诱发大城市病的产生；另一方面，对于城乡关系，单核城市的不断扩张代表着乡村区域的缩减，环境的破坏和农业发展的衰退将会影响城镇化与工业化的发展。

田园理论本身并非一个非常具有实践性的理论，但是这并不妨碍该理论对城镇化发展产生重要的影响，一方面田园理论的产生代表了人们城镇化进程与人类可持续发展之间的思考，另一方面也促使城市规划的产生与发展。在该理论的影响下，英国新城运动和绿带政策相继开展，美国的绿带城市和城市郊区化也不断推进，这都反映了人们希望通过城镇化更好地满足自身更好生活的需求。同时，包括英国的莱奇沃思和韦恩、美国的雷得朋规划等一系列实践也在很大程度上推动了世界城市规划学的发展，为后发国家更好地实现城镇化提供了经验。

2. 实践启示。一方面英国的城镇化模式代表了北欧地区城镇化的普遍方式，具有很强的代表性，另一方面作为世界上最早开展城镇化的国家，其遇到的很多问题具有典型性，为我国城镇化发展提供了很多警示。

（1）自由发展与政府调控并行的城镇化方式。英美城镇化同出一源，因此，在城镇化发展的中前期两国皆崇尚自由发展，但是由于两国国情和国际形势的不同，两者最终走出了不同的城镇化路径——美国依然自由发展，而英国则尝试自由发展与政府调控并重。

英国在经过从 18 世纪中期开始的 150 年速度很快的城镇化后，认识到任凭城镇自由发展是存在很大问题的。这种快速膨胀的城镇化偏离了城镇化是以人为本的初衷，在居民保障、城市规划、城乡均衡等方面政府必须承担起相应的责任。英国政府从 19 世纪中叶开始从多个方面介入城镇化的进程中：①规范城镇化相关立法。在环境治理方面有 1847 年的《河道法令》、1848 年的《公共卫生法》、1855 年的《消除污害法案》、1863 年的《碱业法》、1866 年的《环境卫生法》、1876 年的《河流污染防治法》、1952 年的《大气清洁法》等；在城市规划方面 1909 年的《住宅、城镇规划条例》、1919 年的《城乡规划法》、1946 年的《新城法》、1947 年的《英国城镇和乡村规划法》和《综合开展地区规划法》等；在改善居民生活方面 1833 年的《工厂法》、1875 年的《工人住宅法》、1880 年的《雇主责任法》等。这些基础法规在之后百年内有些经历过数次修改和完善，并且在这些法规基础上地方还制定了相当多的配套落地法律和法规。一方面从宏观角度，通过各种规划法将城镇化的用地审批权收归国家，政府可以通过控制土地来引导和限制城市发展；另一方面从微观角度，政府通过各种环境和改善居民生活方面的法律解决城镇化进程中产生的诸多环境和民生问题。②政府主导城市规划。从第二次世界大战后到 20 世纪 70 年代英国开始进行新城运动，该运动在政府主导下一共建造了 33 座新城。以伦敦周边 8 个新城为例，其疏导首都 50 万人进入新城，在一定程度上解决了人口和住房问题。客观来讲，英国新城运动作为一个政府规划城市建设的尝试并不是非常成功，但是这并不意味着政府主导城市建设是错误的，相反，它为之后的规划提供了很好的经验。③政府重视城乡均衡发展。虽然英国重视城乡均衡发展的原因是多样的，但是对于我国也具有很强的借鉴意义。首先，英国认识到城镇化发展到一定阶段城乡格局将固定化，而乡村地区在这种情况下由于禀赋条件的不同不可能复制之前城镇化的模式，需要另辟蹊径。其次，农业作为工业化的基础和国家战略资源不能被忽视。英国通过自身血的教训验证了城镇化进程中忽略农业发展所带来的致命结果，因此，在第二次世界大战后对于限制农业用地相当严格，同时执行极为宽松的农业补贴政策，甚至从 20 世纪 90 年代开始虽然补贴额度大于农业产值，但是效果依然不佳。最后，田园理论的深刻影响。田园理论中的核心观点即包含"城乡共建，城中有乡"，虽然实践上很难实现，但是其作为思想融入之后人类城镇化的各种理论之中并深刻影响了城镇化进程。

（2）限制城市无限扩张与中小城镇发展。英国国土面积不像美国一样广阔，因此在城市发展过程中不能像美国一样进行广泛的郊区化，其必须限制城市发展的空间范围。美国也认为应该合理控制城市扩展范围，美国的郊区化其实并非无限扩展，这只是城市由单核心向多核心城市转化的一个过程。而作为解决大城市无限扩张的办法——中小城镇的发展逐渐成为英国的选择。英国 7 大城市占全国城镇人口比例变化情况如图 2 - 3 所示。

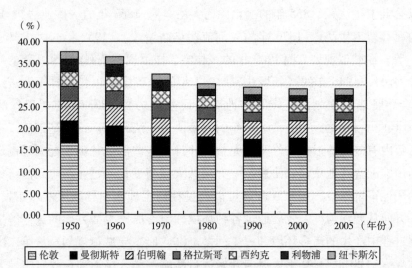

图 2 - 3　英国 7 大城市占全国城镇人口比例变化情况

资料来源：《世界城镇化展望报告》。

中小城镇作为英国城镇化体系中不可或缺的补充部分承担着重要作用：①疏解大城市无限发展的压力。大城市是城镇化进程中的主线，具有中小城市难以比拟的集聚、辐射、规模等方面的优势，即使如此，大城市的空间和人口上限也不可能无限扩张。在这种情况下，英国大城市周边的中小城镇承担起了疏解这一压力的任务。②统筹城乡均衡发展。除了疏解大城市压力，英国的中小城镇还承担着统筹城乡均衡发展的作用。中小城镇作为大城市与乡村地区的纽带，一方面具有城市的经济基础和设施，能够满足基本的城市服务需求；另一方面作为贴近乡村的枢纽能够满足城市居民对于乡村的向往。③保护自然和文化环境。英国的中小城镇往往是由城镇化前的集市发展而来，其中的民俗习惯、文化遗存也不在少数，因此具有一定的历史文化价值。中小城镇处于城乡缓冲带，一方面在自然环境上更能体现乡村特点，另一方面在历史文化上又具有其自身的特色。这既是中小城镇城镇化发展的优势禀赋，也是对于特色资源的一种良好保护。④提升城市规划水平。英国在大城市发展时期主张自由发展，因此，在城市发展进程中往往存在着许多不合理，缺乏事前的城市规划。中小城镇在发展过程中吸取了这一教训，积极将未来的就业、居住、服务和公共设施作为城市发展的基础，充分考虑城市发展的未来需要。

三、日本城镇化进程的理论与实践启示

日本作为亚洲国家，同时也是城镇化后发国家，在其发展过程中存在着许多值得我国借鉴的经验与教训。日本城镇化发展不同于世界上大部分国家尤其是西方发达国家的发展路径，其开创了以政府为主导的都市圈模式，通过政府立法、规划、建设快速完成了覆盖人口广泛、基础设施发达和经济高度集中的城镇化。下面对于日本城镇化进程进行梳理分析，并提炼其中特点与启示。

（一）日本城镇化的发展历程

日本城镇化与西方城镇化具有很大不同，从时间上来讲，其起步大大晚于西方城镇化；从模式上来讲，其走出了一条政府主导城镇化的新路；从速度上来讲，其速度远超西方国家同期；从结果上来讲，其形成的人口高度聚集的都市圈也与西方不同。日本城镇化由始至今历时百余年，一方面作为亚

洲后发国家，另一方面作为高速城镇化国家，对我国城镇化有极强的历史借鉴意义。

日本城镇化进程历史清楚，一般将其分为四个阶段：①准备阶段（1890~1920年）。②基本完成阶段（1920~1950年）。③快速发展阶段（1950~1970年）④完善阶段（1970年至今）。日本城镇化从明治维新结束开始到第一次世界大战结束，日本走向殖民侵略完成第一阶段；从第一次世界大战结束到第二次世界大战结束之后，日本走出第二次世界大战战败的影响完成第二阶段；日本经济高速发展达到高度城镇化完成第三阶段；其后为第四阶段。具体城镇化情况如图2-4所示。

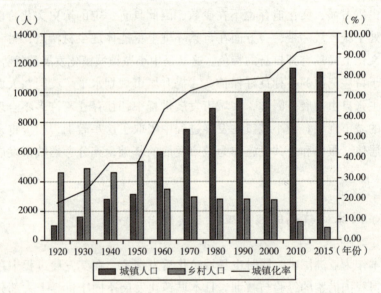

图2-4 日本城镇化发展情况

资料来源：日本统计年鉴；世界银行。

（二）日本城镇化进程的理论与实践启示

日本城镇化相对西方城镇化起步较晚，但是，在吸收西方经验之后，走出了有自身特色的城镇化之路。不论是同为亚洲国家，还是同为后发国家，我国都可以从日本的城镇化发展获取诸多宝贵经验。

1. 理论启示。日本城镇化进程中最大特色就是都市圈建设，日本城镇化就是建立在都市圈发展的基础上，而伴随着都市圈建设就是日本城镇化的缩影和主轴。但对于日本都市圈理论的研究却不是很普遍。

　　日本都市圈理论本质是中心地理论的一种发展，中心地理论是由德国城市地理学家克里斯塔勒与德国经济学家廖什分别于 1933 年和 1940 年提出的，是城市群实践的基础性理论。日本中心地理论在第二次世界大战结束前便已传入，但是真正开始有影响力是 20 世纪 50 年代初木内的《城市地理学研究》，这开创了日本战后城市地理研究和都市圈研究。之后中心地论从 20 世纪 50 年代末开始受到研究和重视，其中高野在《城市圈研究序说》中通过欧美的中心地研究展望了日本的研究方向。1958 年人文地理学专题研究讨论会正式提出了"圈结构"，关于以中心地理论为基础的城市圈层研究在日本开始兴盛，20 世纪 70 年代中期达到巅峰，并一直持续到 20 世纪 80 年代末。中心地理论逐渐在日本延展到诸多领域，其中最为重要的就是在关于大城市构建方面的研究，包括都市圈以及其所涵盖的交通圈、商业圈等方面。这一时期，日本城镇化建设以单核心的三大都市圈建设为核心，都市圈范围逐渐扩大，一极化特征明显。20 世纪 70 年代后期，日本中心地研究逐渐发展为城市体系研究，而日本城镇化也开始进入新阶段，三大都市圈逐渐向多核心发展，城市中枢职能向外层扩散。

　　以中心地理论为核心的日本都市圈发展理论对于当下我国的城镇化具有很强的借鉴意义，我国正处在城市群建设中作为框架的大城市基本完成城镇化，由点向面扩张的过程中。通过总结日本在该方面的经验有助于我国顺利完成该阶段目标，下面来总结相关理论启示：①重视事前规划。以中心地论为基础的城市圈研究和建设都重视事前规划，从狭义的中心地理论来讲城市规划是极具数学性的。其重视空间序列、圈层关系，在进行都市圈建设时需要考虑到未来发展的方向，功能分区、由单中心向多中心转换、都市圈规模上限等需要认真考虑，当然，在真正的城市圈规划当中并不需要具有如此严谨的设计，需要根据实际情况进行调整。②重视城市体系研究。在日本的中心地论研究中，其中一个重要分支就是对商业圈、交通圈和生活圈关系的研究，这些研究在 20 世纪 70 年代后期逐渐转变为更加综合的城市体系研究，同一时期日本也将都市圈的一极化独大发展模式向多中心和中央—地方协调发展方向转变。③重视区域协同发展。作为都市圈核心的城市发展与区域整体发展之间的关系是中心地研究的重点之一，其中的重要方向包括城市圈层演变、以核心城市为中心分析区域内圈结构变化等。

　　2. 实践启示。日本城镇化进程的实践经验值得认真分析，这其中既有正面也有负面，正面经验值得学习，而负面经验则促使我国检视自身，尤其在我国处于城镇化进程关键转变期的当下，以日本城镇化历史为鉴具有特殊意义。

（1）发挥政府主导的优势。日本城镇化尤其是第二次世界大战后城镇化具有极强的政府主导色彩，政府通过立法的方式将城市规划和发展的大部分权力掌握在自身手中，利用政府财政集中力量进行城镇化建设，使日本城镇化进程快速发展。通过设定国土综合发展计划，为一个阶段的城镇化制定目标并付诸实践，在很长一段时期内为日本城镇化做出了极大贡献。日本用50年时间完成了西方200～300年的城镇化之路，并且功能分区相对合理、基础设施相对完善、区域发展相对平衡。这一点对于我国的借鉴意义明显，我国作为社会主义国家，善于集中力量办大事，城镇化进程同样由政府主导，从日本模式中学习如何扬长避短成为重点。

下面总结经验启示：①立法先行。日本城镇化进程尤其是第二次世界大战后城镇化进程重要的特点就是立法先行。不论是都市圈建设还是国土综合开发都是以立法的形式展开的，国会都通过立法为城镇化规划提供法律支持。通过三大都市圈、七大地方都市圈、国土综合开发和村町合并等城镇化举措，日本形成了从中央到地方、从城市到乡村的完整城镇化法律体系。完善的法律体系是日本城镇化的指导方针和规范指南，也为政府参与城镇化进程提供了最强有力的抓手。②合理规划。日本受中心地论的影响，极其重视城镇化进程中对于城市的预先规划。甚至连日本中心地理论研究的泰斗森川洋都说过日本在建设都市圈过程中过于强调圈层结构的区分。当然，任何预先规划都存在着极限，在城市发展的不同时期也需要对城市进行进一步规划。以东京都市圈为例，虽然在其第一次整备时有明确的规划，甚至在"二全综"（1962年日本政府调整的《全国综合开发规划》）时期仿照英国的"绿带政策"试图限制其规模，但是由于城镇化速度过快、人口城镇化速度更是惊人，因此，这一努力没有成功，交通、住房、环境等问题集中爆发。日本政府马上调整策略，在第二次整备期间将非首都功能向外部转移，既疏解了中心区压力又为之后多核心都市圈的形成打下了基础。之后历次都市圈整备针对规划中未解决的问题，日本都设定新的规划目标并不断推进，为东京都市圈合理的空间布局做出贡献。③集中力量办大事。日本在第二次世界大战后走上政府主导城镇化道路的原因总体来讲有两个方面，其一，日本历史传统，自上而下的政策传导方式依然是主流；其二，现实原因，受限于第二次世界大战后日本的现实情况，日本需要采取集中式的城镇化发展模式快速解决来自人口的城镇化压力和快速现代化的迫切需求。因此，日本只能由政府为主统筹利用有限资源对少数城市进行集中式开发，一方面创造聚集效应，另一方面也利用聚集效应，使日本以前所未有的速度完成了基本城镇化。④防止系统性风险。虽然日本在 20 世纪 80 年代之前以政府主导的城镇化取得了辉煌成就，但是 80 年代之后由于对国际国内形势的误判，日本政府在进行国土综合开发计划中出现了系统性错误，尤其"三全综"从头至尾在计划上出现问题，造成之后两次规划未能完成预定目标，错过了发展的时机，给日本经济和社会造成了沉重打击。⑤充裕财政是政府主导的基础。日本模式在后期出现问题的重要原因之一就是日本经济增长乏力，这对于政府最直接的影响就是财政的慢性吃紧，日本财政难以像第二次世界大战后城镇化初期那样由政府主导各种大型项目。一方面，国家现代化基本完成，日本失去了城镇化进程中最重要的经济动力；另一方面，由于政府财政的不断恶化，日本政府在城镇化进程中逐渐向幕后转身，日本城镇化失去了来自政府方面的行政动力。受日本人口下降、过疏过密并存、中小城市和乡村的衰落以及城镇一极化突出等问题的综合影响，日本政府社会上下失去了对于进一步城镇化的动力。

（2）产业发展是城镇化动力。产业布局是都市圈发展的基础，由于日本城镇化由政府主导，政府需要根据重点城市的发展特点和产业情况对城市当下规划和未来发展进行布局。其中最为重要的就是主导产业的选择，主导产业的发展对城镇化发展的重要性通过两方面体现：一方面，产业发展是城镇化推进的经济动力；另一方面，主导产业选择涉及区域经济发展、未来的产业优化和转移等诸多问题。因此，合理的产业布局对于城镇化发展的重要性不言而喻，日本城镇化快速发展离不开这个重要原因。

下面从两个方面总结其中启示：①城镇化发展离不开产业发展。日本城镇化发展伴随着产业的不断发展，日本第二次世界大战期间四大工业带中的三个成为战后三大都市圈的基底；日本第二次世界大战后从轻工业向重工业的快速转变促进了日本的高速城镇化；随着产业结构的不断优化，产业转移助推都市圈的不断扩大和多核心都市圈结构的形成；产业分工的细分，促进跨都市圈间的交流、产业的融合，这一过程为最终实现区域协同发展提供基础。②产业结构的优化和转移促进都市圈内外的协同发展。一方面，随着城市主导产业的不断发展，都市圈内的产业分工和产业集群逐渐形成，在都市圈内部随着产业发展和优化，不同地区不断加入产业链中形成区域经济一体化。另一方面，随着产业不断丰富发展，跨都市圈的产业分工逐步形成，都市圈间的产业协同发展促进资源的合理配置，实现产业在广阔的范围内协同发展。

（3）重视宜居环境构建。在日本城镇化进程简述中，曾提到过日本第二次世界大战后面临着严重的人口城镇化压力，与此同时，由于劳动密集型产业发展对于劳动力的迫切需要又加重了这种倾向，因此在1950~1955年短短的5年间日本城镇化率出现了一个空前绝后的跃升，由此日本进入了长达30年的城镇化黄金期。但是，快速的城镇化也给日本带来了严重问题，因此，从"二全综"到"五全综"日本分阶段对城镇化中不合理的方面进行了修正和改善。其中最为核心的方面就是针对居民生活环境方面的改善，"二全综"针对工业发展造成的环境公害；"三全综"开始交通网络和城市基础设施的建设；"四全综"重视城乡协调发展，促进乡村与城市的"等值化"；"五全综"针对过疏过密问题，将主要交通网向人口过疏地区延伸，缩小地区差异。日本在基本实现城镇化后，将历次阶段性城镇化工作的重点放在民生方面，从环境资源保护、基础设施完善、公害灾害对策、城乡统筹发展、教科文卫设施建设和立体交通网构建等方面改善居民的生活环境，并在这些方面取得了举世瞩目的成就。

（4）人口城镇化是城镇化的核心，也是城镇化的本质与最终目的。人口城镇化不是简单的户籍概念，而是生活条件、生活方式、生活环境和满足高层次人类需求等诸多方面的改变才能使人口真正完成城镇化。日本城镇化在吸收前人经验之后，将人口城镇化放到极高的高度上，这是我国在进行人口城镇化工作中必须充分借鉴的方面。

下面针对日本经验总结对我国的启示：①重视环境保护。日本在工业化进程中自然环境遭受了严重损害，这不只是日本独有的问题，可以说这是快速城镇化国家必然经历的阵痛，从英国、美国、日本包括我国都难逃这种情况，只不过在程度上有所区别。但是这个问题必须得到重视与解决，日本从20世纪70年代开始通过密集立法（完成14部环境相关法律的制定）、设立环境厅（在环境问题处理方面高于其他省厅）、重视公民团体意见和典型案件惩处等多管齐下开启了日本环境治理的黄金时代。在这之后日本依然不遗余力地进行环境与公害治理，对于工业脱硫、汽车尾气排放等固定污染源，日本都会从技术引导、政府指导、制定法律等方面进行整治。②基础设施建设。不论是城市还是乡村，日本不断完善包括日常生活、医疗卫生、教育文化等各方面的基础设施。1950～1970 年是日本人口由乡村向城市、由中小城市向大都市圈转移最为迅速的时期，虽然出现了一定的问题，但是，一方面城市存在大量工作机会，另一方面不断完善基础设施的建设。这些努力使日本城市有足够的能力承载增加的城市人口，促进人口顺利城镇化，没有出现严重的社会问题，这点在应对外来务工人员方面值得我国深刻理解。③城乡统筹发展。日本重视农村城镇化发展问题，这一点反映在多个方面：首先，重视农业。日本虽然是一个土地资源贫瘠的国家，但是其从未轻视农业发展。在体制方面，日本农协从资金、销售、技术、种植等农业经营的各个环节为农民提供帮助；从政策法律方面，日本制定了一系列政策法规支持农业发展，在宏观层面有《农地法》《农业基本法》《关于农业振兴区域条件整备问题的法律》等，在微观层面有《蔬菜生产销售稳定法》《重点农业区域建设法》等。在政策方面对确保农业可持续发展、振兴农村、确保食品稳定供应等方面都制定了相关对策。其次，重视乡村基础设施建设。农业设施方面，通过制定和修改《土地改良法》从中长期改良土质着手，同时，加强排水灌溉、田间道路等设施修建推进水田、旱地综合建设。在农村生活设施方面，日本从"三全综"开始逐年加大对于乡村生活设施建设资金的投入，提倡城乡生活条件等值化，促进城乡协调发展。最后，注重农业现代化。农业现代化是振兴乡村、发展农业的基础，在工业化完成后不仅是日本，包括英美等国家也会不约而同地利用工业反哺农业，促进农业现代化和提升农业生产效率。如果说工业化是现代城镇化发展的动力，那么农业现代化就是现代乡村城镇化的发展动力。④交通网络建设。交通圈或者说交通网络建设是日本都市圈建设中最为重要的组成部分之一，它是日本城镇化由点到面的媒介，不论都市圈内部还是跨都市圈的统筹发展都离不开完善的立体交通体系。日本交通体系可以分为四个部分：以新干线为核心的铁路网络、以高速公路为代表的道路网络、以港口和机场为重点的交通枢纽网络和城市内公共交通体系。新干线是日本交通体系的主轴，新干线纵贯南北是高速运输的主要力量，与常规铁路共同满足了日本客货运输需求，为城市在地理上延伸提供了基础。公路网络是日本交通体系的毛细血管，它负责连接各主要交通枢纽、铁路网点和城市公共交通，同时作为灵活的交通方式为在都市圈间、城乡间的人流物流交换提供了保障。港口和机场组成的交通枢纽是日本都市圈功能延伸的重要条件。港口是海陆联运的节点，机场是提升都市圈供给竞争力的条件。港口和机场提升了城市的辐射作用，扩展了城市功能。城市公共交通是城市圈成立的基础，便捷的公共交通降低了都市圈内的通勤成本，为都市圈的扩展提供了便捷条件。日本都市圈定义中一天内可往返是其中的关键点，城市公共交通不仅方便人口流动、促进经济发展、完善城市功能，更重要的是还为都市圈确定了边界。

四、我国新型城镇化的发展与实践启示

我国的城镇化发展道路相对发达国家起步较晚，与美国、英国、日本相比，我国的人口基数大，而且漫长的封建统治使小农思想根深蒂固，我国的城镇化实施起来更加复杂，难度更大。但是，随着改革开放的推进，我国的城镇化发展进入了一个崭新的时期，尤其是近年来，我国稳步推进新型城镇化试点，国内各地区都在探索新型城镇化的发展道路，并且针对新型城镇化规划的制定、农业人口转移、积分落户、智慧城市等展开了一系列的实践活动，为新型城镇化的发展提供了宝贵的借鉴经验。

（一）我国新型城镇化的提出

我国真正意义上的城镇化发展要从十一届三中全会上党和国家的工作重心转移到经济建设上开始，这期间经历几个不同的发展阶段。第一阶段是在改革开放初期，家庭联产承包责任制的实施激发了农村经济活力，这一阶段主要通过农村经济体制改革推动城镇化的发展，同时乡镇企业的蓬勃发展进一步加快了城镇化的步伐。随着我国经济体制改革由农村转向城市，城镇化的发展进入新的阶段，开始呈现出城市发展带动城镇化的格局，这一时期我国的城镇化道路不断丰富。党的十六大报告中从国家层面提出了中国特色社会主义城镇化道路，这标志着我国城镇化的发展进入了第三阶段，十八大报告又将工业化、信息化、城镇化和农业现代化并列为"新四化"，"坚持走中国特色新型工业化、信息化、城镇化、农业现代化道路"，使城镇化的发展道路更加完善，顶层设计初步形成。由于城镇化发展过程中出现了各种各样的问题，在十八届三中全会上又提出了新型城镇化的概念，更加强调以人为本、注重城镇化的发展质量，城镇化的发展进入第四阶段。

2014 年 3 月，国家推出了《国家新型城镇化规划（2014 - 2020 年）》，对新型城镇化的布局、实施进行了全方位的规划和布置，同时各省响应中央的精神，陆续颁布自己的新型城镇化规划。这些文件作为各地政策的纲领，

进一步促进了新型城镇化的落实和发展。部分省区新型城镇化如表 2 - 1
所示。

表 2 - 1　　　　　　　　　部分省区新型城镇化规划概述

《山东省新型城镇化规划（2014 - 2020 年)》	稳步推进人口市民化，优化城镇化布局，提升城市综合承载力，推动城乡一体化，促进县域本地城镇化，推进城镇生态文明建设，加强城市文化建设以及改革完善城镇化体制机制
《黑龙江省新型城镇化规划（2014 - 2020 年)》	科学判定农业人口转移方向，合理布局城镇体系，加快产业集聚发展；以需求为导向，以公开招标为主要途径，加强公共服务设施和市政基础设施建设，增强城镇综合承载力；加快户籍制度改革，完善政策措施，形成有利于发展的制度环境
《江苏省新型城镇化与城乡一体化规划（2014 - 2020 年)》	结合江苏实际，将农业转移人口市民化的有序推进作为新型城镇化与城乡一体化发展的首要任务，将城乡空间布局形态的优化作为其重要方向，将城乡可持续发展的实现作为其基本要求，将城乡社会发展水平的提升作为其重点内容，将体制机制的改革深化作为其强大动力
《河南省新型城镇化规划（2014 - 2020 年)》	坚持四项原则，处理四对关系，突出六个领域，强化城镇产业就业支撑，推进农业转移人口有序市民化，建立健全农业转移人口促进机制，优化城镇化形态和布局，提高城市建设和管理水平，推动城乡一体化发展，改革完善城镇化体制机制，实现中原崛起、河南振兴以及富民强省
《四川省新型城镇化规划（2014 - 2020 年)》	坚持因地制宜、分类指导、依法推进，坚持质量与速度并重，以城市群为主体形态，加快转变城镇化发展方式，提升城镇可持续发展水平；以体制机制创新为保障，通过改革释放城镇化发展潜力，走符合四川实际的"形态适宜、产城融合、城乡一体、集约高效"的新型城镇化道路

资料来源：根据各省文件整理。

各省的新型城镇化规划以《国家新型城镇化规划（2014 - 2020 年)》为
指引，坚持走以人为本、四化同步、优化布局、生态文明、文化传承的中国
特色新型城镇化道路，这是在总结以往城镇化发展经验的基础上得来，传统
的城镇化片面强调城镇化率的提高，只追求城镇化的速度，对城镇化的质量
缺乏关注，这就产生了城市病和一系列的社会问题。

常住人口城镇化率与户籍人口城镇化率对比如图 2 - 5 所示。从图 2 - 5
可以看出，常住人口城镇化率与户籍人口城镇化率相比仍有一些差距，常住
人口城镇化率达到57.4%而户籍人口城镇化率只有41.2%，这说明很多居住
在城镇的人并没有享受到在教育、就业、医疗、养老、保障性住房等方面城

镇居民应享有的基本公共服务，产城融合还有很大问题，城乡二元结构矛盾突出，大量的农村务工人员生活条件艰苦，社会保障不足，同时农村出现的留守儿童、留守老人等问题也日益突出，给社会稳定和经济稳定都带来诸多问题，由此提出了如图 2 - 6 所示的新型城镇化，致力于解决这些问题。

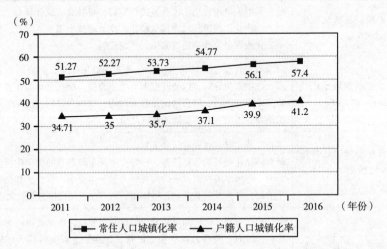

图 2 - 5　常住人口城镇化率与户籍人口城镇化率对比

资料来源：根据《中国统计年鉴》整理。

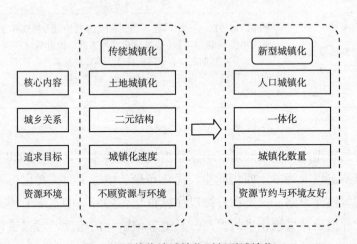

图 2 - 6　从传统城镇化到新型城镇化

中国设市城市建设用地从 1981 年的 6720 平方千米扩增至 2014 年的 4.99 万平方千米，增长了 6.44 倍，远高于城镇化率的增长速度，这从侧面反映出以前城镇化的发展强调土地的城镇化，缺乏对人的关注，现在的新型城镇化坚持以人为本的原则，化解城乡差距，从根本解决现在存在的问题。城镇化是社会主义现代化的必由之路，是保持经济持续健康发展的强大引擎，同时也是解决三农问题的重要途径，这对我国至关重要。从 2014 年 12 月 29 日开始，从国家层面上陆续进行了新型城镇化综合试点，经过几年来的改革探索，总结出了一部分可借鉴的经验。

（二）新型城镇化的实践探索

1. 重庆的新型城镇化实践。

（1）深化户籍制度改革，推动人口转移。在推动人口转移方面，重庆着力深化户籍制度改革，降低农业转移人口的进城落户门槛。2015 年，市区的常住人口超过 1500 万，属于超大城市。近年来，重庆立足于五大功能区域定位的要求，实行差别化落户条件。在都市功能核心区着力疏解人口，以务工经商五年和合法稳定住所为基本落户条件；都市功能拓展区按照"新增城市人口宜居区"定位，将务工经商年限放宽到三年；城市发展新区按照"集聚人口重要区域"定位，将务工经商年限放宽到两年；渝东北生态涵养发展区和渝东南生态保护发展区着力推动人口合理减载。2016 年 1～6 月，在 2010～2015 年落户 400 多万人的基础上，全市新增进城落户 7.8 万人，其中在都市功能拓展区和城市发展新区落户的占比提高到 77.8%。同时，重庆探索完善公租房制度，率先向城市外来人口开放公租房，允许本市和外地户籍人员在同一低门槛条件下（有就业、无住房）申请公租房。为了帮助农民工更快融入城市，重庆市着力促进公租房小区与城市商品房小区共享便利的基础设施、公共服务以及良好的社区治理服务，实现新老市民交融互动。截至 2015 年底，重庆市共建设完成公租房 21.4 万套，约 1070 万平方米，其中，约 470 万平方米分配给本市进城农民工，约 170 万平方米分配给市外户籍人员，约 64 万平方米分配给外地户籍的应届毕业大学生，分别占已建公租房总面积的 44%、16% 和 6%。

（2）探索形成政府、用工企业、个人三方分担机制。政府承担城市基础设施和基本公共服务投入，约占 30%，对于在公共成本支出中占比较大的住房保障部分，依托国有投资集团采取市场化方式投资、建设、管理、运营，由中央和市级财政投入 30%，融资贷款占 70%，采取租售并举的方式实现运营平衡；企业承担养老、医疗等社会保险成本，约占 40%；农民承担社保个人缴费部分及其他开支，约占 30%。转户居民获得社会资本提供的"地票"收益，可作为参加城市社会保险、支付公租房租金、子女教育、创业等资金来源。据测算，在户籍制度改革的第一阶段（2010～2012 年），400 多万人转户的改革成本约 4000 亿元，在一定年限内分摊。在人钱挂钩方面，重庆市将城镇化率变动情况作为激励因素，纳入市对区（县）转移支付的重要参考。在人地挂钩方面，初步建立城镇建设用地增加规模同吸纳农业转移人口落户数量挂钩机制，以区（县）年度吸纳转移人口落户数量为依据，差异化配置城镇建设用地规划指标，满足人口集聚区用地需求。

（3）完善农村产权制度，提高农民财产性收入。在农村产权方面，重庆市建立市场化复垦激励机制，引导农民自愿将闲置、废弃的农村建设用地复垦为耕地，形成的指标在保障农村自身发展后，节余部分以地票方式在市场公开交易，同时发挥地票融资功能，激活农村土地资产。自 2008 年重庆农村土地交易所挂牌成立以来，共公开举办了 59 场地票交易会，累计交易地票19.95 万亩、396.2 亿元。截至 2016 年 10 月，共办理农村集体建设用地复垦项目收益权质押贷款 131.48 亿元。截至 2016 年 11 月，已有 12.79 万户进城落户居民申请复垦宅基地，实现带着资产进城。

2. 天津的新型城镇化实践

（1）产城融合推进郊区市民化。建设新型城镇化，要坚持以人为本的原则，这就要求在新型城镇化发展过程中做到产城一体化，坚决不能做无产业支撑的城镇化，走以前"土地城镇化"的老路，没有"产"和"城"的融合，只能形成"空城""睡城"，造成社会资源的极大浪费。因此，只有坚持"产城融合"发展之路，才能使新型城镇化的发展走向正轨。天津市东丽区围绕产城融合的目标，实施创新驱动"8521"工程。一是依托清华大学高端装备研究院、中科院自动化所及哈尔滨工业大学机器人集团等高端科研院所，整合资源，建设高端装备制造、新材料、新一代信息技术、高端医疗器械、光机电一体化、机器人和智能汽车等 8 个产业协同创新平台。二是培育轨道交通车辆装备、航空航天配套装备、电力电气设备、高端医疗器械和纳米材料 5 个百亿元级创新型产业集群。三是改造提升物流、钢铁 2 个千亿元级传统产业。四是打造服务京津冀、辐射北方的百亿元级高端科技业服务区。实现围绕产业链部署创新链、围绕创新链完善资金链和服务链的四链深度融合，将东丽区建设成为天津科技创新的先导区和区域产业创新中心。在产业得到充分发展的基础上，对覆盖及辐射的乡镇推行城镇化就事半功倍了，政府在推动城镇化的过程中更加顺利，村民也乐于改变现有的居住方式，让生活更加便利。

（2）通过"宅基地换房"化解土地难题。天津依托直辖市的发展优势，在总结华明镇的实践基础上探索出大城市带大郊区的发展模式。具体做法是：第一步，政府编制长远的小镇规划，通过宅基地换房，实现土地集约、流转。集约剩余的宅基地一部分用于宅基地复耕，另一部分作为建设用地通过开发和利用还银行贷款、提供就业机会以达到土地和资金双平衡；第二步，实施示范工业园区、农业产业园区、农民居住社区"三区"联动发展，提高居民的生活质量，提供主要的就业岗位；第三步，通过"集改股""农改非""村改居"提高农民待遇，缩小城乡差距，逐步实现城乡一体化；第四步，进行金融体制改革创新，建设村镇银行，盘活农村资源资产，把前三步举措所得效果深度融合，打造出薪金、股金、租金、保障金齐全的"四金"农民，实现农民增收，切实推进新型城镇化进程。同时在就业、就学和保障等方面与市民享受同等待遇，优化居住环境、实现绿色宜居。具体的新型城镇化路径如图2-7所示。

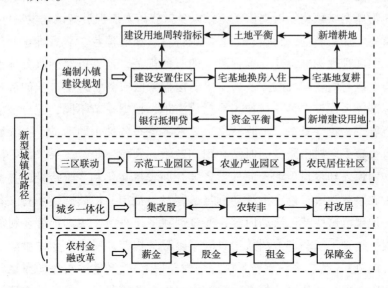

图2-7 天津新型城镇化路径

3. 江苏的新型城镇化实践。

（1）推进城乡教育、医疗、养老等公共服务资源城乡共享和均衡配置。一方面，江苏为推动进城务工人员享受城市公共服务资源，累计制发居住证2100多万张，实现全省范围居住证互联互认、跨市信息变更"一站式办理"，地级市范围（含下辖市县）内公共服务一致、"一证通用"；苏州市居住证持有人可享受与本地户籍居民同等的 24 项基本公共服务，无锡市居住证持有人可享受 25 项基本公共服务。另外，江苏省进一步加强城乡基础设施建设，促进城乡一体化。一是推出"镇村公交"公共交通组织模式，实现城乡客运服务一体化。截至 2015 年底，江苏省有 660 个乡镇开通镇村公交，开通线路约 1900 条，镇村公交开通率达到 60.9%。二是统筹城乡一体化供水，推进城市与农村同水源、同管网、同水质。2010 年，苏南地区基本实现乡镇区域联网供水，同步开展进村入户建设和改造。

（2）充分利用各种金融产品，支持城镇开发建设。江苏省充分利用政策性金融产品期限长、成本低、与城镇基础设施建设投资回报周期相匹配的优势，支持城镇开发建设。引导保险等资金投入城镇基础设施建设。引导保险资金参与交通、城建、水务、保障房等基础设施建设。

（3）发展"标准化＋现代农业"的乡村旅游。江苏省蒋巷村大力发展乡村旅游，建立"乡村旅游标准化试点"，采取"标准化＋"的现代农业发展道路，为新型城镇化发展提供了一条以乡村旅游发展促进城镇化发展的道路。基于蒋巷"生态蒋巷、优美蒋巷、协调蒋巷、和谐蒋巷、幸福蒋巷"的发展战略，明确管理标准，建立全程可控的服务规范，建立以对外服务标准体系为核心、以对内管理标准体系为支撑的覆盖景区服务管理全过程的乡村旅游服务标准体系框架。蒋巷村作为乡村旅游地，根据季节不同，配合节假日开展生态春季、花果夏季、丰收秋季、艺术冬季等各种主题活动，引导游客通过五官去感受乡村田园，同时结合田间教学、农作体验、蔬果采摘等活动让游客切实深入到乡村生活。此外，景区开展农耕文化和乡土传统的体验，通过各种农事活动或特色乡俗活动满足游客参与欲望，使其感受乡村文化。为了更好地规范这些特色活动内容，通过创建工作小组，梳理提炼乡村旅游标准要素，编制了《蒋巷乡村旅游景区采摘服务规范》《蒋巷乡村旅游景区垂钓服务规范》《蒋巷乡村旅游景区烧烤服务指南》《蒋巷乡村旅游景区学生社会实践服务规范》等企业标准。标准的实施有效规范了这些活动内容，大大提升了景区的游客满意度。

（三）新型城镇化的实践启示

1. "土地"和"户籍"改革是关键。新型城镇化的核心还是让更多的村民变成市民，缩小城乡差距，打破传统的城乡二元结构，想做到这些就要让村民"进的去""过得好"，解决好土地问题可以让农民踏踏实实进城、带着资产进城，解决好户籍问题可以让村民更快适应城镇化生活，切实享受到城镇的公共资源和服务。所以进一步完善户籍和土地制度，是推进新型城镇化的关键。土地问题是解决城镇化的关键一环，改革开放初始就是因为农村土地制度的改革，解放了生产力，为后续经济的飞速发展奠定了基础。在过去30多年的时间里，中国在土地制度的改革方面取得了非常重大的进展，土地流转稳步推进，农村土地确权也在各地如火如荼地开展，在国家层面上进一步完善农村产权，扩大农村产权交易规模，盘活农村产权交易市场，建立和完善土地财产的现代法律体系，让农民带着资产进城。

从户籍改革来看，各省都探索出了一些可借鉴的成功经验，积分落户趋于成熟，重庆立足于五大功能区域定位的要求，实行差别化落户条件，也取得了不错的效果。所以根据城市综合承载能力和功能定位的不同，分类制定差别化落户政策和梯次设置准入条件，降低超大城市、特大城市落户门槛。优化积分结构，逐步提高社保、居住服务年限等项目分值，取消积分落户年度限额等，都是解决先行户籍问题的可行路径。户籍制度改革看似简单，但其中却牵扯到很多方面的问题，因为城市的福利政策太多，要想切实落实好户籍问题，就要建立完善的农业转移人口市民化成本分担机制，在测度农业转移人口市民化成本的基础上，明晰政府、企业、个人分担比例，建立多主体、长周期、可负担的长效成本分担机制。

2. 推进城乡一体化发展。要建设新型城镇化，必须要统筹城乡一体化发展，促进城乡要素高效配置，尤其是城乡各项产权和社会公共服务资源均等化。现阶段我国的城市土地比农村土地拥有更完整的权利制度和更加完善的权能，两者在法律规制和管理体制方面是分割的。因此，要想推动城乡一体化进程，就要完善农村产权制度，搭建区域性农村产权交易平台。充分发挥土地的增减挂钩政策，帮助贫困地区的开发和搬迁，进一步完善农村土地承包经营权，探索银行业金融机构在风险可控和商业可持续的前提下扩大农业农村贷款抵押物范围，把农村房产抵押贷款纳入其中。同时完善农民住房财产权抵押贷款风险补偿基金，分担市场风险切实保障农民的自身权益。另外，要进一步推进城乡教育、医疗、养老等公共服务资源的公用共享和均衡配置的进程。探索集团化办学、办医，组建城乡教育和医疗共同体。构建"有档次之差、无身份之别、可自由转换"的城乡社会保障体系，实现社会保险自由转移接续。

3. 旅游引导新型城镇化的绿色发展。从江苏蒋巷村的发展来看，以旅游业促进城镇化进程是新型城镇化发展的又一路径。尤其是在中西部地区，工业化基础薄弱但是环境优美、地方特色浓郁，发展特色旅游有其巨大的潜力，是新型城镇化发展的重要动力源之一。旅游引导的城镇化有其得天独厚的优势，首先，这种城镇化是无污染的城镇化，随着各种自然资源的枯竭，传统的以工业为依托的城镇化需要付出极大的环境成本，不是一个理智的选择路径，旅游业具有低污染、低能耗、关联度高、可发展拉动性强的综合产业的优势，是新型城镇化发展的一股清流。其次，旅游城镇化是就地的城镇化。它的发展方式是把游客吸引到乡村，不改变当地的社会关系和居住处所，为此，所带来的社会治理问题更少。游客的聚集形成了消费聚集，将传统的农民转化为服务人员或者是农业兼服务业、农业兼加工业人员等多重产业身份，切实增加了农民收入，在潜移默化中完成了身份的转变。最后，以旅游带动的城镇化有利于实现城乡统筹。旅游形成的消费聚集、人群聚集和产业聚集，使农民从农业生产的第一产业直接迈入高收益、高回报的第三产业，收入的提升和旅游业的良性发展促进了基础设施建设和公共服务设施建设，城镇面貌更加美丽，居民的生活水平日益提高，以旅游为动力，城乡基于美丽产业获得了统筹发展。

4. 综合推进体制机制改革创新。在新型城镇化建设的过程中，完善土地、户籍制度，在统筹城乡发展、创新城镇发展路径的同时，还要综合推进体制机制改革创新。

一方面，完善行政管理体制改革，不断简政放权。剥离无谓的审批流程，这种"向下放权"的过程是提高办事效率、激发民间活力、促进经济发展的过程。给企业松绑，给地方政府适当的决定权，重要政府做好监控和备案，不仅能激发基层政府的创造力，还能激发民营经济活力，使新型城镇化的发展呈现出百花齐放、各具特色、成果突出的局面，成为新型城镇化发展的不竭之源。

另一方面，完善农村金融体制改革，发展村镇银行、信用合作社等农村金融机构，在产权明晰的基础上，完善产权的交易流动，盘活农村经济，进一步解放农村的生产力，激发民间活力、缩小贫富差距，带动消费和投资，以此产生联动效应促进宏观经济的又一次腾飞。同时，创新城乡公用事业产业化融资机制。鼓励民间资金和社会资本进入农村土地综合整治市场，将城市公用事业所有权、经营权和养护管理进行剥离，吸引社会资金直接投资建设和经营。对于一些大型基础设施建设项目，像道路、桥梁、污水处理厂等，推行项目融资，充分利用集合信托、融资租赁、地票交易等现代金融工具，充分吸引社会资金。

　　结语：本章总结了人类史上具有典型性且相对成功的城镇化实践，不论是从理论还是实践方面对于我国城镇化进程都能够起到启示和警示的作用。通过对美、英、日三国城镇化进程的梳理，并结合我国国情，探索出我国新型城镇化的发展路径。在此我们需要明确四个问题：①城镇化进程具有一定的规律性。首先，城镇化具有一定的阶段性。总体而言城镇化会经历一个由萌芽到快速发展再到完善的过程，而在不同阶段所面对的主要问题也有所区别。其次，城镇化需要政府在其中发挥作用。城镇化进程中政府作为干预方需要在整体规划、产业引导、立法等方面起到作用，完全依靠市场机制将难以避免盲目性、短期性和不公平等方面的问题。最后，城镇化进程中出现的各方面非均衡问题是正常现象。城镇化过程中不可避免的伴随着非均衡，正所谓不破不立。套用熊彼特的观点，经济本身就是从非均衡走向均衡的过程，城镇化也同样通过不断发展将非均衡逐渐转变为均衡。②城镇化进程在各国推进中存在个性。城镇化从本质上是完成人的城镇化，而作为其中主体的人是一种社会性存在，对于人这一存在的构成，需要考虑其生存的历史、文化、风俗、习惯、地理等多样的环境因素。这决定了各国的城镇化在保持基本规律性的同时也具有其自身的个性，这也是美、英、日三国迈上了不同的城镇化道路的根本原因。在借鉴他国城镇化的成功经验的同时，我国更需要从自身出发寻找一条匹配我国个性的城镇化之路。③城镇化理论重视的三个方面。城镇化四个基本理论其实从不同角度分析了城镇化发展过程，也提示了我们需要重视的两个核心问题。首先，城镇化理论研究的是人作为主体的城镇化问题，因此人口城镇化是所有理论研究的前提和关注的重点。其次，四个理论分别从各自角度阐释了城镇化发展过程中所关注的重点问题。城乡结构转变理论讨论了经济结构转变与城乡人口结构变化之间关系；区位理论则认为聚集所带来的聚集效应是城镇化发展的动力；而非均衡理论认为资源与要素分布不均所形成的产业梯度差是城镇化得以扩展的原因。这三个基本理论重点偏向经济城镇化方面的研究，总体来讲承认经济城镇化是城镇化发展和扩展的动力。而以田园理论为代表的协调发展城镇化理论则将城镇化的重点又转回关注主体人在城镇化中的宜居性，注重生活方式的城镇化。因此，人口城镇化、经济城镇化和生活方式城镇化是城镇化理论所关注的三个重要问题。④结合我国城镇化发展状况的启示。从上述实践角度出发，城镇化率在50%

左右即可以认为基本城镇化阶段完成，城镇化将进入完善阶段，从点状城镇化向区域城镇化转变。在这一阶段中存在着一些基本的特征：首先，城市群建设成为这一阶段的特点。大城市向多核化发展扩展其对于周边的辐射效应；区域内城市间联系不断密切；区域内资源要素统筹运用。其次，城乡一体化成为这一阶段的关键。人口城镇化始终是城镇化的本质，农业生产率的提高为城市发展提供剩余劳动力，因此乡村是城镇化的源头。在城镇化完善阶段处理好城乡问题关系到城镇化能否顺利推进，具体到我国需要处理好两个问题，其一，农业现代化提高农业生产率；其二，农村剩余劳动力的城镇化和市民化。最后，中小城镇是这一阶段的重点。由单个城市城镇化向区域城镇化发展的核心是大城市，而重点则是中小城镇。英国在这一阶段大城市对于城镇人口的容纳比例总体呈现下降态势，美国则是出现了大规模的"郊区化"现象和中小城镇区域统筹发展模式。资源要素、公共服务和基础设施的均等化和等值化将会使城镇化向均衡发展，而中小城镇的发展则是实现这一目标的必由之路。

第三章　县域金融服务与县域经济
协同发展的基础理论

在新型城镇化的进程中，我国县域经济也已经步入快速发展阶段，县域金融作为支持县域经济发展的重要一环，通过满足不同经济主体的金融需求促进县域经济的增长，进而实现自身的发展。但随着县域经济的增长与县域金融的发展，两者出现了许多不协调的现象。这不仅会影响到县域经济发展的速度，还会对县域经济的健康发展产生不利影响，因此，实现两者的良性互动和协调发展是学术界和政策界关注的焦点，也是亟待解决的问题。无论是县域经济的发展还是城镇化的发展，都离不开金融服务的支持。具体过程如图 3 - 1 所示。

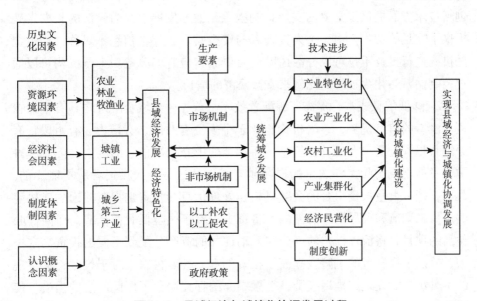

图 3 - 1　县域经济与城镇化协调发展过程

一、县域金融服务与县域经济协同发展的内涵

(一) 金融发展促进经济增长

众所周知，县域金融是县域经济发展的主动性力量，起着先导性作用。县域金融最基本的功能就是以货币和信用为媒介进行高效的资源配置，从货币流通、充当支付和信用中介、创造金融工具到风险分散等问题，对县域经济的支持发挥着不可替代的作用。县域金融支持县域经济增长要依赖于县域金融的基本功能来实现，具体体现在如下方面。

1. 集中储蓄并促使储蓄转化为投资。新古典增长理论认为，在假定储蓄率和技术水平外生的前提下，经济增长率与储蓄率、储蓄投资转化率呈正相关关系。金融的首要功能便是"资金聚集功能"，即聚集民众储蓄，吸纳公众存款，并将这些资源合理配置促进经济健康发展。金融机构通过储蓄、理财、小额投资等金融工具，凭借较强的流动性、风险分散化的机制以及较低的信息获取成本，吸引了分散的个人、企业的金融资产，较迅速积累起大规模的资金，形成充足的资金，通过专业化的管理和对投资项目的严格选择，将积累的资金投资于企业的建立和发展，为企业在提高生产率、研发产品、创新技术方面提供了必要的支持，刺激了工业的发展，并为经济的长期发展提供了充足的资本。由于个人投资者与资金需求者存在信息不对称，通过金融机构进行投资不仅可以分散风险还可以获得应有的收益。金融机构可以通过控制储蓄转化为投资的比例来支持经济的增长。

2. 降低信息成本，提高资源配置效率。首先，县域金融机构具有个人投资者没有的信息优势，金融机构相比于个人更有时间、有精力、有手段、有渠道获得资金需求者的具体信息，而且金融中介获取信息的成本会随着金融中介发展规模的壮大和效率的提高越来越低，这是个人投资者所不能比的。其次，拥有大量投资组合的金融机构在处理信息和投资选择时，通过对风险的定价来调节和引导资本的流向，将资本投资于风险低收益低或是风险高收益高的项目，将流动性差的资产和流动性强的资产分配到不同的投资需求中去，分散了投资者的风险，提高了投资的有效性。再次，对于投融资者出现的不可预料的变现或推迟投资，金融中介的存在避免了因此产生的损失，使两方的投资效率都得到了保障。最后，金融中介还为市场提供价格信息，各个部门可以根据价格来选择投资和融资的最佳组合，也为经济资源在各个部

门的转移提供了便利，提高了资源的配置效率。

3. 监督经理以实现公司有效治理。金融机构不仅可以以较低的成本获取信息，还可以通过签订金融契约，降低获取公司治理信息和监督的成本，有效地保护了投资者的利益，减少了影响投资效率的障碍。监督经理人作用的有效发挥有助于建立起金融机构与企业良好的长期关系，从而进一步降低监督的成本，减少信息不对称，使道德风险和逆向选择发生的概率降低，更多的投资者和资本会投入到有效治理的公司中去，不仅有利于金融资源的配置，还使具有资金需求的企业在金融机构的监督下良好经营，完善治理机制，健康发展，进而得到长期的稳定的资金支持。

4. 分散市场风险，加速技术创新。首先，金融市场本身就存在风险，风险的存在限制了投资者的投资，金融机构与金融市场不仅可以促进风险交易，还可以通过专业技术来集中投资分散风险，例如通过一些金融衍生工具套期保值降低风险。其次，金融市场中保险的功能也可以使人们将流动性差的资产投入到收益较高的项目中去。金融体系还可以通过分散化投资、技术的创新和市场的流动性来降低政府项目、产业、企业、个人等的风险，这一功能也增加了对回报率高、流动性较差的项目的投资，这对实体经济的增长起着十分重要的作用。最后，随着金融需求的增加，对分散市场风险的技术要求也就越高，从而促使金融机构和金融市场进行不断的技术创新、产品创新和机制创新，甚至一些新型的金融机构也加入金融体系中，技术的创新能够使储蓄—投资转化率提高，进而促进生产率的进步，从本质上是希望促进经济增长，还能够提高投资组合的回报率，提高县域经济的财富水平进而达到良性循环。

5. 促进经济市场的交换行为并提高劳动生产率。亚当·斯密曾指出"劳动分工进而专业化是生产力发展的主要因素，低交易成本会促使更大的专业化"。当货币出现之后，货币的交换使得交易成本大大降低，促进了生产的专业化分工，进而导致了劳动生产率的提高和收益的增加，然而，这又反过来促进了金融市场的发展。

县域金融促进县域经济的发展主要是依靠金融体系所拥有的相应功能，而金融的功能又由多个因素决定，包括金融效率、金融体系的规模和水平、金融相关技术的创新、信用制度以及金融生态环境等因素的发展。不同地区、不同时期的金融水平各不相同，在经济发展初期，金融主要表现其基础的功能，主要是支付和信贷活动，利用信用调节资金的盈余和短缺，对经济的影响有限。随着经济水平的不断提高，生产力水平的发展，经济体对金融的需求和要求越来越高，也就刺激了金融较高层次功能的体现，金融体系也得到发展和完善。也就是帕特里克所提出的两种金融发展模式，分别是供给型金融和需求型金融模式。

通过上述金融的功能可以发现，县域金融支持县域经济增长主要是通过资本的形成作用，其作用机理表现为如下方面。

（1）货币充当交易媒介和支付媒介，这两个功能节约了交易成本，促进了交换和交易行为，让更多的实物增加到实际投资中去，促进了经济的增长和发展。

（2）金融机构通过吸收居民储蓄，将储蓄转化为信贷投资，通过金融的乘数效应和高效率的资源配置使得信贷规模得到扩张，此时资本的积累不仅提高了生产规模，还通过技术的改进、优化和投资的乘数效应，提高了生产效率和劳动生产率，进而促进了县域产业的快速发展，促进了经济增长。

（3）金融中介和金融市场的发展，一是可以通过风险分散和流动性约束提高储蓄率，促使更高比例的储蓄转化为投资；二是将有限的资金分配到资本边际产品较高的项目中去，即使社会资源由生产低效率部门向高效率部门转移，提高资源的配置效率，加速经济的增长；三是通过提高自身的运营效率，促进流动资金的配置，降低交易成本，提高固定资本利用率，促进经济的增长。

总的来说，县域经济对县域金融的需求主要体现在政府融资的需求、中小企业的贷款需求、农村的金融服务需求。县域金融主要以满足上述三大主体的资金需求为主，进而促进县域经济的发展。

（二）经济增长反作用于金融发展

依据区域金融内生理论、资本积累理论、门槛理论、金融契约论的理论依据，我们通过经济规模、产业结构、城镇化水平、政策环境、区域隐性因素五个层面来探讨县域经济的增长是如何反馈于县域经济发展的。

1. 经济规模。县域经济规模的扩大与县域财富水平的提高，一方面，直接导致资本积累水平的提高，这对金融机构的进入提供了巨大的吸引力；另一方面，县域财富水平的提高使得居民的收入上升，居民的储蓄存款逐渐提高，从而为县域金融机构带来相对稳定的资金来源。由于人均收入和财富的增加达到一定的水平，使得金融服务的门槛相对降低，由此带来金融部门规模的扩张，为县域金融部门的发展、金融工具的不断创新提供了基础。

2. 产业结构。县域经济规模的扩大除了上述作用外还会促进县域产业结构更加合理化和高级化，第二、三产业在产业中的比重逐渐提高，这一过程导致生产要素的流动加快，使经济社会中生产率较高的部门和企业资金需求扩大，加快了市场交易过程，县域市场化程度得到提高，进而催生出包括县域金融市场在内的县域要素市场的形成和发展。

3. 城镇化水平。随着县域经济发展水平的提高，越来越多的乡村人口开始向城镇迁移，城镇化率的提高使得生活要素和生产要素也向县域城镇流动，居民参与金融活动的积极性不断提高，增加了对县域金融服务需求的增加，刺激了县域金融在服务水平、产品多样化、服务效率、信贷政策的优化等方面的进步和提高。

4. 政策环境。政府政策在调整县域经济发展结构和发展速度时，不仅加速了县域经济的发展，还间接支持了县域金融的发展，促进了县域经济与县域金融的良性互动关系的生成，由于依靠市场自身的力量实现两者良性互动作用有限，因此，非市场力量的适当介入和政策性支持能够改善县域经济与金融生态环境和法制环境，促进金融市场的市场化发展，有效降低经济主体享受金融服务"门槛"，使县域金融体系适应县域经济的发展步伐。

5. 县域隐性因素。依据金融契约理论，县域经济发展的一些隐性因素，如经济发展机制、经济发展质量、经济发展活力、人力资源、企业管理水平、社会资本、政策环境等的提高都在不同程度影响了金融契约的不完全性，推动数量多、质量高的金融契约的形成，进而促进县域金融交易规模的扩大。

可见，县域经济规模和金融深化程度影响了县域金融的总量水平和发展规模，经济结构的优化和城镇化水平的提高产生了有效金融需求，刺激了金融密度和金融发展效率的提高，金融生态环境和经济政策环境优化了县域金融体系。当然，县域金融的发展也进一步加大了对县域经济的支持和投入，这是一个良性循环的过程。

二、县域金融服务与县域经济协同发展的理论依据

（一）金融服务与经济增长关系相关理论

1. 金融双模式理论。在对金融发展和经济增长独立的研究中发现，大部分国家和地区都呈现出两者同步的平行关系，并且在长期内达到一定的均衡状态，即一荣俱荣，一损俱损。但在短期内，在具有一定封闭性的区域内，

金融与经济两者相互增长的因果关系在学术界还未能得出定论。美国经济学家帕特里克（Patrick，1966）对此提出了两种模式，辩证地解释了这一问题。

（1）需求追随型发展模式。强调县域经济发展对县域金融服务的需求，县域金融体系构建是以县域经济发展的需要为基础的，即县域经济的增长推动了县域金融的发展。这种发展模式可以用来解释经济处于发展初期的县域内，早期人均收入及资本拥有量少，一方面无力支付金融机构的服务费用，另一方面也没有足够的闲资去进行金融投资，进而导致金融市场的低效。对于金融机构来讲，没有需求的市场不会为其提供相应的服务，供给也就无从产生；随着经济的增长，人们的实际收入增加，产业集聚所带来的城市聚集效应会使得市场需求相应增长，对金融服务的需求也随之增加，金融机构逐渐进入，形成初级金融市场并最终演变成成熟复杂的金融体系。

从这一角度来说，县域经济是县域金融发展的基石，经济主体的金融服务需求催生了金融市场的繁荣，同时县域经济的体制、规模、结构以及发展速度也决定了县域金融的发展体制、规模、结构和速度，县域金融是在县域经济这个大环境背景下运行的。

（2）供给领先型发展模式。这一发展模式强调对县域金融体系需要进行预测，先于主体的要求率先为其提供想要的服务，即用县域金融的发展带动县域经济的增长。在我国受传统文化的影响，大部分人都有储蓄意愿，尤其是在广大农村地区和经历了几次金融危机的大背景下，县域资金有很大一部分是未被利用的货币储蓄。金融机构应该充分发挥其金融中介的职能，积极动员这部分资金，将其安全、正规、高效地从盈余方转向需求方，实现对分布不均衡资金的再分配，进而促进投资的扩大，提高资本的边际生产力。同时，一个高效的金融市场也能够充分降低交易成本和信息成本，实现投资者与金融机构的双赢。此外，金融机构还可以通过提供安全性强、流动性高、适合当地风土民情的金融投资工具来吸引更多的县域内闲散资金，进而提高储蓄率和增加资本积累，也为县域经济的发展创造条件。

最后，帕特里克指出两种金融体系构建模式适用于县域经济发展的不同阶段，这是一个由低到高的过程问题，在现实中应根据实际情况加以调整。

2. 戈登史密斯与《金融结构与金融发展》理论。为了揭示金融发展的规律，戈德史密斯（Goldsmith）在1969年出版的《金融结构与金融发展》中提出，金融工具、金融机构以及金融结构是金融中最为普遍的三个方面。金融理论的职责就是确定影响一国金融工具存量、金融机构规模和流量进而决定影响其金融结构的主要经济因素，并说明这些因素是通过怎么样的渠道相互作用来促进金融发展的。而各种金融工具与不同规模的金融机构则构成了一国或一地区的金融结构，即金融发展的本质性活动。在金融发展的现实过程中，金融结构总是由初级简单结构向高级复杂结构转化，因此，通过地区的金融结构分析，就能掌握该地区金融发展的现状与未来的发展趋势。

他还创造性地提出了金融相关率（financial interrelations ratio，FIR）这一概念，用来定量衡量一国金融结构和金融发展水平。他搜集了世界多国 1860～1963 年一百多年的经济数据，分析并计算出了 16 个国家的 FIR 值，对其金融发展水平做出定量评价之后，得出结论：金融发展与经济增长是正相关，两者相互促进。在经济高速增长时期通常金融服务也会得到快速发展，相反经济低迷时，金融业的发展也会遇到困难。该理论只是点出了两者之间的关系，而并未明确两者之间是否具有因果关系。

3. 金融抑制与金融深化理论。几乎是在同一时期，美国经济学家爱德华·肖和罗纳德·麦金农分别论证了金融与经济两者在发展中相互制约相互促进的辩证关系，提出了"金融抑制论"和"金融深化论"。在对戈德史密斯的金融结构理论进行研究后，他们注意到发展中国家与发达国家的 FIR 具有显著差异。在发展中国家，金融市场还不完善，大量的金融机构所处的经济环境不同，拥有的金融工具和技术条件也不同，尤其是在发展相对落后的广大农村地区，市场机制没有得到充分发挥、金融资产单调、金融机构单一，大量中小企业的投融资需求得不到满足，使本来就稀缺的资本得不到高效的配置。金融效率的低下所代表的金融发展落后还会拖慢经济发展的速度，导致金融抑制和经济低速发展的恶性循环。

为了扭转在发展中国家这一普遍存在的金融抑制现象，爱德华·肖和罗纳德·麦金农从金融中介与经济发展关系的角度入手，分析发展中国家实质资本与货币资本的互补关系并得出结论：金融抑制阻碍了货币资本的积累，"金融深化"是适合发展中国家的政策选择，即发展中国家政府应从金融领域入手来实行经济改革，放弃对金融体系的不当干预，使利率汇率可以正确反映市场中资金供求的情况，通过金融自由化借助市场自身的力量消除"金融抑制"。将该理论用于与城市金融发展相比较为落后的县域金融上，外源融资固然是县域资本积累的一个重要途径，但本地区内的储蓄动员具有更强的可得性和自主性，政府部门的金融政策和金融制度应倾向于此，最终实现县域金融与县域经济两者的协调发展。

4. 金融功能论。美国麻省理工学院教授默顿和博迪（Merton & Bodie，1993）率先提出了金融功能理论，该理论在研究金融发展对经济增长中成为重要的研究方法。

在这之前学术界对于金融体系的研究往往从金融机构视角展开，这个视角也被称为金融机构视角。在这一视角下人们认为金融市场的经济主体和参与的金融机构都是固定的，这种结构由金融法律与行业规定对其行为进行约束。在这种体系下，不论是金融机构还是监管机构都试图维护这种现有的稳定，相关的金融问题都应该在这种机构框架下去解决，而这种做法使金融运行的效率下降。但是这种观点也存在着明显的缺点，组成这种体系的金融机构经营环境以及方式方法变化，或是在社会整体技术进步所造成的体系存在结构变化的情况下体系本身就会维持不下去。由于金融法规与行业规定的变化并不适应金融体系内各种机构的变化，这种体系将变得混乱。正是发现了这一缺陷，两位学者提出了基于功能观的金融理论。

功能金融理论具有两个前提假定。其一是金融的功能性相较于金融机构更加稳定，随着技术的进步与金融机构所处地域空间区别，金融功能的变化比金融机构的变化更加不显著。从金融机构的种类来讲，以银行为例，商业银行的功能及组织方式与银行开始的货币保管功能相比出现了根本性的变化；从空间分布来讲，处于不同地域、发展水平、风俗习惯，将会使金融机构在组织方式与功能选择上出现很大区别。其二是金融功能优于组织机构。金融体系中金融功能是更加本质的内容，而金融机构只是实现本质的一种载体和手段。从金融功能的视角来看，只有机构不断进行组织上的创新与竞争，才能提高金融运行的效率。更何况，考虑不同空间范围下所形成的不同风俗习惯与经济发展水平的不同，金融机构实现金融功能可能需要运用不同的组织方式进行资源的配置。具体来讲，可以将金融机构的功能分为三个核心内容：一是轻松地清算与支付功能。金融体系为不同经济主体提供商品、服务、资产等内容的阶段服务，虽然在结算手段上有所不同、负责提供服务的机构也不一定相同，但是从功能上来讲是相同的。二是资源的聚集与分配功能。金融体系有将社会中的资源聚集的功能，在这基础上进行有效率的分配也是其重要作用。三是分散风险的功能。在金融体系发展的过程中金融机构一直是管理分散风险的核心。

金融功能论对于我国县域金融机构的设立具有很重要的理论指导意义。由于县域经济在空间上具有发展不均衡、时间上具有发展潜力大的特点，因此，县域金融在设立上需要充分考虑金融功能的组合与配置。而从金融机构论去指导县域金融体系的构建则不能起到提高金融运行效率的作用。相反，由于金融机构论强调机构的稳定性，反而会带来县域金融的功能难以支持县域经济发展的窘境。因此，在县域金融体系的构建方面，我国需要认真从金融功能论的角度去构建合理高效的金融支持体系。

（二）经济增长对金融服务的反馈作用的相关理论

1. 内生增长理论。广义上的经济发展是指在一段时间内一个国家或地区商品和劳务总量的增长，居民生活质量的提升，以及整个社会经济制度和经济结构的总体进步，是一个复杂的质的概念。而经济增长仅包括基于技术改进的能够提供给居民日益增加的实物商品能力的上升（Kuznets，1971），但经济增长是经济发展的基础。

英国经济学家哈罗德（Harrod）与美国经济学家多马（Domar）在凯恩斯理论中引入时间因素，对其进行长期化和动态化研究后提出了第一个广为流行的经济增长模型 H – D Model。他们认为，资本的不断形成和积累是经济稳定增长的原因，一国的经济增长率（g）由储蓄倾向（s）以及资本产出比（v）所决定。并且指出有保障的经济增长率（gw）= Sf/Vr（Sf 为居民在一定收入下满意的储蓄率，Vr 为投资者满意并与其资本存量相适应的资本 – 产出比），当人们意愿的储蓄恰好等于投资者预期的投资需求时，经济就可以实现稳定的增长。因此，当 g 小于 gw 时，就会形成积累性的投资减缩，导致经济缩窄；当 g 大于 gw 时，才会引起积累性的经济扩张；当 g 与 gw 相等时，经济实现均衡稳定的增长。

后来，以琼·罗宾逊（Joan Robinson，1973）为代表的新剑桥经济增长模型认为没有投资增加就不会有技术进步，在资本产出比既定时，要实现稳定均衡的经济增长，只有调节储蓄率，即资本收入和工资在国民收入分配中的比例。因此，实现收入分配均等化是经济长期稳定增长的条件。

基于我国县域经济发展起步较晚、有效需求不足、资金外流严重、投资效率低下等特点，上述两个学派的经济增长理论十分契合我国县域经济发展的研究。

2. 门槛理论。门槛（threshold）指事物发展过程中的一个界限、一个限度或一个临界值。在区域发展中，指区域遇到的某种限制，或从量变到质变的某个转折点。门槛理论的创始人是波兰著名的城市经济学家和规划学家马利士先生（Malisz）。门槛理论的理论内涵是指在一定经济技术发展程度的基础上，城市规模会有一个理论上的极限，这是发展过程中的一种巨大阻碍，克服它的方法之一就是利用一次力量巨大的提升打破阻碍，通常现实的方法是通过一次性投资打破规模限制。这种在城市发展过程中遇到的瓶颈我们称为"门槛"。

门槛理论产生于 20 世纪 50 年代，该理论广泛运用于城镇化发展因素分析研究，尤其在讨论城镇规模的限制问题时，门槛理论的分析方法是重要的分析思路。门槛理论认为，在城镇化进程中会出现影响城镇规模扩张的限制性因素，这些因素主要包括：城镇所在地区的自然环境；基础设施建设水平；城镇原始结构及其扩张升级的可能。

（三）农村金融理论

农村金融理论经历了三个阶段，20 世纪 80 年代以前农业信贷补贴理论盛行，该理论逐渐被农村金融市场理论代替，随着信息不对称的愈加明显，金融市场理论被农村金融不完全竞争理论代替。下面对三个阶段理论进行梳理总结。

1. 农业信贷补贴理论。农村信贷补贴理论来源于农村金融应该由供给端带动需求端。该理论的前提是：农村居民的储蓄能力相对较低甚至为零，农村经济在发展过程中处于资金不足的情况之下。而且由于农村经济的支柱性产业往往具有不确定性高、经营周期长、收益率不高等特点，这与商业银行的经营原则相抵触，因此，农村难以得到银行融资。为了保障农业的发展和缓解农村经济发展的资金瓶颈，可以通过农村外部提供政策性资金，建立一个不以赢利为目的的农村金融机构来解决农村金融发展中的问题。为缩小农业与其他产业的结构性收入差距，农业融资的还款利率必须低于其他产业，当然这还需要考虑如何将一些非法的民间借贷从农村地区排除。因此，政府需要通过农村金融机构将大量低息的政策性资金投入到农村经济的发展过程中，这就是农业信贷补贴理论的基本原理和出发点。

2. 农村金融市场理论。在 20 世纪 80 年代以后农村金融市场理论逐渐代替农村信贷补贴理论。该理论是在评判农村信贷补贴理论的前提基础上产生的，与先前的理论不同，该理论希望能够发挥市场的作用来促进农村经济的发展。在前提上两个理论存在着诸多不同：①实证研究的结论表明，即使是发展中国家的农村地区，储蓄也并非极其稀少，农村地区有大量储蓄余额，从外部输入政策性资金缺乏根据；②低利率政策反而降低农村居民的储蓄热情，这形成了金融抑制；③资金外部依存度过高导致贷款回收率降低；④由于农村资金运用的机会成本很高，非正规金融的融资成本必然较高，造成非正规金融的泛滥。

农村金融市场理论主张完全依靠市场供求来调节资金的流动，反对信贷补贴理论的市场干预做法，特别强调通过利率来调节农村资金配置。利息补贴应对补贴信贷行为所造成的一系列问题负责，这将逐渐扭曲整个信贷市场，而市场化的利率调节则不会出现这样的问题。这样就可以要求它们像金融实体那样运行，承担适当的利润限额；市场化的利率不会妨碍居民的储蓄行为，可以进一步增加自有资金的来源，通过自有资金的投资还可以降低资金外流的可能性。

3. 农村金融不完全市场竞争理论。随着信息在商业行为中的重要性不断凸显，完全市场理论逐渐成为一种经典而非实际情况的理论基础，农村金融市场也一样，农村金融不完全市场竞争理论应运而生。其主要内容是：发展中国家由于金融相关体系建立不完善，信息不对称广泛存在，因此，金融市场在发展中国家是一个不完全市场。如果按照完全市场理论来运行将会产生一个不适应经济发展的金融体系，从而产生金融抑制或者说是市场失灵。为了弥补不完全的金融市场，政府有必要适度干预农村金融市场，例如合理介入金融市场。信息不对称理论是农村金融不完全竞争理论的基础之一，也是政府合理介入市场的理论依据。

结语：通过对县域金融与县域经济两者内涵进行讨论，在开展两者协同发展研究时需要考虑两者之间的双向作用关系，既要分析县域金融对县域经济的影响，也需要分析县域经济对县域金融的反作用，两者缺一不可。一方面借鉴前人研究的众多经典理论对后文研究的开展奠定坚实的理论基础；另一方面也需要推陈出新，构建具有鲜明特色的研究体系。

第四章　构建县域金融服务与县域经济协同发展的指标体系

由于县域金融与县域经济之间存在双向互动的关系，因此，将两者统一起来进行研究变得具有意义，通过上一章的理论梳理与定性分析，可以得出县域金融与县域经济之间的一些基本关系，但是，这对于现实的指导意义还过于薄弱。因此，需要通过建立一整套衡量县域金融与县域经济协同发展水平的指标体系来将两者的相对水平进行客观度量，这样可以更加明确地通过指标化手段判断出两者的协同关系是否合理，为政策制定提供正确、公平的依据。

一、经济金融复合系统协调运转影响县域经济竞争力的机理分析

县域经济和县域金融复合系统实现协调，会产生"1＋1＞2"的协同效应，从而有利于建立经济金融正反馈机制，提高县域经济竞争力。协同效应本是一种物理现象，是指两种或两种以上成分相加在一起，其产生的效果大于其单独发挥作用时的总和。德国物理学家赫尔曼·哈肯首次提出了协同的概念，并在其著作《协同学导论》中系统地阐述了协同理论。协同论认为整体系统中的各个子系统间存在着相互影响、相互制约而又相互合作的关系，通过各个子系统的相互配合可以产生协同效应，从而使复合系统整体获益。在金融运行核心化的现代经济中，利用协同理论将外生金融内生化，有利于明确区分县域金融对县域经济增长的"支持作用"和县域金融与县域经济相互协调配合产生的"协同效应"，从而正确看待县域经济与县域金融的辩证统一关系，认清它们之间的关联作用机制，可以帮助我们更好地调整并改善系统耦合内容和耦合方式，提高复合系统的整体协调水平和运行效率，为两者的和谐互动建立理论准备。

基于协同理论可知，经济金融复合系统协调运转产生的协同效应主要包含以下三个方面。

1. 从经济社会实践和要素流动视角来看，县域金融与县域经济的互动构成了一个县域发展的"超循环系统"，其中包括县域金融子系统内的资金流和信息流，以及县域经济子系统内的物质流和价值流等，通过资本、信息、劳动等生产要素在各个子系统内以及两个子系统之间的流动形成了县域经济与金融复合系统的超循环结构。一方面，县域经济子系统的健康发展需要依赖县域金融子系统的资金支持。我国中、西部地区的部分落后县域虽然得到政策的一再支持鼓励，却因缺乏金融支持县域经济运行的内生动力，使抑制实体经济发展的"金融瓶颈"始终难以消除，金融"脱耦"严重限制了县域经济发展。另一方面，县域实体经济为县域金融子系统的生存发展提供了必要土壤。随着金融中介和金融工具的多元化以及普惠性金融服务的不断渗透，县域金融正主动在与实体经济的融合中探索新的增长基础与竞争力，这也揭示了金融发展中利益取向的变迁。因此，以县域金融与县域经济协同优化耦合为基础的发展范式，具有了持久推进的"超循环结构"特征。

2. 从资源竞争与整合视角来看，资源具有"稀缺性"的特征，如果有限的资源不能分别在县域经济子系统和县域金融子系统之间实现合理配置与整合，那么两者的协调配合关系更是无从谈起。一个地区的金融体系承担着为实体经济输血造血、促进实体经济发展的功能。县域金融发展应当以更好地服务县域实体经济发展为目标，并形成与县域经济协同的发展格局。但目前的经济金融复合系统存在"避实就虚"的错误倾向，"股市热"和"楼市热"吸纳了过多资金，投资过度追求项目高回报高利润而忽视风险，甚至不符合实体经济发展方向，金融子系统存在着自身发展扭曲和与实体经济协同失调的问题，虚拟经济泡沫还可能隐藏着更大的隐患。因此，实现县域经济与金融复合系统协调运转和协同效应的发挥，需要从协同视角正确看待两者的辩证统一关系，变县域经济子系统和县域金融子系统的资源竞争关系为功能互补关系，才能使复合系统从不协调走向协调。

3. 从复合系统演化视角来看，县域经济与金融的超循环复合系统稳定存在和实现发展进化必须满足三个前提条件：一是系统具有开放性，这样才能从外界环境中引入足够大的负熵流推动系统结构的新陈代谢；二是具备足够强的信息能力使得系统信息得以积累、遗传；三是系统在群体内相互作用和与环境相互作用中形成的系统自评价以及进化道路选择机制。县域金融与经济复合系统满足这三个条件，因此，可以实现系统的演化升级。首先，县域由于其邻接城乡的区位特征，且往往规模较小，其经济金融发展必然受到周围城市乡村的影响，资本人力等生产要素在城乡、县域之间流动几乎不受阻力，具有很明显的开放性；其次，一个县域的行政规划在一段时期内是相对稳定的，因此，这个县域单元的经济、金融发展也都具有相对稳定性和历史沿袭性，从而使系统信息得以积累和遗传，满足了系统演化的第二个条件；最后，归纳国内外县域经济金融的沿袭历程可以发现，该复合系统还存在显著的路径依赖特征，即从不协调到初级被动协调，再到高级互动协调的发展历程。

县域经济与金融复合系统的协调性是一个随着经济社会发展而渐进演化的过程：在系统形成初期，两个子系统相互之间存在资源竞争关系，处于不协调阶段；随着一系列配套政策的实施，形成了县域金融子系统对县域经济子系统的单向支持，即复合系统的低级协调或被动协调阶段，此时的县域经济发展思路是将金融资源视为县域经济系统的外生资源，金融子系统缺乏升级的内在动力支持，不利于推动复合超循环系统的新陈代谢。我国很多县域都经历了或是正处于这一阶段，通过行政手段这一"看得见的手"促成县域金融对经济的"被动和谐"，这一做法虽然看到了金融激发实体经济潜力的作用，但难以从根本上避免县域金融"空心化"倾向。县域经济与金融协同的第三个层次是两者的主动协调阶段，此时的战略倾向是将外生金融内生化，以金融可持续发展思想为基础，认识到金融需要在实体经济的承载限度内运行和发展，县域金融的规模、结构、工具的发展以及市场化程度应与其所处的县域经济市场环境相匹配，县域经济金融子系统从"被动协调"向"主动协调"转变，最终建立以县域金融与县域经济协同优化耦合为基础的新发展范式，发挥和放大县域金融与经济两个子系统正反馈循环机制的协同效应。

二、县域金融服务与县域经济协同发展评价指标体系建立原则

县域经济与金融存在密切的联系，在合理政策的引导下可以维持协调互动的良好态势。县域金融的发展通过拓宽投资渠道，提高居民储蓄率以实现要素的积累和再分配，通过资源配置功能实现资本边际生产率的提升，进一步推动县域经济的发展；而金融在市场经济中的推动将为县域经济的提高提

供巨大的动力。

构建如表 4 – 1 所示的县域经济金融协同发展指标体系，包含县域经济和县域金融两个子系统。

表 4 – 1 **县域经济与金融协同发展指标体系**

	子系统层	基准层	指标层
县域经济与金融协同发展系统	县域经济子系统	经济发展规模	人均 GDP
			人均地方公共财政收入
			人均固定资产投资完成额
		经济发展速度	人均 GDP 增长率
		经济发展质量	二、三产业比重
			城乡人口比
			人均社会消费品零售总额
	县域金融子系统	金融发展基础	人均年末金融机构各项贷款余额
			人均城乡居民储蓄存款余额
		金融发展质量	金融相关率
			金融机构存贷比
		金融生态环境	社会信用环境
			金融文化水平

县域经济金融复合系统可看作由县域经济子系统和县域金融子系统构成，其中，县域经济子系统分别从经济发展规模、经济发展速度和经济发展质量三个角度来衡量县域经济发展状况。在经济发展规模方面，包含人均 GDP、人均地方公共财政收入和人均固定资产投资完成额三个指标；在经济发展质量方面，用二、三产业产值占 GDP 的比重衡量经济结构的合理化和高级化程度；城镇人口和乡村人口的比值衡量县域的城镇化水平高低；人均社会消费品零售总额衡量消费需求的大小。县域金融子系统从金融发展基础、质量和环境三个角度，选用存贷款余额等四个定量指标以及社会信用环境和金融文化水平两个定性指标来衡量县域金融发展情况。在金融发展基础方面，使用人均城乡居民储蓄存款余额和人均年末金融机构各项贷款余额两个指标分别体现储蓄率和储蓄投资转化率水平。在金融发展质量方面，包含金融相关率和金融机构存贷比两个指标。金融相关率反映了经济货币化的程度，考虑到

我国县域金融资源主要集中在金融机构，故本书采用存贷款余额/GDP 的计算方式来反映县域的金融相关率。存贷比为县域金融机构贷款总额与存款总额的比值，衡量的是金融机构的盈利能力与创新能力。在金融生态环境方面，包括社会信用环境和金融文化水平两个定性指标，社会信用环境主要通过企业和个人逃废银行债务的多少、社会诚信水平的高低、征信体系的建设情况等方面体现，金融文化水平主要通过相关金融政策的宣传力度、金融相关活动（金融论坛、金融知识讲堂等）举办情况等方面体现。对于定性指标，本章通过专家打分法（满分 = 100）获取数据。

三、我国东、中、西部县域金融服务与县域经济协同发展成熟度聚类分析

在完成指标体系构建的原则后，本书在采用复合系统协调度模型的基础上，用有序度和整体系统协调度模型对县域经济与县域金融之间的关系进行了实证研究，以此来评价两者共同发展之间的关系。

（一）系统协调度模型构建

1. 子系统有序度模型。假设复合系统 $S = \{S_1, S_2, \cdots, S_j\}$，其中 S_j 为复合系统的第 j 个子系统，在本章中 S_j 指县域经济子系统和县域金融子系统。记 S_j 系统运行过程中的序参量变量为 $e_j = (e_{j1}, e_{j2}, \cdots, e_{jn})$，分别表示县域经济、县域金融的发展状况，满足 $n \geqslant 1$，$\beta_{ji} \leqslant e_{ji} \leqslant \alpha_{ji}$，$i \in [1, n]$，$\beta_{ji}$ 与 α_{ji} 为系统 S_j 稳定临界值的上下限。当原始指标为正时，e_{j1}，e_{j2}，$\cdots$，e_{jn} 的取值越大，该子系统的有序程度就越高，反之，该子系统的有序程度就越低；当原始指标为逆指标时，e_{j1}，e_{j2}，$\cdots$，e_{jn} 所代表的值越大，其子系统的有序程度就越高，反之，子系统的有序程度则越低；当原始指标为逆指标时，取值越大，该子系统的有序程度就越低，反之，该子系统的有序度就越高。系统序参量的有序度可以用下式表示：

$$u_j(e_{ji}) = \begin{cases} \dfrac{e_{ji} - \beta_{ji}}{\alpha_{ji} - \beta_{ji}} \\[2mm] \dfrac{\alpha_{ji} - e_{ji}}{\alpha_{ji} - \beta_{ji}} \end{cases} \qquad (4-1)$$

其中，$u_j(e_{ji}) \in [0, 1]$，表示 e_{ji} 对子系统有序度贡献的大小，其数值越大，则对子系统有序度的贡献越大；反之则越小。

对子系统有序度整体的评价不仅由各序参量数值大小决定，还受到两者组合方式的不同程度的影响。下面以线性加权求和法计算子系统有序度，计算公式如下式所示：

$$u_1(e_{ji}) \sum_{j=1}^{n} \omega_j u_1(e_{ji}) \tag{4-2}$$

其中，$\omega_j \geqslant 0$，$\sum n_j = 1$ $\omega_j = 1$，ω_j 为熵值法确定的权系数，表示在子系统有序运行过程中某一 e_{ji} 对整体评价所起到的作用大小程度。

2. 复合系统协调度。县域经济与金融复合系统的协调程度是由县域经济与县域金融两个子系统的有序度共同确定的，这一协调程度就被称为系统的协调度。也就是说，复合系统协调度是由所有子系统整体的有序程度共同决定的，并不会因某一系统有序度过高或过低而提高或降低整个系统的协调度，若某一子系统有序度大幅度提高，而另一子系统有序度出现下降，则该系统仍不是处于协调发展的状态，整个系统的协调度仍然是较低的。

假设给定的初始时刻为 t_0，则子系统序参量的系统有序度为 $u_j^0 e_j$，当该复合系统演变发展到 t_1 时刻时，子系统序参量的系统有序度为 $u_j^1 e_j$，故定义 t_0 到 t_1 这一时间段的系统协调度模型如下式所示：

$$C = \theta \sum_{j=1} \left[|u_j^1(e_j) - u_j^0(e_j)| \right] \tag{4-3}$$

其中，$\theta = \min_j \left[u_j^1(e_j) - u_j^0(e_j) \neq 0 \right] / |\min_j \left[u_j^1(e_j) - u_j^0(e_j) \neq 0 \right]|$，$j = 1$，$2$，$\cdots$，$k$。

由公式（4-3）可知：$C \in [-1, 1]$，所代表的值越大，则表示整个系统的协调度越高；反之，它的值越小，则代表系统的整体协调度越低。另外，当且仅当 $u_j^1(e_j) - u_j^0(e_j) > 0$ 时，系统在所考察的 t_0 到 t_1 这一时间段内，是处于协同发展状态的；否则，则表明系统中至少有一个子系统没有沿着有序的方向发展。

（二）数据来源与处理

根据《中国统计年鉴（2015）》，全国"县级市""县""自治县"（合称为"县"或"县域"）区划数共有 1903 个。本章以各省县域数量在全国所占

的比例以及数据的可获取性为原则，选取 47 个样本县，并采用惯用的地区划
分方法，将各样本县分别归入东、中、西部三个地区（见表 4 - 2）。本章研
究的时间跨度为 2005 ~ 2014 年，数据资料来源于各县 2005 ~ 2014 年《国民
经济与社会发展统计公报》以及 Wind 数据库。

表 4 - 2   东、中、西部区域划分及 47 个样本县选取

区域	省份	样本
东部 (14 个样本)	北京	密云县、延庆县（2 个）
	天津	静海县（1 个）
	河北	抚宁县、蔚县（2 个）
	辽宁	桓仁县、宽甸县（2 个）
	上海	崇明县（1 个）
	江苏	丰县（1 个）
	浙江	桐庐县（1 个）
	福建	沙县（1 个）
	山东	平阴县、沂南县（2 个）
	广东	新兴县（1 个）
	海南	0 个
中部 (16 个样本)	山西	沁水县（1 个）
	吉林	农安县（1 个）
	黑龙江	嫩江县、延寿县、东宁县（3 个）
	安徽	长丰县、无为县、肥东县（3 个）
	江西	南昌县、浮梁县、湖口县（3 个）
	河南	宜阳县（1 个）
	湖北	监利县、竹山县（2 个）
	湖南	湘潭县、长沙县（2 个）
西部 (17 个样本)	内蒙古	多伦县（1 个）
	重庆	璧山县、武隆县（2 个）
	四川	金堂县（1 个）
	贵州	黔西县、道真县、余庆县（3 个）
	云南	会泽县、宜良县（2 个）
	陕西	泾阳县、潼关县、永寿县（3 个）

区域	省份	样本
西部 （17 个样本）	甘肃	皋兰县、临泽县（2 个）
	宁夏	永宁县（1 个）
	新疆	伊吾县、皮山县（2 个）
	青海、西藏、广西	0 个

以县域经济与县域金融发展系统演化的特征为基础，确定这个系统的参考量取值范围，从而得到我国东、中、西部地区县域经济与县域金融发展系统的序参量。

（三）指标权重的确定

指标权重的确定采用熵值赋权法，假定样本 i 的第 j 个指标值为 x_{ij}（$i=1$，2，$\cdots$，n；$j=1$，2，$\cdots$，p），其中，n 为样本数，p 为指标数。首先，根据本身的不同性质采取不同的标准化处理方式，对于正指标有 $x_{ij}^* = \dfrac{x_{ij} - \min_j(x_{ij})}{\max_j(x_{ij}) - \min_j(x_{ij})}$，逆指标有 $x_{ij}^* = \dfrac{\min_j(x_{ij}) - x_{ij}}{\max_j(x_{ij}) - \min_j(x_{ij})}$。其次，对指标进行比重变换：$sij = \dfrac{x_{ij}^*}{\sum\limits_{i=1}^{n} x_{ij}^*}$，计算指标的熵值 $h_j = \sum\limits_{i=1}^{n} s_{ij} \ln s_{ij}$，并将熵值标准化得 $a_j = \dfrac{\max_j h_j}{h_j}$；最后，根据标准化的熵值求出每项指标的权重 $\omega_j = \dfrac{a_j}{\sum\limits_{j=1}^{p} a_j}$。

按照上述步骤求出的每项指标权重值，如表 4-3 所示。

表 4-3　　　　　东、中、西部地区县域经济-金融系统分量权重

县域经济系统分量权重						
区域	人均 GDP	人均地方公共 财政收入	人均固定资产 投资完成额	人均 GDP 增长率	二、三产业 比重	城乡 人口比	人均社会消费品 零售总额
东部	0.142	0.156	0.145	0.137	0.140	0.140	0.141
中部	0.145	0.152	0.147	0.137	0.137	0.139	0.143
西部	0.148	0.153	0.146	0.136	0.134	0.136	0.147

续表

县域金融系统分量权重					
区域	人均年末金融机构 各项贷款余额	人均城乡居民 储蓄存款余额	金融相关 比率	金融机构 存贷比	社会信用 水平	金融文化 水平
东部	0.168	0.168	0.167	0.165	0.166	0.166
中部	0.179	0.172	0.161	0.161	0.165	0.163
西部	0.172	0.176	0.162	0.164	0.165	0.161

(四) 系统序参量有序度分析

将东、中、西部地区县域经济与县域金融协同发展的系统序参量数据代入公式 (4-2)，结合表4-3权重计算其有序度，结果见表4-4和图4-10。

表4-4　　　　　东、中、西部地区县域经济与金融系统有序度

年份	东部		中部		西部	
	县域经济	县域金融	县域经济	县域金融	县域经济	县域金融
2005	0.344	0.392	0.230	0.202	0.187	0.161
2006	0.376	0.434	0.245	0.236	0.112	0.262
2007	0.420	0.434	0.272	0.194	0.163	0.224
2008	0.471	0.434	0.324	0.194	0.252	0.232
2009	0.473	0.523	0.350	0.278	0.226	0.250
2010	0.545	0.577	0.407	0.316	0.283	0.304
2011	0.602	0.619	0.493	0.340	0.368	0.329
2012	0.640	0.679	0.500	0.402	0.449	0.392
2013	0.724	0.752	0.543	0.470	0.557	0.463
2014	0.734	0.787	0.587	0.511	0.585	0.512

从表4-4和图4-1反映的东、中、西部地区县域经济系统有序度可以发现：

首先，从各曲线的整体变化趋势来看，我国东、中、西部地区县域经济和金融发展都随着时间的推移有了较大程度的改善。根据有序度曲线斜率不同，以2009年作为时间节点，三个地区的县域经济子系统有序度在2009年前分别从0.34、0.23和0.19上升到了0.47、0.35和0.23，而县域金融子系统有序度在2005~2009年却没有呈现出如此明显的增长趋势，东部和西部地

区金融子系统有序度变化情况比较平稳，而中部地区在2007年有非常明显的下降。2009年之后，三地区两个子系统的有序度情况都有所改观，主要表现为，一是经济子系统有序度及其增速的上升；二是金融子系统脱离了2009年以前上下波动的情况而向着有序方向发展。由此可以初步推测，三个地区县域经济金融复合系统由起初的不协调状态逐步转为协调发展，同时也印证了本章之前的理论假设，即县域经济的良好发展离不开县域经济与金融的协调配合。

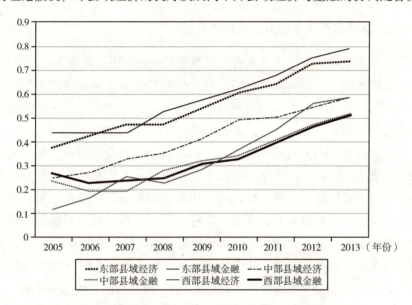

图4-1 东、中、西地区县域经济与金融子系统有序度

其次，从地区差异来看，东部县域无论是经济子系统还是金融子系统的有序度，都处于明显的领先地位，而中西部地区的子系统有序度差异不大。另外，东部地区的县域经济和金融子系统有序度变化曲线相互交织，呈现出相互协调、相互配合的状态；而中部和西部地区两个子系统有序度的变化曲线均在不同时段出现过背离，即复合系统的不协调运行。

最后，从复合系统中经济和金融两个子系统的相对情况来看，东部地区除2008年金融子系统有序度低于经济子系统外，其余年份金融子系统有序度均高于经济子系统，说明在东部地区县域金融子系统的发展状况领先于县域经济子系统，可将其视为一个"金融供给领先"型复合系统。中部地区县域经济子系统有序度始终高于县域金融子系统，而且两者差别明显，最大差距为0.153（2011年），这意味着，与县域经济发展状况相比，中部地区县域金融发展较弱，为此应加大对中部金融子系统的投入，以增强金融配合和支持中部县域经济发展的能力。西部地区在 2010 年以前金融子系统有序度高于经济子系统，属于"供给领先"型，而 2010 年以后经济子系统有序度高于金融子系统，属于"需求引导"型。从这一变化过程也可以反映出西部县域经济金融复合系统存在明显的政策性倾向，即县域经济和县域金融的相对强弱受到政策变化的影响而发生转变。

（五）县域经济与金融复合系统协调度

从复合系统协调度的含义来看，只要系统中任一序参量表现出无序状态，则整个系统将处于不协调发展状态，有且只有系统中各序参量同时保持较高的有序度时，系统才处于协调发展状态。即：当协调度为正值时，表明整个复合系统是协调发展的；反之，复合系统的发展是不协调的。

通过公式（4-3）计算东、中、西部县域经济与金融系统的协调度，计算结果如表 4-5 和图 4-2 所示，从中可以看出：我国东、中、西部县域经济与金融复合系统协调度整体呈现从不协调到相对协调的变化趋势，但各年度的变动情况仍然比较明显，这在一定程度上也体现了我国县域由于其规模小和位置的临界性而导致的发展强波动性和不确定性。东部地区除 2007 年县域经济与金融复合系统处于不协调状态以外，其余年份系统协调度均大于 0，最低为 0.0033，最高为 0.078，平均为 0.034，但从时间发展趋势来看上下波动幅度较大。中部地区县域经济金融复合系统也只有在 2007 年处于不协调状态，各年份系统协调度和东部地区相比略有不同但差距不甚明显，且中部地区县域经济与金融复合系统协调度在 2009 年后的变化情况更加稳定。西部地区由于受到国家政策的扶持，县域经济与金融协调水平逐年快速提升，从 2009 年以前的不协调变为 2009 年以后的协调状态，与东部和中部地区的差距几乎已经消失。

表 4-5　　　　　　　　　　　县域经济与金融系统协调度

年份	东部	中部	西部
2006	0.0364	0.0225	-0.0870
2007	-0.0041	-0.0337	-0.0441
2008	0.0033	0.0054	0.0255
2009	0.0120	0.0467	-0.0217

续表

年份	东部	中部	西部
2010	0.0624	0.0467	0.0558
2011	0.0487	0.0456	0.0461
2012	0.0485	0.0205	0.0711
2013	0.0780	0.0540	0.0878
2014	0.0186	0.0428	0.0370

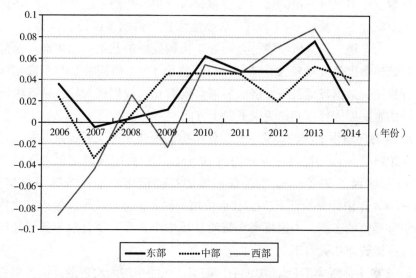

图4-2 东、中、西地区县域经济与金融系统协调度

另外，根据表4-5所示系统协调度的高低，可将东、中、西部地区经济与金融复合系统的协调程度分为四个等级：第一等级为高度协调，协调度 coo > 0.04；第二等级为中度协调，0.02 < coo ≤ 0.04；第三等级为低度协调，0 < coo ≤ 0.02；第四等级为不协调，coo < 0。由此可见，东部县域经济与金融复合系统在2010~2013年均处于高度协调阶段，2006年处于中度协调阶段，2008~2009年和2014年处于低度协调阶段，2007年处于不协调阶段；中部县域经济和县域金融在2009~2011年、2013年和2014年都处于高度协调阶段，2006年和2012年处于中度协调阶段，2008年和2007年分别处于低度协调和不协调阶段；而西部地区县域经济与金融在2006年、2008年和2009年均不协调，2008年和2014年实现中度协调，其余年份均为高度协调。

四、我国东、中、西部县域金融服务与县域经济协同发展成熟度评价

(一) 主要结论及导致县域经济金融发展失衡的可能原因分析

根据以上运用模型所进行的实证研究可以得出如下结果：就县域经济和县域金融两个子系统各自有序度而言，2005～2013 年我国各地区有序度均呈现整体上升趋势，且东部地区的系统有序度显著高于中部以及西部地区。就县域金融复合系统所得出的协调度而言，东、中、西部三地区的系统协调度的数值变动存在明显差异。其中，东部地区各年份的系统协调度值均为正，且波动较为平稳，即县域经济与金融处于协调发展的状态；而中部和西部地区的系统协调度值波动较大，部分年份该值小于 0，协同关系与东部相比不是十分稳定。根据各地县域经济发展态势的对比，我们认为导致两者协同发展失调的主要原因可以归结为以下四个方面。

1. 金融环境水平制约。从本书定性指标的量化水平来看，只有东部地区 2005～2013 年两项定性指标得分均在 70 分以上，其中金融文化水平的评分在 2013 年达到了 93 分。而中西部区域的社会信用水平比东部明显偏低，2005～2008 年内评分均低于 70。社会信用的缺失，会直接导致银行发放贷款时持更加谨慎的态度，不愿将资金贷给县域中小企业，使金融为县域经济的发展发挥融资作用受到影响。

2. 金融主体规模不足。2013 年，东部地区的平均人均金融机构各项贷款余额总值为 25731.43 元，而中西部地区分别是 17467.13 元和 15851.46 元，仅有东部的 67.88% 和 61.6%；类似地，2013 年东部地区各县的金融相关率平均水平已达到 1.89，而中、西部地区分别只有 1.21 和 1.49。金融主体规模不足导致的一个直接后果就是县域金融不能很好地发挥规模经济的作用，难以分摊交易成本，制约了金融的创新和金融服务功能。

3. 实体经济发展落后。本书通过实证研究发现，东部地区县域经济系统的有序度均高于中部与西部地区，且这种差距呈现出逐年扩大的趋势。

4. 社会需求总量低下。从消费需求方面来看，2013 年东部地区各县的人均社会消费品零售总额平均水平 1.48 万元；中部地区次之，接近 1 万元；而西部县域平均水平为 5607.55 元，甚至不到东部的 50%。广西银监局课题组对广西三个县的 2001～2005 年农村经济发展情况和农村金融"支农"情况的调查研究表明，农村信用社出现了资金供给相对过剩的情况，而这种情况

主要是由农村的有效需求不足所导致。

（二）县域经济与金融协同发展的政策建议

结合上述分析，提出如下政策建议以促进县域经济与县域金融的协同发展。

1. 改善县域金融经济环境，提高全社会信用水平。完善贷前信用担保机制，建立贷中资金监管机制，落实贷后追缴机制，逐渐建立企业信用数据库以记录企业的各类信用情况，而对于缺乏信用保障的企业，应认真核查企业信贷业务状态，积极查处不良信贷行为，进而提高全社会的信用意识以及信用保障。

2. 完善县域金融的服务发展体系。第一，政府部门应当加强对当地金融产业的重视程度，加大政府制定政策的引导范畴，通过与机构单位的合作支持，进一步推进县域经济的良好发展；第二，促进金融服务技术的提升，以多领域、多渠道、多品种的方式加强县域经济发展的信贷资金支持；第三，加强金融创新，加大宣传力度，增强城乡居民对金融业务的认识与了解程度，从而拓宽金融的普及渠道。

3. 扩大内需，拉动县域经济发展。改变乡镇群众的消费意识和观念，通过加深对金融服务产品的认知程度加大群众服务消费，形成消费形式多元化的结构体系，大力发展服务产业以迎合群众不断扩张的消费需求，避免需求外溢。

结语：在采用复合系统协调度模型的基础上，用有序度和整体系统协调度模型对县域经济与金融之间的关系进行了实证研究，以此来评价两者共同发展之间的关系。并且确定了县域经济与县域金融服务协同发展的评价指标。县域经济与金融存在密切的联系，在合理政策的引导下可以维持协调互动的良好态势。县域金融的发展通过拓宽投资渠道，提高居民储蓄率以实现要素的积累和再分配，通过资源配置功能实现资本边际生产率的提升，进一步推动县域经济的发展；而金融在市场经济中的推动将为县域经济的提高提供巨大的动力。

第五章 金融支持与我国农村土地的 "两权" 抵押

农村两权抵押（"两权"）是指农村土地经营权、农民住房财产权。通过抵押农村土地经营权和农民住房财产权来进行贷款的方式就是两权抵押贷款。农村与城市二元制结构不仅体现在户籍制度上还体现在其他众多领域，土地流转就是其中的代表。如何合理高效利用农村土地资源一直是我国土地制度改革过程中的重点，2014 年中央一号文件关于深化农村土地制度改革部分首次允许可利用土地承包经营权进行抵押融资。针对集体所有土地，文件指出"允许农村集体经营性建设用地出让、租赁、入股，实行与国有土地同等入市、同权同价，加快建立农村集体经营性建设用地产权流转和增值收益分配制度"。这次文件将土地承包经营权进行抵押融资，是根据我国实际情况所作出的一步重要调整，为解决农村融资过程中的瓶颈起到了开拓性作用，也是在农村土地流转环节的重大突破。

2014 年 11 月关于农地经营权流转《意见》的出台，将农地"三权分置"改革提上日程，打开了土地改革新局面。为了缓解农民融资难、融资贵以及农村资金外流的问题，国务院于 2015 年 8 月 24 日发布《关于开展农村承包土地的经营权和农民住房财产抵押贷款试点的指导意见》（以下简称《指导意见》），自此全国各省市开始积极地进行"两权"抵押贷款的试点。《指导意见》指出"两权"抵押贷款的试点要符合"三权分置"的要求，认真落实农村土地的用益物权，解决农村居民贷款缺乏抵押物的问题。2016 年 2 月，《国务院关于深入推进新型城镇化建设的若干意见》指出，深入推进农村土地征收、集体经营性建设用地入市、宅基地制度改革试点，稳步开展农村承包土地的经营权和农民住房财产权抵押贷款试点。2016 年 3 月，两个办法（《农村承包土地的经营权抵押贷款试点暂行办法》与《农村住房财产权抵押贷款试点暂行办法》）进一步从贷款对象、贷款管理、风险补偿、配套支持措施、试点监测评估等方面，对金融机构、试点地区和相关部门落实两权抵押贷款试点明确了政策要求。此后，国务院又分别于 2016 年 10 月和 11 月出台了《全国农业现代化规划（2016 - 2010）》与《促进农民持续增收的若干意见》，强调要有序推进两权抵押贷款试点，扩大抵押物范围。2017 年 4 月，国务院在批转《2017 年深化经济体制改革重点工作意见》的通知中指出，要加快推进农村承包地确权登记颁证，稳妥推进农村承包土地的经营权和农民住房财产权抵押贷款试点，形成可推广的改革成果。2018 年初，农业部发布《关于大力实施乡村振兴战略加快推进农业转型升级的意见》与《2018 年农村经营管理工作要点》，明确强调要推动修订农村土地承包法，完善农村土地流转管理办法，健全工商企业等社会资本流转土地经营权的资格审查、项目审核和风险防范制度，为农村两权抵押贷款提供支持。国家发改委也于 2018 年 3 月在《2018 年推进新型城镇化建设重点任务的通知》中指出，要深化农村承包土地的经营权和农民住房财产权抵押贷款试点，探索县级土地储备公司和平台公司参与"两权"抵押，激活乡村沉睡的资源。

一、金融支持与我国农村土地流转的绩效评价

目前，法律体系、政策体系存在矛盾，阻碍了农地资本化、流转金融化进程。其中较为突出的是，农地使用权抵押质押担保贷款与现行法律体系的矛盾，这一点在物权法、担保法及土地管理法中都是明令禁止的。2014 年的中央一号文件则指出，允许试点省市在明确农地集体所有制、保持农地用途不变、保障相关主体权益情况下，可以在局部地区开始农地承包经营权的抵押融资试点工作。金融机构接受农村农地使用权的抵押权，可能遭受潜在的政策法律风险，权益无法得到保障，阻碍了农地流转金融支持工作的进展。对土地使用权确权，是加速农村土地流转，保障农地流转获得有效金融支持的基础和前提。我国实行农村土地归集体所有，农地特殊的产权体系，增加了土地确权工作的难度。截至 2013 年底，我国农村集体用地所有权的确权登记工作已经基本完成，但承包权、经营权的确权刚进入试点阶段。相较于所有权，使用权确权的难度更大。这种难度体现在四个方面：①使用权所涉及的种类众多，承包权、经营权等权利自不必说，农村地区特有的宅基地等权利也牵涉其中，这些构成的复杂权利都需要明确确权；②确权的最小单位是单个家庭，而单个家庭下辖数个农户，这使确权工作量与难度不断提升；

③农户素质与传统观念的束缚也在一定程度上加大了使用权确权的难度；④使用权与所用权的隔离、分割及使用年限、土地范围的变更都为确权带来了不便。目前对农地使用权的试点工作已经在广东、浙江等多地区县展开，其中嘉善县目前已确权发证 69432 本、确权面积 34.11 万亩，农村宅基地使用权确权发证 77599 本，但全国仍处于初级阶段，尤其是中西部地区。

从金融产品或服务的标的来看，面向"三农"的金融产品以各种信用贷款和大豆、玉米等农产品期货为主，种类十分丰富，并形成了相对成熟的体系，而以农地为标的金融产品十分有限，以土地信托为主。进行融资的金融产品，从担保、保证的角度看，主要以农户联保贷款、农户＋企业担保贷款、小额信用贷款为主，缺乏以农村土地产权抵、质押性质融资的贷款。从信贷产品的用途看，支农贷款更倾向于支持农户进行手工业、商业、养殖业、经济农业的创业，或购买大型农用设备、粮种等，对于支持农地流转的信贷产品鲜少有所涉及。

农村土地流转的资金来源分为两类：一是三类新型金融机构，即农村资金互助社、小额贷款公司及村镇银行；二是土地流转中各地实践探索出的创新流转平台，包括土地流转合作社、土地产权交易所、土地信托机构、土地银行等。问题是前者忌惮于农业的风险，对土地流转采取"惜贷"政策，后者则缺乏土地资本化、证券化的经验，冠以金融机构之名，实际只是在土地流转中充当信息服务平台的中介机构。我国农村土地流转的创新机构，不论是土地流转合作社、土地产权交易所，还是土地信托机构、土地银行，其实质都是土地流转的中介服务机构，土地抵押融资、证券化、资本化的金融功能极为有限。农民从流转平台获得的收益多为地租、承包权使用费、土地交易所得，而非抵押贷款、土地债券收入或土地信托收益。

与国外大多数情况不同，我国农村土地流转的并非所用权而是使用权，因此，对于使用权的股价是抵押融资过程中的核心。这其中存在着一个重要的问题，土地使用权的估价应本着怎样的标准进行？土地使用权作为农民所有的资产，本身不具有具体的形式，未来形成的现金流因为农业风险的存在具有很强的不可预测性。另外，土地使用权作为一种自物权，依附于土地所有权存在，具有派生性、从属性和转让性。根据我国《土地管理法》的规定，土地实质使用权拥有者在一定情况下存在着失去土地使用权的可能性，比如连续撂荒土地两年或是改变土地用途，发包人有权收回土地的使用权。使用权的这种有条件收回性也在一定程度上增加了土地产权评估的难度。除此之外，在估价过程中还存在着一个问题，土地使用权作为用益物权本身所具有的价值并不高，其真正的价值来自原利用土地进行生产带来的利益所产生的现金流，作为农业生产所形成的现金流低于其他产业所形成的现金流。对于银行等融资机构来讲将这种使用权进行抵押与其经营原则不符，更关键的问题在于农业土地使用权还面临着很高的负盈利可能性，理论上融资机构难以认同这种抵押贷款方式。在这种情况下，土地使用权融资过程还缺乏相应的融资补贴机制，这令金融机构更加望而却步。农地流转的一条基本原则是不改变土地的用途，这意味着农地规模化经营仍暴露在农业风险之下。此外，资本也要承受农地流转的受益人——农户较高的违约风险。目前，就农业风险而言，我国的农业保险体系尚未建立，农民遭受损失后的风险补偿主要来自财政补贴，但以每亩几十元为限，无法覆盖风险；就农民自身承受能力而言，2013 年农村居民人均纯收入为 8895.5 元，处于较低水平。与城镇居民相比，社会保障体系的不健全进一步降低本就不高的纯收入能够灵活运用的现金流，这在一定程度上更加剧了农民风险。

从整体上来看，在金融支持下我国农村土地的流转呈现出形式多样、发展不平衡的特点，具体如下所述。

（一）农村土地流转规模迅速增长

据统计，2007 年底，我国农村承包地流转为 6372 万亩，较 2006 年增长 14.8%。2008 年农村改革相关政策出台，我国的农地流转进入加速增长阶段。如图 5-1、图 5-2 所示，2008 年，全国农村土地流转面积较 2007 年年增长 70%，达到 1.09 亿亩，之后保持 20% 左右的年增长率，2016 年末达到 4.7 亿亩，与 2015 年同比增长 5%。与此相呼应家庭承包占比也由 2007 年的 5.2% 迅速上升到 35%。

2014 年 6 月底数据显示，全国共有 3.8 亿亩土地实现流转，占耕地总面积的 28.8%，为 2008 年的 3.5 倍，涉及合作社 98 万家以上，各类农业大户近 370 万户。2016 年农地流转占家庭承包面积的比例高达 35.1%。

（二）流转形式多样，转包出租占比最大

2002 颁布的《农村土地承包法》第二十三条规定，农村土地承包经营权可通过转包、转让、出租、互换及其他方式流转。党的十七届三中全会关于农村改革的《决定》指出，在《土地承包经营权法》规定的转让方式基础

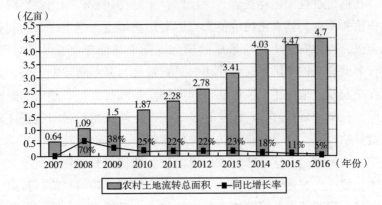

图 5-1 2007～2016 年的各年土地流转总面积

资料来源：土流网，http://www.tuliu.com.

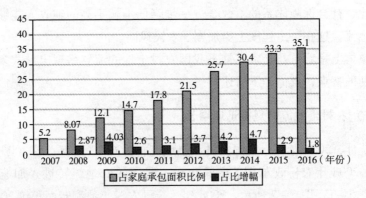

图 5-2 2007～2016 年的农地流转占家庭承包面积的增长情况

资料来源：土流网，http://www.tuliu.com.

上，又增加了股份合作的流转方式。综上所述，现阶段我国农村土地承包经营权流转的基本方式包括转包、出租、互换、入股、转让等。农业部经管司发布的相关报告数据显示，2012 年土地转包、出租、互换、股份合作、转让流转、临时代耕或其他方式流转的耕地比重分别为 49.3%、28.9%、6.5%、5.9%、4.0% 和 5.5%，其中转包、出租所占比例较大，超过 78%。具体如图 5-3 和图 5-4 所示。

而土流网 2014 年 12 月的土地流转数据显示，转包和租赁仍是最主流的土地流转方式，其占比分别为 23.26%、59.96%。显然，转包、出租仍是我国农地流转的主要形式。

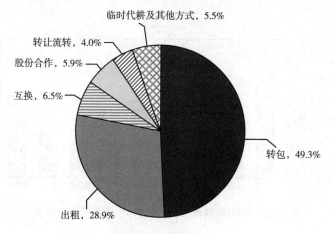

图 5 – 3　2012 年各类耕地流转方式占比

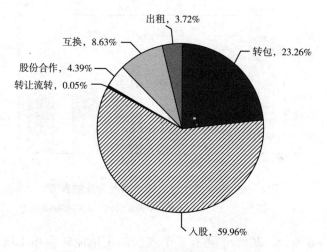

图 5 – 4　2014 年各类耕地流转方式占比

资料来源：土流网，http：//www.tuliu.com.

（三）土地流转的地区差异大

数据显示，目前农村土地流转无论是流转面积还是流转速度，都有较大的地区差异。如图 5 – 5 所示，2012 年流转土地面积超过耕地总面积 25% 的前 10 个省份（直辖市）依次是上海（60.1%）、江苏（48.2%）、北京（48.2%）、浙江（42.9%）、重庆（36.1%）、黑龙江（35.7%）、广东（28.9%）、河南（26.9%）、安徽（25.7%）、湖南（25.7%）。

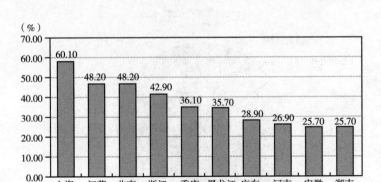

图 5－5　2012 年耕地流转占比前 10 的省份流转情况

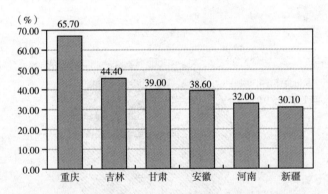

图 5－6　2012 年土地流转增幅逾 30％的省份

资料来源：图 5－3、图 5－5、图 5－6 数据农业部经管司。2012 年相关报告

如图 5－6 所示，2012 年共有 7 个省份的土地流转面积年增幅逾 30％，分别为重庆（65.7％）、吉林（44.4％）、甘肃（39.0％）、安徽（38.6％）、河南（32.0％）、新疆（30.1％）。数据表明，东部、中部地区及农业人口流出规模大的省份土地流转速度较快。从地域分布看，落后偏远的农村地区土地流转相对缓慢，临近城市的农村土地流转进程快且规模大。这种现象背后的逻辑是，城郊的土地享有城区经济辐射及城镇化进程的福利，流转后的土地更易发展农业的适度规模经济。以地处西部的成都为例，2010 年有 174 万亩的土地流转规模超过 50 亩，占全市土地流转总面积的 64.1％，即是得益于该地区城乡统筹的优先试验。

二、"两权"抵押贷款的典型案例

(一) 上海等三地案例——土地银行模式

结合实践，根据实际发挥功能的不同，土地银行常被分为两类：一类即实际意义上的土地银行，即通常所说的政策性专业农地金融组织，其直接涉猎土地存贷、流转业务，主营各类农地金融业务以满足农户中长期尤其长期的信贷需求，如美国、印度、菲律宾等地的土地银行即属于此类。另一类即行政主导设立的"土地储备机构"，区别于前者的农地融资功能，并非严格意义上的金融组织，其功能主要是通过对土地市场实施宏观调控，提高土地资产的配置效率，并适时注入资金以保证其顺畅运行。目前，我国的土地银行组织基本都是第二类的储备机构。

我国最早的土地储备机构于 1996 年在上海设立，随后各地陆续开始组建，发展至今，以上海、杭州、南通三地最为典型，表 5 - 1 是对三地运营机制的简单比较。

表 5 - 1　　　　　　　　国内土地银行主要运营模式

分类	市场主导型	政府主导型	政府与市场结合
代表城市	上海	杭州	南通
政策目的	盘活存量、规范土地供应、强化政府对土地市场的调控	盘活土地存量、规范土地流转市场、增加政府收益	建立实体土地市场、有效经营城市土地资源
主要特点	市场化运营，市、区两级共管	行政指导与市场机制结合	行政手段 + 市场机制 + 交易许可制
实施机构	土地银行	行政管理和土地银行	土地银行
资金需求	最小，可控	非常巨大	在一定范围内可控
交易范围	土地银行、用地者都可以	仅土地银行	土地银行与土地经营者共同完成，各一部分
供应主体及权利	土地银行；自由供应	土地银行全权负责	土地银行负责供应部分，土地经营者获准供应部分

资料来源：周萍. 土地信托银行：农村土地流转的金融模式探索. 中国金融，2015（5）：29.

（二）枣庄案例——土地产权交易所模式

山东枣庄的农地改革制度由土地使用产权证、农村土地使用权交易所、农村土地合作社三部分共同构成。2008年9月，我国第一家农村土地使用权交易所在枣庄市徐庄镇成立，280户徐庄土地合作社的农民获颁土地使用产权证。枣庄市在实践这一模式中具体有如下四点值得借鉴的经验：一是通过确权和颁发土地使用权证，赋予土地经营权抵押融资的权利，农户通过抵押该产权证，从信用社获得生产经营所需的贷款。二是严格限制用于抵押融资的土地使用权比例，规定1/3为合作社土地抵押的上限，期限3年为限。三是通过限制土地合作社的成员构成，确保土地的长期控制权归农民所有。具体措施是限定合作80%以上的成员为农民，其所有的表决权超过总数的80%。四是发展政策性农业保险机制，以财政资金补贴农业保险，农户违约风险降低，金融机构土地产权抵押相关业务的风险降低。枣庄的土地产权交易所模式并非是最典型的，但这种模式实现了土地确权证、农村土地合作社和土地产权交易所的有机结合，其中对于农地使用权抵押、土地合作社风险控制、农业保险机制等建立之尝试，都具有一定的借鉴意义。

（三）绍兴案例——土地信托流转模式

我国开展土地信托实践最具有代表性的三个地方是益阳、绍兴和沙县。绍兴土地流转模式的核心是村、乡、县三级的土地信托服务机构。三级土地信托机构由政府出资建立，发挥着土地流转信息平台和土地流转交易相结合的双重功能。其具体的运作机制是：村经济合作组织（村一级的信托服务机构）接受农户的剩余农地使用权委托，将包括土地位置、面积、类型、产权证等在内的详细信息汇总提交至乡镇一级的信托服务机构；乡镇一级信托服务机构登记各村土地流转信息，并建立独立的土地信托档案；县一级信托服务机构向社会共享各乡镇土地经营权流转信息，公开招揽土地经营者，大户及农业龙头企业等以招标方式获得土地经营权。处于核心位置的"土地信托中心"，其实是土地流转市场的中介机构，发挥着政策咨询、供求登记、信息发布、项目推介、鉴证指导、处理纠纷等多种功能。绍兴土地信托流转模式规避了政策盲区，规范了土地流转行为，也保护了农民的利益。以信托形式赋予了农地以资本的价值，增加了农民的财产性收入。

（四）吉林案例——土地收益保证贷款融资

土地收益保证贷款，即以土地使用权流转为基础，以农地未来收益作还款保证的土地权益贷款。在这一模式下，农户一般留1/3承包地继续耕作，将剩余的2/3用于贷款融资。贷款期限5年为限，通常1~3年，贷款利率统一在基准利率基础上上浮30%，较吉林平均水平低4.2个百分点。2012年8月，吉林最先开始实施土地收益保证贷款，是农地融资创新的全新模式。这一模式以地租理论为基础，依据《农村土地承包法》《物权法》等相关规定，由政府政策主导实施。截至2014年上半年，吉林省已有42个县启动工作，其中26个县为农户、家庭农场及专业合作社发放贷款总计10632笔4.9亿元。

土地收益权保证贷款的一般程序是：农户向物权融资公司转让经确权并取得土地使用权证的土地经营权，物权公司作为担保人，出具承诺函对农户贷款提供连带责任担保，农户以此为基础向金融机构申请贷款；金融机构经正常贷款程序审核后发放贷款；农户正常还款结束，物权公司和农户间的土地使用权转让合同随之解除，在无法正常还款时，物权公司会代替金融组织转让农户质押的农地，然后把转让所得用于偿还贷款农户所欠的本金和利息。本息完全清偿后，土地经营权会被重新归还给农户本人。

吉林农地金融模式的最大创新是政府出资设立的中介平台——物权融资公司。该公司主要有三项职能：一是中介职能，在农民与金融组织间建立资金供求的纽带，为农户向金融组织融资提供连带保证；二是农地流转手续的办理，包括农户正常以及未正常还款时对土地经营权的不同处理；三是依托村委会及乡镇资源，帮助金融机构进行贷前调查。这一农地融资创新模式借助物权融资平台，创造性地将土地要素与金融服务相结合，实现了土地经营权的权益资产化、资产契约化，解决了土地使用权的权益变现问题，土地经营权的担保权能得以实现。

（五）山东省德州市武城县——"项目池"模式

从全县新型农业经营主体中选择经营状况好、信誉度高的优质主体，通过优先给予涉农项目扶持和金融扶持等优惠政策，鼓励引导其加入"项目池"。农村承包土地的经营权抵押贷款的借款人在申请贷款时，从"项目池"中选择一家经营主体，签订"承接协议"。一旦产生风险或借款人无法还贷，其抵押的农地经营权由县农村综合产权交易中心收储，根据协议，由承接主体流转经营，续缴农户土地租金，实现经营权二次流转。同时，通过借款人转让收益，协商清偿贷款本息额度，解决抵押物处置难问题。

某大型银行三农业务负责人表示，由于"两权"抵押贷款的抵押物处置变现存在一定困难，其在实际操作过程中也作了两个"结合"：一是"两权"抵押与房产抵押、保单质押等方式相结合；二是"两权"抵押与财政担保基金相结合。这种组合担保的方式，既能为客户提供有效的增信措施，也能更稳妥地推进"两权"抵押业务发展。

为了增加"三农"贷款的可获得性，很多银行也在风险可控的前提下开拓一些新的担保和抵押方式。比如，针对一些农村规模化种养殖客户、新型农业经营主体和农村电商客户，引入仓单质押、核心企业担保、高端家庭成员担保等担保和信用贷款模式，解决"三农"客户缺乏抵质押物、找担保难的问题。

（六）联想控股成员企业翼龙贷

除了传统金融机构，不少互联网金融机构加速挺进农村金融领域，与传统金融机构相比，这些机构的机制更为灵活，是对现有农村金融服务体系的一大补充。以联想控股成员企业翼龙贷为例，该企业目前已在全国 200 个城市设立运营中心，覆盖超过 1300 个区县，10000 多个乡镇，部分网点已经延伸到村级。单是其覆盖保定市网上借贷业务的保定运营中心，就下辖了 24 个网点（24 个县市区），132 个乡镇网点，从业人员 395 人。

截至 2016 年底，翼龙贷已经为"三农"领域提供资金支持超过 200 亿元，其中 95% 以上的资金流向了种植业、养殖业的农民。针对农村征信缺失问题，翼龙贷在商业模式上首创以"线上信息撮合"与"线下风险防控"相结合的"同城O2O"模式，即在贷前对借款人进行家访，积累借款人完善的信用信息和项目可行性资料，结合互联网技术及大数据优势做出评估。目前，翼龙贷已开发出我国首款针对农民的线上金融服务 APP，在为农民提供便捷服务的同时获取农民的征信信息，有针对性地开展多级风控审核。

推进农业供给侧改革，主要目标是增加农民收入、保障有效供给，让城市消费者和农民实现双赢。而深入推进农业供给侧结构性改革，必须着眼农民、关注农民，让农民有活干、有钱赚。当下互联网既然能够改变人们的消费、沟通甚至投资的方式，同样也能改变农业。尤其是当更多的城里投资者与线下认真经营的农户联系在一起实现双向联动时，中国农村金融将迎来飞速发展。

（七）广东省清远市——"流转易"贷款

土地的确权是金融化的前提，但相关工作并非易事。金融机构缺乏推动土地确权工作的意愿和能动性，而地方政府在土地确权中也会遇到诸多难题。其中之一便是零碎化土地整合与纠纷。在国家扶贫改革试验区广东省清远市阳山县，土地承包经营权流转作为抵押担保的贷款产品——"流转易"贷款，以清远市阳山县政府为例，该县土地承包经营权流转作为抵押担保的贷款产品——"流转易"贷款，截至 2016 年 4 月末已累计发放金额 5285 万元。阳山作为广东省的贫困县，特点之一便是石灰岩土地零碎化问题严重。这其实在中国广大农村偏远贫困地区广泛存在。1981 年土地第一轮承包时，农户土地曾按照好、中、差和远、近等较为笼统的标准进行了分配。到 1999 年个人承包土地时，农户零碎化的土地并没有进行整合，每家每户平均拥有十多块细碎土地。这给县政府土地确权工作带来了极大困难，在整合与确权的过程中也引发了许多纠纷。目前金融机构试点"两权"抵押贷款较多的地区都是土地承包经营权确权登记情况较好的地区。而一些确权登记不完善的地区则使得金融机构试点"两权"抵押贷款无从下手。

（八）湄潭县"两权"抵押贷款试点

湄潭县"五定一控"的具体做法如下。

一是凭证定对象。通过法定凭证确定"两权"抵押贷款的对象，贷款对象主要为农户和工商行政管理部门（或主管部门）核准登记的企业法人、农民专业合作社或其他经济组织、个体工商户。重点审查土地承包使用证、土地承包经营权证、土地流转经营权证、宅基地使用证、房屋产权证、不动产登记证六证，凡是具有上述相关权证的贷款对象，均可按规定申请对应的"两权"抵押贷款。

二是察物定额度。通过察看抵押物进行价值评估确定贷款额度，抵押物评估包括金融机构内部评估和借贷双方协商评估。农户小额贷款主要由金融机构内部评估认定，农业经营主体贷款主要由借贷双方协商评估认定。县建立评估专家小组，由专家小组提出地上附作物一般产值和农村房屋交易价格意见书供金融机构参考。"两权"抵押价值的评估充分考虑承包经营权及租金实际支付剩余期限、流转价款、支付价款、地面作物的预期收入和市场价值等因素，并根据评估价值、借款人生产经营情况、偿还能力、贷款真实需求、信用状况合理确定贷款额度。贷款额度原则上不低于抵押物评估价值的50%，最高不超过70%。

三是问需定期限。根据借款人需求科学设定"两权"抵押贷款发放期限，银行根据借款人的实际情况协商确定合理的贷款期限，最短不少于3年。土地承包经营权抵押贷款期限最长为农村承包土地的经营权剩余年限或流转合同规定的流转经营权剩余年限的2/3，农民住房财产权抵押贷款期限最长不超过8年。

四是区别定利率。根据借款人资金的用途，区别不同情况确定贷款利率。抵押借款主要用于农业生产性、经营性和房屋维修改造等资金需求，包括购置农业生产机具、运输工具和生产配套设施，还包括农业资源保护、农产品经营加工、农业休闲等农业产业设施建设，也包括土地流转费用的支付等，贷款银行业金融机构坚持"三农"多予、少取、放活的方针，按人民银行公布的同期同档次基准利率执行，但对于非家庭成员担保借款和消费性借款，如购买小汽车、空调等，则按信用贷款利率执行。

五是业务定流程。根据金融机构贷款业务制定"两权"抵押贷款操作简易流程和规范，把业务工作流程予以固化。"两权"抵押贷款流程是贷款申请、评估、审批、抵押登记、发放贷款。申请贷款人需向贷款银行提供五方面的资料：第一，有效的土地承包经营权证、农村土地承包使用证、农村土地流转经营权证、不动产权属证书；第二，申请人身份证原件及复印件（申请人为法人还需要提供营业执照副本及加盖公章的复印件、法定代表人或负责人身份证原件及复印件）；第三，土地承包经营权人同意抵押的意见书和村委会同意宅基地使用权随农民住房一并抵押及处置的意见书；第四，地上附着物情况说明资料；第五，贷款银行要求的其他材料。

六是多措控风险。即采取多种措施防控因"两权"抵押贷款引起的金融风险。县人民政府出资6000万元，成立贵州湄潭祥农现代农业发展有限责任公司，为农村产权抵押贷款试点提供担保。县财政还出资500万元设立"两权"抵押贷款风险补偿基金，用于分担不可抗力造成的贷款损失。对于借款人确因自然灾害等因素造成还款困难的，在落实还款计划的情况下，借款人可申请办理贷款展期。当借款人未履行还款义务的，金融机构对抵押的"两权"及附着物，采取协议转让（变更）、协商收购、变现分割、依法诉讼的方式解决。

湄潭县"五定一控"的主要成效是：

一是解决农民贷款难问题。凡是具有土地承包使用证、土地承包经营权证、土地流转经营权证、宅基地使用证、房屋产权证、不动产登记证等证件的贷款对象，均可按规定申请相应贷款，实现了农村承包土地经营权及农民住房财产权无法抵押、农户贷款方式受限的突破。抵押借款主要用于农业生产性、经营性和房屋维修改造等资金需求，贷款银行业金融机构按人民银行公布的同期同档次基准利率执行。同时，实行金融机构内部评估和借贷双方协商评估的办法，免评估费，让评估既全面真实，又快速高效，减少了涉农财务成本，让农民贷款不再贵。

二是解决银行愿贷款问题。建立"两权"抵押贷款风险补偿基金和风险防范处置机制，使银行业金融机构的土地、住房信贷支持范围从城市延伸到乡村，从国有土地延伸到集体土地，深受群众欢迎。截至目前，湄潭农村商业银行、建设银行、村镇银行、农业银行和邮储银行共发放"两权"抵押贷款 622 笔，金额共计 1.65 亿元。

三是解决新型主体资金短缺问题。新型经营主体流转土地后，先期支付了大量的土地租金，同时开展土地整治和产业投入，均需要大量的流动资金。通过开展农村承包土地经营权抵押贷款试点，有 12 户新型农业经营主体获得了贷款支持，共发放贷款 4590 万元，解决了企业和合作社流转资金短缺问题，有效盘活了农村资源、资金、资产。遵义田家沟万花源旅游发展有限公司由于处于成长扩张期，前期投入大，有效资产大都进行了抵押，很难再办贷款，县农村商业银行对其进行全面评估，确定为贷款对象，以其流转的678 亩土地及附作物做抵押，发放贷款 3000 万元，解了企业发展的燃眉之急。

（九）金寨县农村"两权"抵押贷款试点

猕猴桃是金寨县的特色产业，引入了"两权"抵押贷款业务之后，金寨县将"两权"抵押贷款和特色产业增值联系起来，推动全县 9 家以猕猴桃为产业主体的农民专业合作社联合起来成立资金联合社，形成"农地抵押贷款＋资金联合社反担保"模式。一旦联合社内部的借款不能按期还款，其他成员可以按成本的一定比例资金接管，继续经营。这样保障了金融机构的资金安全，也避免了处理抵押物的成本问题，目前联合社还没有出现资金拖欠现象。

根据"三权分置"的指导思想,将农村土地的承包权和经营权分开,开发出《农村土地流转经营权证》,解决了新型农业经营主体在土地抵押流转时缺少他项权证的问题。由于金寨县也是全国的贫困县之一,扶贫开发工作一直是金寨县政府的工作重点。加入"两权"抵押贷款试点后,金寨县将宅基地改革模式运用到精准扶贫上,推出专项信贷产品鼓励贫困户进行异地搬迁,已为 400 户贫困户提供约 3000 万元的异地搬迁资金。

三、农村"两权"抵押存在的问题

(一) 抵押物的价值难以确定

1. 颁证标准不一。农村土地长期归集体所有,期间没有进行有效的流转和买卖,土地价值没有得到很好体现;农民住房分布范围广,地理位置、交通条件、发展状况千差万别。农村土地承包经营权和农民住房产权都没有形成完善的交易市场且交易不活跃,没有可供参考的对照物,虽然安排有关部门将测绘技术人员进行集中培训,并制定了统一的确权标准,但是在实施过程中还是因为土地的地形条件和人为误差而导致确权结果的差异,主观意愿成分较大,容易产生道德风险。且在"两权"抵押贷款业务中,金融机构往往凭借强势地位,倾向于就低估值,农村土地承包经营权和农民住房产权价值难以得到公允体现。

2. 资产评估体系尚未建立。农村土地产权评估要确定土地的价值,土地面积、土壤环境和农作物状况都在评估的范围之内。第三方评估机构、金融机构以及当地农委所评估标准不同造成的土地价值的高估或低估,会对农户或金融机构带来损失。土地价值被高估,金融机构发放更多的贷款,一旦借款人逾期不能还款,抵押物处理难度加大或者造成处理后价值不能弥补贷款损失,造成金融机构的风险。但是,一旦土地价值被低估,农户贷到的款项减少,农业发展资金流减少,影响农户贷款积极性,也不符合开展试点项目的初衷。

因为宅基地以及房屋的价值也要通过第三方评估公司的评估确定,所以农民私建的建筑物以及宅基地上方种植的农产品的价值认定标准是否统一,都会影响农民对于农房抵押贷款获得的贷款数额的认定。

（二）金融机构参与积极性低

主要原因在于金融机构面临的风险较大、资产流转变现难。目前的"两权"抵押贷款利率都较为优惠，基准利率上浮不超过 30%，那么，对于金融机构来说，资金提供获得的利润就比较少，同时还由于市场的不完善承担着贷款逾期的风险，开展"两权"抵押贷款就没有其他贷款具有吸引力。

一旦农户贷款到期时不能缴纳本息，金融机构就需要处置被抵押的土地。一是虽然各市县都建立了综合性的土地流转平台，但是还尚未健全。二是由于法律对受让人的规定较为严格，会出现土地承包经营权挂牌进入市场但是没有交易者接盘的情况，这样金融机构就承担了资产不能变现的风险。三是由于还没有正式的法律文件规定抵押贷款的抵押物的处置，所以一旦出现问题，金融机构往往变成最终责任的承担者，一方面不能按时还款出现坏账，另一方面抵押物流转不灵导致拥有的资产也不能变现，在这种情况下金融机构面临的风险还是太大。

对于农房来说，二手房的市场就更为狭窄。伴随着农房质量不高、所处地域分散的情况，不论是集体组织内部成员还是社会交易者来说，接手的价值都需要考量。特别是上面提到的碍于情面不能接手的道德因素，导致抵押物的市场比较差，资产变现难，金融机构面临风险较大。

（三）缺乏风险分担和补偿机制

农村土地承包经营权和农村住房抵质押贷款的发放对象多为农户、经营大户，贷款用途也主要是农产品生产、加工和销售等，但农业生产经营受自然条件和市场波动的影响较大，未来收益存在较大不确定性，而目前水稻、粮、棉、油、能繁母猪等农业保险水平太低，难以帮助农户有效抵御各种农业风险，一旦由于灾害出现歉收或农产品价格出现大幅波动，极易造成银行贷款风险，导致农村土地承包经营权和农村住房抵质押贷款风险居高不下，在缺少农村风险分担补偿机制，缺乏农业产业风险准备金、救灾补助、贷款贴息、政策性农业保险等扶持政策的情况下，金融机构往往心存顾虑、信心不足，发放农村土地承包经营权和农村住房抵质押贷款的主动性、积极性不高。

（四）农户申请贷款不积极

金融机构在宣传方面做得不到位，以至于相关的政策法规以及惠农的金融产品宣传不能普及到需要借款的农户。金融机构为了控制资金风险而设立了贷款门槛。一是营业网点少。就算农民有将土地进行抵押流转的愿望，也可能会因为附近没有相关办理业务的金融机构而放弃。二是流程复杂。虽然试点县当地建立了一体化的综合土地流转服务平台，但是除了抵押登记时能统一办理之外，还需要后续金融机构的评估登记等流程，那么对于急需资产的农户来说，复杂的办事流程可能会使他们望而却步。三是民间地下融资竞争。民间融资一直都是农村融资的常见渠道，类似于高利贷、私人间借款以及小额贷款公司等都是农民会选择的融资方式。虽然这些融资方式往往出现利率高、信用风险大、无担保物保障、易产生贷款纠纷等问题，但是，对于农户来说，融资时间短、融资成本低，是很好的资金应急的方式。

（五）相关法律法规不完善

我国《物权法》未对农村土地承包经营权抵押做出明确规定，只在第一百三十三条规定通过拍卖、招标等方式获得的荒地农村土地承包经营权可以用以抵押、入股。我国《担保法》则在第三十七条明确规定农村集体所有土地包括耕地、宅基地、自留地、自留山等都不能用以抵押。我国《农村土地承包法》也只对于"四荒地"的土地承包经营权抵押做了规定，对于家庭承包的农村土地抵押并没有做出具体规定。但是，总体来说，我国的法律体系并不支持家庭农地承包经营权的抵押方式，所以虽然这次的"两权"抵押贷款试点工作将《物权法》和《担保法》的相关规定暂停，但是其他应配套的法律条文还亟待完善。

同时，由于我国的国情复杂，各地都有其历史遗留政策，各地政府还需要发布针对性的政府文件做辅助。目前，对于《物权法》和《担保法》的约束还处在简单暂停的状态，金融机构也会因法律的不完善而导致不敢进行抵押贷款的发放，害怕出现坏账时没有约束文件作保障。所以在试点推行的过程中，农业发展、经济金融以及产权流转等出现的问题都可以作为参考，以完善法律系统的进程。

（六）政府保障机制不健全

对于"两权"抵押贷款的抵押资产，应设立政府主导的专业担保公司对其进行担保，同样也需要收储机构对逾期的抵押资产进行处理，但是各地标准不同也给抵押贷款的实施造成了很大难度。试点的县（区）都在当地建立了综合性的土地流转平台，所以更多的是在原本拥有的土地流转平台下建立抵押贷款子栏目。

在财政支持方面，首先，由于试点时间短，各项任务都需要财政的支持才能进一步进行尝试；其次，由于"两权"抵押贷款涉及的部门较多，可能会出现权力交叉的区域，导致农户办理业务时手续复杂；最后，相关部门对于评估机构和其他部门的登记结果是否有对应的资格认定，都会造成"两权"抵押贷款的流程复杂而引发的纠纷。

四、我国农村土地流转与"两权"抵押中金融支持的路径选择

(一) 构建农地流转金融组织体系

1. 构建专门的农村土地使用权抵押贷款机构。借鉴各国成功和成熟的经验，并将其与我国农村实际情况相结合，在当下确实有建立全国统一的专门性农村土地使用权抵押贷款机构的必要。对于我国来讲存在两种方案来解决这一问题：一是增设新的专门负责农村土地使用权贷款业务的政策性银行；二是在农业发展银行的业务中专设负责该业务的部门，总括农村土地贷款业务。两种方案之间从实施难度上来讲，第二种更加简便。原因有以下三点①农业发展银行是已存在的农业政策性银行，与农村合作社、农商行、邮政储蓄银行的关系相对密切，新的业务开展不需要更高的初始投入；②农业发展银行本身专司三农问题，对于解决三农问题有独到经验，利用该平台可以使工作快速展开；③农村土地流转业务刚刚开始试点，各方面配套制度相对不成熟，需要政府在各个方面进行扶持，因此利用存在时间相对较长的农业发展银行作为平台有利于新业务的孵化成长，在合适时机可以再行独立。

2. 农村土地流转平台与县域金融机构的对接。全国性的专业农地流转机构及其一整套体系在短时间内是不会出现的，但是，为了满足现实需要和未来全国性平台的构建，按照分区试点的方式可以将现有的地区性土地流转平台与当地县域金融机构实现对接。可以通过将农村的县域内农地合作组织、地区性土地流转平台与县域农村金融机构进行对接，将这种组合构成一个相对小范围的农地流转与融资体系，起到信息共享、流转配对、抵押融资的全流程作用。如"土地合作社＋土地产权交易所＋村镇银行"模式，"土地股份公司＋土地信托公司＋小额贷款公司"模式、"农户或村委会＋土流网等互联网土地流转平台＋农村信用合作社"模式。组合方式可以通过实际操作

进行探索，但本质都是相同的：①需要有机构（村委会或是县域土地整合机构）将本区域内的离散土地进行整合集中，将这些土地的相关信息上传土地流转平台；②土地流转平台作为中间商与承包人进行配对，收集农户信息为其进行担保并为土地估价进行准备；③金融机构根据平台的评价，对农户进行发放贷款的工作。

（二）完善农地价值认定体制

对于确权颁证人员制定统一的标准，除集中培训之外，还能制定统一的指导文件作为实际参考，经验再丰富的人员光凭经验评估还是会出现误差。若出现争议较大的土地，上报至县级统一处理。增加对于农村土地确权的经费投入；培养专业的测绘技术人员；对于农民加大宣传力度，消减其对土地确权的误解；建立统一的政府主导的评估公司，统一评估标准，同时减少金融机构在这方面的成本。推动土地确权与颁证。统筹各方力量，加大资金、技术、人员投入，推进农村土地权益确权工作。摸清农村各类土地现状，建立土地管理台账，锁定现状，并实现动态监管。明晰集体土地所有权的主体、行使代表和成员资格，完善集体土地处置和收益权能，细化集体土地用益物权，赋予农民更加充分而完整的土地承包经营权、宅基地使用权，并颁发统一的农村土地承包经营权、使用权证书和房屋所有权证书。

（三）建立高效的农村产权抵押品处置程序

农村产权抵押品处置效率不高的关键是难以在短时间内找到合适的产权受让人。因此，可以考虑，一是扩大权益受让人范围。在赋予集体经济组织或其成员优先购买权的前提下，允许区域符合条件的其他集体经济组织及其成员、其他法人、自然人和专业合作社作为受让方。二是建立农村土地回购托底制度。由地方政府牵头设立农村产权抵押融资回购基金，在缺少合格受让人或无法实现抵押产权转让处置的情况下，由政府对抵押产权进行收购，以提高抵押物的处置效率。

（四）创新农地流转金融支持的产品与服务

突破农地流转的金融排斥障碍，除了建立专业金融机构，打通信贷资金流通渠道，还需要有金融产品和服务作为载体。

1. 允许金融机构试点农地使用权抵押贷款业务。该业务的核心在于对土地使用权的分割利用，自政府放开使用权抵押融资之后陆续在四川、山东等地开展试点。试点的形式都是进行权利的分割，将土地使用权所带来的承包经营权、未来收益权和流转收益权进行分割，作为获取抵押贷款的担保之物，并以此为基础开展多种抵押贷款业务。其中吉林省的土地收益权保证贷款最值得借鉴，农户把土地承包经营权证转让给物权融资公司，该公司充当担保人，以农地未来预期收益和物权公司做双重担保，向金融组织贷款。由于试点刚刚开始，我国开展这种抵押贷款业务的经验还很缺乏，因此，产品业务种类还相对较少，覆盖地区范围也仅仅涵盖试点区域。鉴于该业务的优势可以加大试点范围，利用更加创新性的业务来丰富产品内容，满足县域经济发展的实际需要。利用土地经营收益权质押、土地经营权的农户联保、产业链上的企业进行担保等方式创新土地使用权抵押融资的手段与路径，从金融方面支持县域经济的健康发展。

2. 积极开展土地信托流转业务。我国土地信托机构的行政化和中介性突出，这些特性并不利于提高我国农村土地流转的效率，因此，需要发挥市场在资源配置中的核心作用，将商业性的土地信托机构发展列为农村土地流转体系的重要组成部分。国外一般的土地信托经营方式是把土地所有者作为委托人将土地委托给信托公司，信托公司作为代理人以委托人利益最大化为目标利用土地所带来的现金流为委托人赚取利益。我国与境外不同之处在于我国利用的是使用权而非所有权，因此，信托公司所接受的委托也是土地使用权范围内的权利，除此之外无本质性区别。当然引入信托企业对于农户来讲也存在隐性的收益，通过信托的商业化经营方式，农户所掌握的使用权在一定程度上得到了信用方面的提升，反映在价值上也得到了提高，这对于构建土地流转体系具有积极作用。

3. 创新土地证券化产品。既然有信托，那么资产证券化也是必然之举，从境外经验来看信托和资产证券化有着很深的联系，信托大多通过资产证券化提升其在二级市场中的流动性。在我国也存在着农村土地使用权的资产证券化：一是土地入股（东平模式）；二是"地票"（重庆模式）。前者是将确权完成的土地经营权资产证券化并进行等额分割，以此作为流动资产入股土地合作社或是有潜力的县域企业，后者以农村—城市建设用地置换，以农村土地入股到城市土地的经营过程中。但是，这也仅仅是我国在农村土地资产证券化道路中的小小尝试，在很多方面还远远不足。在资产证券化过程中，我国还缺乏最为流行的主体 SPV 公司的参与。资产证券化大部分以成立 SPV

公司的方式进行资金运用获取收益，通过将农户的经营权出售给 SPV，SPV通过其他第三方机构对权利所形成的债券进行增级并出售，利用筹集资金对发展县域经济具有重大意义。SPV 方式的缺乏也说明，在构建农村土地流转体系的过程中，我国还有很长的路要走，相关的第三方机构还需要下大力气进行完善。

4. 互联网金融与农村土地流转体系的结合。互联网金融作为"互联网＋"与金融结合的代表在当下发展非常迅速，在农村土地流转领域互联网金融也不甘示弱，互联网平台的出现将地域限制打破，且为加速农村土地流转提供了一个选择。并非只有互联网平台成为土地流转的新事物，互联网金融的方式也进入土地流转过程中。P2P、众筹等互联网金融融资手段也成为土地流转过程中融资的手段，同样具有互联网特点，具有资金供给需求的小额、高息、跨地区匹配等特点。将连接优势、信息优势与资金融通上的优势相结合，不可否认互联网金融与农村土地流转的结合具有显而易见的优势。将土地流转平台与互联网金融进行对接将大大提升农村土地流转的便捷性，通过网络平台可以提升土地使用权发包者与承包者之间的配对成功率，通过平台互联网金融的对接可以绕过间接融资途径利用社会资本进行便捷的直接融资，扩宽了融资的范围，也在一定程度上降低了融资风险。当然，这种方式也存在着缺陷，在监管体系的构建上存在着技术难度，需要结合线下的力量监管线上行为，与此同时，线下监管人员的责任变得很重要，这为监管埋下了一定的隐患。

（五）构建农地流转的风险补偿体系

农村土地使用权信贷的风险具有特殊性，必须建立完善的风险补偿机制以确保金融机构的权益。

1. 建立农地流转信贷补贴机制。农村土地流转与信贷融资具有很强的相关性，由于县域经济发展的特殊性注定在进行土地使用权融资过程中需要政府扮演很重要的角色来补充市场不足的部分。根据境外成功经验与信贷补贴理论等农村金融理论，可以有三种方式来进行信贷补贴：一是政府提供资金，委托专门机构或是代理机构将信贷资金以相对低的利率进行发放，而利息收入归机构所有；二是鼓励现有县域金融机构承担农地流转业务，而政府根据业务开展的数量给予机构以补贴；三是给予办理农地流转业务的农户或是企业以补贴。

2. 构建以政府为核心的农业保险体系。在农地流转信贷体系的构建中存在着一个巨大风险，农地流转信贷在现金流中最为重要的部分是利用农地经营权所获得的收益，但是这部分收益的现金流却存在着相当大的不确定性。这也是土地流转信贷令大多数商业信贷机构望而却步的理由，这从另一侧面反映了我国农业保险体系在建设上存在着很大的欠缺。在这方面我们可以借鉴美国的经验，构建一个政府主导的三级农业经营保险体系。①建立一个总括性的掌管农业保险的监管组织，其作用主要是进行农业保险机构的掌管与相关的风险控制，负责全国农业保险的顶层设计、划定经营范围。该机构不进行具体的保险设计，只为该行业设立"条条框框"，因为农业保险具有很强地域性需要因地制宜。②大型商业农业保险机构，他们是农业保险体系中最重要的实施参与者。政府应该结合信贷补贴政策给予该机构适当的补贴。③基层农业保险合作社等基层保险参与者。这三个层次是相互依赖、相互补充的关系，对于不同规模的农业经营风险进行准备，这对于农地流转信贷的发展起到了很大的推动作用。因为有该体系的风险防范，融资机构所承担的风险明显降低，这对于县域经济发展起到了积极作用。

3. 设计农地金融的专项担保机制。担保机制与保险体系都是农地使用权信贷融资过程中重要的第三方力量。建立专门的担保机制可以加强对于不合规申请者的排除，也有利于降低金融机构所面临的风险。尤其根据我国实际情况，信贷的担保机构多为政府主导成立的相关担保机构，为此需要制定严格合理的担保机制。另外，根据农地流转信贷的特征，作为担保的标的物的选择相对单一，因此，有必要建立专项担保机制来合理应对担保相关事项。建立基于地方政府的专项担保公司有利于借助对地方经济发展情况、产业分布特征、人员组成的了解程度方面的优势，将担保与信贷风险双双降低。这种因地制宜地实施的担保体制值得在全国推广，是农地信贷体系中的重要组成部分。

4. 建立"两权"抵质押贷款风险补偿和分散机制。一方面，强化风险补偿。由省、市、县三级政府按比例出资建立风险补偿基金，明确各方风险分摊比例，在"两权"抵质押贷款发生违约、金融机构实现抵质押权较困难时，实施抵质押物收购或对金融机构进行贷款风险补偿，弥补参与"两权"抵质押贷款试点金融机构可能出现的处置亏损和不良贷款。另一方面，积极分散风险。引导和鼓励保险部门适时在现行法律法规的框架内，开设"两权"抵质押贷款保险品种，以分散金融机构发放"两权"抵质押贷款的风险。加快成立新型农业信贷担保机构，推出针对"两权"抵质押贷款的融资担保业务，分担贷款风险。

要实现金融对农地流转的有效支持，除了完善农地流转的金融组织与产品体系、建立农业保险及风险补偿机制之外，还离不开政策法规、土地确权、土地产权评估机制等金融生态环境的改善，关于金融生态环境的改善需要进一步探讨。

结语：土地流转是实现农民身份转移、逐步城镇化、盘活农村经济的重要环节。随着新农村建设的加速推进和各种农业新型主体的出现，"三农"信贷金融服务的需求不断增加，推动农村金融创新已成为大势所趋。其中，"两权"抵押贷款试点作为盘活农民固定资产的新举措，对农村土地金融改革以及农户融资渠道的开拓都有着重要的意义。但目前我国在两权抵押贷款方面仍存在着资产评估难度大、流转变现困难、金融机构参与积极性低、农户申请贷款不积极、相关金融法规不完善等问题。因此，为更好地推广试点经验、激活乡村沉睡的资源的关键就在于，协同推进农村土地产权制度、农村土地管理制度、农业保险制度、农村金融政策和金融风险管控措施的改革创新。

第六章 基于改进 TOPSIS 法新型城镇化质量评价

一、我国城镇化质量研究的背景

2014 年 3 月 16 日，党中央出台《国家新型城镇化规划（2014—2020 年)》，这标志着新型城镇化已经成为我国城镇化的指导思想，在随后 12 月份的中央经济工作会议中指出，要重点实施"一带一路"、京津冀协同发展、长江经济带三大战略。由此可见，处于京津冀一体化中特殊位置的河北省和长江经济带战略中中部和西部重要省份的湖北省和四川省，如何在新的经济社会环境中加快推进新型城镇化的发展至关重要。

从发展水平来看，2016 年我国的城镇人口比重已经达到了 57.35%，而河北省城镇化率为 55.32%，低于全国平均水平，而北京市城镇人口已经占到了 86.5%，远远超过全国水平，天津市城镇化率也达到了 82.93%，加快河北省城镇化进程既是河北省自身发展的需要，也是京津冀协同发展的内在需要。四川省 2016 年城镇化率也仅为 49.51%，在全国排名 24 位，因此，如何推进以四川省为代表的西部地区城镇化也任重道远。湖北省城镇化水平则相对较高，领先于中部地区，达到 58%，但是也仅略微高于全国水平，因此，如何推进以湖北省为代表的中部地区新型城镇化也具有重大的研究意义。为了避免国内外城镇化进程中的错误发展路径，我们需要一个科学有效的评价体系来引导城镇化建设。

当前的城镇化指标是从人口数量上衡量城镇化，然而城镇化不仅仅是人口的转移，美国当代经济学家弗里德曼认为对城市化的描述应该囊括人口、地域、生活方式和价值观念的转变。因此，有关城市的空间结构、人民生活、经济增长等其他方面的不同都应录入城镇化水平的评价体系中。同时，我国的城镇化建设还有其自身的特点，我国的新型城镇化是以人为本、可持续发展的城镇化。它要求我们实现人口、经济、社会、环境、文化等的全面协调发展。我国学者对于城镇化发展的质量也一直给予很多关注，其研究主要通过理论定性评价与模型指标定量评价两种方式进行的，本章旨在通过 TOPSIS 评价方法，建立我国新型城镇化水平的定量评价体系，将经济发展、居民生活、资源环境等作为城镇化质量指标同城镇化率的数量指标结合，通过赋权加总打分的方式评价各地城镇化水平。

二、模型选择

TOPSIS（Technique for Order Preference by Similarity to an Ideal Solution）评价法由王等（C. L. Hwang & K. Yoon）于 1981 年提出，其基本思想是，根据有限个评价对象与理想化目标的接近程度进行排序，从而得到各个评价对象的相对优劣程度。TOPSIS 法是多目标决策分析中一种常用的有效方法，又称为优劣解距离法。

其计算方法如下。

1. 设有 m 个评价对象，每个评价对象有 n 个评价指标，则有一个评价指标矩阵 A_{ij}，其中，第 i 个评价对象的第 j 个指标为 a_{ij}。

2. 对评价指标矩阵 A_{ij} 进行标准化，指标标准化的方法较多，本章不存在负向指标和负数，因此，采用公式进行标准化，得到标准化评价矩阵 B_{ij}，其中第 i 个评价对象的第 j 个指标 b_{ij}。

$$b_{ij} = a_{ij} = 1ma_{ij} \qquad (6-1)$$

3. 通过熵值法求出指标权重矩阵，记为 W_j，求出加权标准化矩阵，$Z_{ij} = W_j \times B_{ij}$，其中，第 i 个评价对象的第 j 个指标为 z_{ij}。

4. 计算各个研究对象与正理想解和负理想解的相对贴进度。其中第 j 个指标的正理想解和负理想解分别为 z_j^+ 和 z_j^-，即：

$$z_j^+ = \max(z_{1j}, z_{2j}, z_{3j}, \cdots, z_{mj})$$
$$z_j^- = \min(z_{1j}, z_{2j}, z_{3j}, \cdots, z_{mj})$$

接下来计算每个研究对象到正理想解的距离和到负理想解的距离：

$$D_i^+ = \sqrt{\sum_{j=1}^{n} (z_{ij} - z_j^+)^2}, (i = 1, 2, \cdots, m)$$

$$D_i^- = \sqrt{\sum_{j=1}^{n} (z_{ij} - z_j^-)^2}, (i = 1, 2, \cdots, m)$$

最后根据每个研究对象到正理想解的距离和到负理想解的距离，计算每个研究对象接近于理想解的相对贴进度：

$$C_i = D_i^- / (D_i^- + D_i^-)$$

其中 $0 \leqslant CI_i \leqslant 1$，$i = 1$，$2$，$\cdots$，$m$。

如果研究对象与正理想解重合，则等于 1，此时说明该评价对象每一项指标均贴近与最优；如果研究对象与负理想解重合，则等于 0，说明该研究对象每一项指标均贴近于最差。因此，相对贴近度可以作为评价对象的得分，并依据此进行排序。

三、实证分析

（一）指标的选取

从新型城镇化的特征可知，对新型城镇化水平的测定不同于以往的城镇化水平评价，它不再把城市人口比重作为单一的评价指标，而更加注重城镇化综合指标的优劣。城镇化的发展度可以概括为三个部分，即人口城镇化、经济城镇化、和生活方式的城镇化。

城镇化的核心是农村人口向城市人口的转移，其发展程度可选用城镇人口比重这一指标加以衡量。但是，由于城镇人口数据难以统计，因此，仍沿用常用指标城市人口比重作为替代。

城镇化的实质是农村文明向城市文明的转化，其最根本的表现是经济关系的转变，主要表现为经济水平的提高，经济结构的优化，经济效率的提高和经济拉动力的多样化。人均国内生产总值（GDP）是用来衡量经济实力和发展水平的常用指标，比较适合用以度量城镇经济的当前水平。另外，城镇发展与第三产业发展之间存在着良性的互动，第三产业的发展会提供更多的就业机会，是劳动力向城市转移的主要拉动力，同时也能为城镇的发展提供更好的服务和支持，有利于城镇化的后续发展，因此，在经济结构的指标选取上，应对第三产业给予更高的重视。随着城镇化水平的提高，投资环境更加宽松，城镇经济与外界的联系也会逐步加强，因此，在衡量城镇化的经济拉动力时添加了外资实际投资额与 GDP 比例这个指标。

城镇化过程中的人口转移不仅是空间位置的变动，更多的是生活方式的转变、生活品质的提高，因此，应从交通、通信、居住等基本建设，基础教育、医疗等需求，以及由消费、收入衡量的生活水平三方面，衡量城镇化在生活方面的发展程度。

城镇化建设是人类发展进步的重要环节，不应只关注城镇化建设当前的发展实力和发展速度，还需要关注城镇的发展潜力和发展持续度；不仅要关注静态指标，还需关注动态指标。因此，新型城镇化水平不仅需要衡量发展度还需要评价其发展的持续性。

城镇化水平的持续度是指当前的城镇化发展程度能够持续并且不会损害其未来发展的能力。城镇化是一个自然和社会相互作用、协调发展的复杂进程。自然资源禀赋和生态环境是影响城镇持续发展的自然基础，城镇的人口、经济、生活水平的提高必须与自然因素相互适应。不顾自然因素的制约盲目地扩大城市人口、片面地追求经济发展、强硬地扭转生活方式也许可以取得短暂的成就，但却不能谋求长远的发展。因此，在衡量自然对城镇化发展的支撑度时，选取自然禀赋和生态环境两个指标。

社会因素比自然因素更加复杂，城镇化的持续发展更加需要社会基础的支撑。经济的持续增长是城镇发展的根本，衡量其持续性的标准离不开经济增长的潜力，这种潜力又可以概括为经济集约化程度和通过科技创新能力对经济增长质量的提高。另外，城镇化进程不仅能吸引农村人口向城市集聚，同时还是城市文明对农村文明的辐射，衡量城镇化质量不仅需要考虑城镇自身的进步，还需要考虑城乡的协调发展，乡村的进步与发展是城镇化的后备力量，因此，需要选取多方面指标来衡量城乡差距。同时社会保障制度的健全、衔接和升级对保障社会公平、促进社会安定至关重要。综上，社会对城镇化健康发展的支撑性主要通过科技能力、经济集约化、城乡差距、社会保障四个指标来衡量。

城镇化质量指标体系共分 A、B、C、D、E 五层指标，其中，E 作为最末级指标，可以直接获取统计数据。根据改进 TOPSIS 法可以求得 13 个 D 级指标的相对得分，具体数据在 0~1 之间，数值越高，该项得分越高，乘以相对应的权重可以得到 C 级指标得分，再乘以相应权重得到 B 级指标得分，最终得到新型城镇化效率总得分。

C、D 两层指标都无法直接获取有效的数据，很难通过客观赋权法对其赋权，因此，这两级指标依据其重要程度、数据的可靠性以及指标间的相关性，采取主观赋值的方法来确定比重。B 级指标包括发展度和持续度两个指标。在推进新型城镇化进程中，发展仍是第一要务，而持续性是继续发展的保障。城镇化指标体系中，发展度应占有更大比例，因而赋予其 0.6 的权重，持续度占据 0.4 的比例。C 级指标对应发展度和持续度两大系统。发展度下包含人口、经济、社会三个指标。人口比重这个指标受历史因素、统计因素、发展需求等因素的影响，单独作为城镇化的评价指标已经不合时宜，但是作为世界通用的官方考核指标，仍然在考核指标体系中占据重要地位，应赋予其较大的比重（0.5）；经济发展是居民生活质量提高的基础，经济城镇化的权重（0.3）应大于生活城镇化的权重（0.2）。持续度下包含自然和社会两个指标，城镇化的过程更多的是社会性的活动，因此对社会环境的依赖重于自然环境，并且自然类指标数量较少，考虑到误差减少其比重，从而赋予社会指标权重 0.7。D 级指标具体权重赋值思路同 B、C 级指标权重赋值思路相同，不再具体分析。最终 A、B、C 级指标具体赋值见表 6－1。依照这个思路，新型城镇化质量评价体系如表 6－1 所示。

表 6－1 新型城镇化质量评价体系

A	B	C	D	E
新型城镇化指标体系（A）	发展（0.6）	人口（0.5）	人口（1）	城市人口比重
		经济（0.3）	经济水平（0.35）	人均 GDP
			经济结构（0.25）	三产产值比
				三产就业比
			经济效率（0.2）	规模以上工业化率
				流动资产产值率
				固定资产产值率
			经济动力（0.2）	经济系数
				固定资产投资增长率
				社会消费品零售额增长率
				外资依存度
		生活（0.2）	交融通信居住（0.3）	市辖区人均城市道路面积
				市辖区人均公共汽车
				市辖区人均拥有出租车
				移动电话普及率

续表

A	B	C	D	E
新型城镇化指标体系（A）	发展（0.6）	生活（0.2）	交融通信居住（0.3）	每万户移动电话用户数
				排水管道密度
				市辖区人均住房用地面积
			教育医疗（0.3）	人均教育财政支出（元）
				人均中小学专任教师数（人）
				人均公共图书馆藏书（册/人）
				人均人拥有医生数（人/人）
				人均卫生机构床位数
			生活水平（0.4）	城乡居民人均储蓄额
				人均收入水平
	持续度（0.4）	自然（0.3）	自然（1）	人均供水总量（吨）
				人均土地面积（平方千米/人）
				人均供气总量（人工·天然气）（立方米）
				人均绿化面积（公顷/人）
		社会（0.7）	科技创新（0.2）	财政科教支出占财政支出比
				万人均专利授权量
			经济集约化（0.2）	万元产值废水排放量（吨）
				万元产值 SO_2（吨）
				万元 GDP 工业烟尘
			城乡差距（0.4）	非市辖区人均 GDP/市辖区人均 GDP
				农村城镇人均可支配收入比值
				非市辖区与市辖区人均固定资产投资额比值
			社会保障（0.2）	基本养老保险覆盖率
				基本医疗保险覆盖率
				基本失业保险覆盖率

（二）研究对象、指标和数据处理

为了使得研究更能反映中国总体国情，选取河北、湖北、四川三省地级城市作为评价对象，作为典型代表省份对三省地级市城镇化效率进行评价，选取了石家庄市等 39 个地级市，搜集了各市的 E 级指标。在年份的选取上，选取 2016 年数据。用于计算平均指标的分母为年末总人口。另外，由于城镇的数据难以获得，因此，采用与其地理范围重合率较高的市辖区近似替代。同理，部分乡村数据以非市辖区近似替代。由于部分地级市 2016 年数据尚未公布，存在数据缺失，为了保证横向可比性，经济集约化一项所有数据采用 2015 年数据进行评价，其余项指标仍采用 2016 年数据进行研究。各指标数据的选取主要来自于《中国城市统计年鉴（2017）》《中国城市统计年鉴（2016）》和河北、湖北、四川统计年鉴，各市统计公报。根据测算结果，对三省 39 市的评价得分如表 6-2 所示。

表 6-2　　　　　　　　TOPSIS 法分析评价模型运行结果

城市	人口	经济	生活	自然	社会	发展	排名	持续	排名	总分	排名
石家庄	0.711	0.548	0.660	0.084	0.356	0.652	4	0.247	11	0.490	5
唐山	0.704	0.555	0.754	0.075	0.408	0.669	3	0.275	5	0.511	3
秦皇岛	0.564	0.612	0.593	0.110	0.516	0.584	6	0.354	2	0.492	4
邯郸	0.538	0.330	0.299	0.010	0.299	0.428	12	0.184	22	0.330	12
邢台	0.359	0.356	0.286	0.077	0.242	0.344	23	0.176	26	0.277	23
保定	0.333	0.320	0.397	0.025	0.220	0.342	24	0.142	35	0.262	26
张家口	0.501	0.407	0.402	0.003	0.235	0.453	11	0.142	36	0.329	13
承德	0.332	0.432	0.394	0.024	0.319	0.374	19	0.201	16	0.305	18
沧州	0.316	0.478	0.463	0.045	0.165	0.394	16	0.117	39	0.283	22
廊坊	0.586	0.491	0.709	0.120	0.329	0.582	7	0.246	12	0.448	7
衡水	0.384	0.417	0.344	0.017	0.244	0.386	17	0.153	32	0.293	21
均分	0.485	0.449	0.482	0.054	0.303	0.474		0.203		0.365	
黄石	0.720	0.374	0.249	0.091	0.368	0.522	9	0.257	7	0.416	9
十堰	0.499	0.381	0.302	0.008	0.294	0.424	13	0.179	24	0.326	15
宜昌	1.000	0.566	0.521	0.045	0.464	0.774	1	0.296	4	0.583	2
襄阳	0.679	0.492	0.336	0.027	0.348	0.554	8	0.220	13	0.421	8
鄂州	0.805	0.502	0.253	0.002	0.425	0.603	5	0.256	8	0.464	6
荆门	0.561	0.450	0.232	0.050	0.279	0.462	10	0.188	21	0.352	10
孝感	0.572	0.320	0.181	0.019	0.308	0.418	14	0.192	18	0.328	14

续表

城市	人口	经济	生活	自然	社会	发展	排名	持续	排名	总分	排名
荆州	0.518	0.341	0.180	0.063	0.225	0.397	15	0.160	30	0.303	19
黄冈	0.191	0.271	0.202	0.060	0.162	0.217	34	0.121	38	0.179	37
咸宁	0.446	0.433	0.151	0.071	0.225	0.383	18	0.164	28	0.295	20
随州	0.391	0.361	0.141	0.013	0.221	0.332	25	0.138	37	0.254	27
均分	0.580	0.408	0.250	0.041	0.302	0.463		0.197		0.356	
自贡	0.337	0.452	0.137	0.044	0.290	0.332	26	0.192	19	0.276	24
攀枝花	0.864	0.500	0.560	1.000	0.607	0.694	2	0.764	1	0.722	1
泸州	0.436	0.332	0.237	0.205	0.227	0.365	20	0.218	14	0.307	17
德阳	0.352	0.437	0.240	0.267	0.365	0.355	21	0.326	3	0.343	11
绵阳	0.349	0.390	0.276	0.093	0.357	0.346	22	0.251	10	0.308	16
广元	0.117	0.391	0.185	0.036	0.318	0.213	35	0.205	15	0.210	33
遂宁	0.267	0.273	0.094	0.024	0.299	0.235	32	0.189	20	0.216	31
内江	0.257	0.347	0.112	0.022	0.285	0.255	29	0.180	23	0.225	9
乐山	0.322	0.373	0.265	0.069	0.282	0.326	27	0.197	17	0.274	25
南充	0.204	0.353	0.206	0.025	0.256	0.249	30	0.164	27	0.215	32
眉山	0.100	0.370	0.232	0.022	0.232	0.207	36	0.148	34	0.184	35
宜宾	0.255	0.313	0.172	0.035	0.243	0.256	28	0.160	31	0.217	30
广安	0.000	0.458	0.195	0.008	0.242	0.177	37	0.148	33	0.165	38
达州	0.118	0.414	0.185	0.010	0.265	0.220	33	0.163	29	0.198	34
雅安	0.168	0.372	0.217	0.021	0.429	0.239	31	0.266	6	0.250	28
巴中	0.010	0.334	0.134	0.010	0.415	0.132	39	0.253	9	0.180	36
资阳	0.042	0.368	0.052	0.002	0.294	0.142	38	0.177	25	0.156	39
均分	0.159	0.362	0.170	0.023	0.295	0.222		0.186		0.207	

四、新型城镇化总体发展水平评价

根据表6-3中新型城镇化评价结果，河北省在新型城镇化发展水平得分最高，湖北省排名第二，但得分与河北省仅存在微弱差距，四川省排名第三并且与河北和湖北省存在较大差距，说明三省新型城镇化水平差异明显。

表 6 - 3　　　　　　　　三省新型城镇化化水平平均得分

省份	人口	经济	生活	自然	社会	发展	持续	总分
河北	0.485	0.449	0.482	0.054	0.303	0.474	0.203	0.365
湖北	0.580	0.408	0.250	0.041	0.302	0.463	0.197	0.356
四川	0.159	0.362	0.170	0.023	0.295	0.222	0.186	0.207

从持续度来说，三省之间的总体水平相差不大，平均得分在 0.2 左右。从发展度来看，四川省则和河北、湖北存在较大差距。这说明三省尽管在总体新型城镇化水平上存在较大差异，但是在自然环境得分和社会发展方面差距不明显。对于河北和湖北来说，经济发展过程中面临的生态恶化和社会不公等问题较为严重，城镇化过程中可持续性不足，因此应该更为重视经济发展中的生态问题和社会问题，四川省则存在经济发展滞后问题，需要大力发展经济，促进新型城镇化水平的提高。

河北省的经济城镇化和生活城镇化得分存在优势，这得益于河北较好的工业基础和较为均衡的城市发展格局。湖北的优势则在于较高的城镇人口比率，但由于"一主两副"过于强势，导致除武汉、宜昌、襄阳之外的其余地级市竞争力不足。四川大部分地区属于欠发达山区地带，城镇化条件较差，人口城镇化水平远低于河北和湖北两省份。因此，对于三省来说，推进城镇化进程要综合考虑各省的优势和不足，根据省情和发展阶段出台合适的政策。

五、新型城镇化协调性评价

新型城镇化评价指标体系包括发展度和持续度两大系统，通过对两大指标进行相关分析，可以对城市城镇化中的协调性进行分析。

通过分析，发现在所有城市各个指标之间总体存在以下特点：一是新型城镇化水平发展度得分与持续性得分之间存在背离，两者相关系数为 0.522，说明在长期的唯 GDP 论思想的导向下，城镇化进程中，政府更多地注重城市规模的扩大和经济增长，对生态环境和社会发展的重视度不足。二是发展度得分与持续性得分的偏离主要是因为发展过程中生态环境恶化所致，在相关度方面，发展度与社会发展度得分相关性为 0.372，为中度相关，与社会得分相关度为 0.554，说明在城镇化进程中，生态环境恶化是当前面临的主要问题。三是三级指标中经济城镇化与社会城镇化相关度最高，为 0.719，说明经济发展水平提高的同时，城镇居民生活水平方式也得到同步改进。

根据发展度和持续性的协调性，湖北省的协调度在三省之中最高，发展度和持续度得分的相关系数达到0.956，通过散点图也能发现湖北省发展水平高的城市也是持续性较强的城市，宜昌市在湖北省中得分排名第一，其发展度和持续性在所有地级市中排名第一和第四。河北省的发展度和持续度也基本呈现相关，相关系数为0.76，唐山、石家庄、秦皇岛等经济强市也是持续性较强的地级市，邯郸、衡水等市经济发展水平低，持续性也明显不足，通过散点图，可以看出两大指标之间存在一定程度上的偏离，说明河北部分城市在城镇化过程中存在持续性不足的问题。在攀枝花不参与计算的情况下，四川省其他所属地级市两大指标之间的相关系数仅为0.458，远远低于河北省和湖北省，从散点图也可以看出四川省地级市发展度和持续度之间呈现无序状态。具体如图6-1所示。

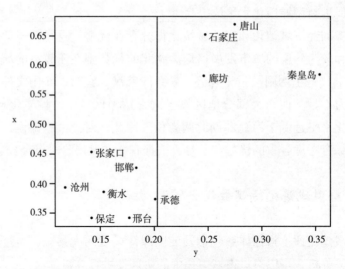

图6-1 河北省发展度和持续度关系的散点图

在河北省的评价得分中，河北省发展度和持续性两个要素存在偏离，具体包括以下原因：一是经济集约化程度较低。在所评价的39个市中，河北省有6个地级市经济集约化程度排名在20位以上，河北省发展水平高的石家庄、唐山、秦皇岛在总排名中分别占据第五、第三、第四位，但是经济集约化程度排名仅为31位、18位、38位，经济粗放式发展限制了河北省的可持续发展。二是科技创新能力不足。在所有地级市中，邯郸、保定、张家口、承德科技创新排名均在30名之后，科技创新方面的滞后造成了城镇化经济发展质量不能同步提升，不能为经济结构的转型提供支持。对于河北省，在城镇化进程中主要应该注意发展与持续的协调，转变经济增长方式，保护好生态环境，同时，城市发展过程中要注重提升福利水平和周边农村发展，增强科技创新能力。

湖北省在发展和持续问题上表现出了较强的正相关性，说明随着经济发展水平的提高，湖北省大多数地级市的科技创新、经济转型也在同步进行。通过分析各个地级市的发展情况可以看出，湖北省发展度表现较好的宜昌、鄂州、襄阳和黄石均是持续性较强的地级市，各项得分均较高，而随州和黄冈发展度和持续度得分均较低。具体情况如图 6 – 2 所示。

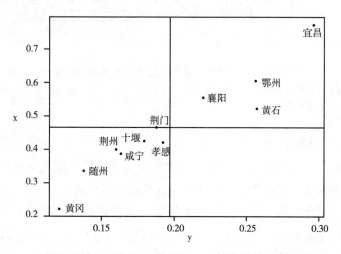

图 6 – 2　湖北省发展度和持续度关系的散点图

四川省存在的问题主要是发展与持续偏离和经济总体发展水平落后。发展程度较高和协调度较高的仅攀枝花市，其发展度和持续性在所有评价地级市中排名第二和第一。而其余地级市在发展水平上均较为落后，发展度排名上，最末的 10 个地级市属于四川省，综合排名上，排名最末的 9 个地级市也全部属于四川省，说明四川总体发展水平欠佳。在协调水平上，巴中市、宜宾市和南充市发展度和持续度的偏离较为严重，巴中市的发展严重滞后，且宜宾、南充两地持续性稍显不足。具体情况如图 6 – 3 所示。

利用 TOPSIS 模型为我国的新型城镇化发展质量进行综合评价，并以河北、湖北、四川三省的 39 个地级市作为分析对象，利用该模型对其城镇化发展指标进行了评分以及排序，得出以下主要结论：

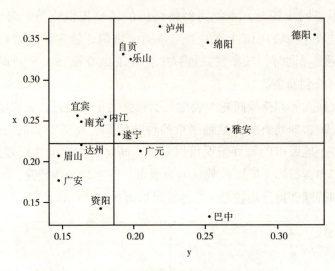

图6-3 四川省发展度和持续度关系的散点图

注：攀枝花发展得分和持续度得分分别为0.694和0.794，与其他地级市得分差距过大，因此，在散点图中不包括攀枝花。

第一，总体城镇化质量上，河北省城镇化质量最高，湖北次之，四川城镇化质量最低。三省差别主要体现在发展度上，在持续度上则差距较小。这说明，当前城镇化进程中，发展仍然是面临的主要问题。

第二，河北、湖北、四川三省地级市在城镇化进程中存在不同特征和问题，河北省发展可持续性存在不足，四川则主要面临经济发展落后的问题，湖北省总体发展可持续性较好，但是部分地区发展水平过低。

第三，大部分城市新型城镇化水平发展度得分与持续性得分之间存在背离，这说明，在长期唯GDP论思想的导向下，城镇化进程中，政府更多地注重城市规模的扩大和经济增长，对生态环境和社会发展的重视度不足。

各市的发展往往在当前发展与未来持续之间顾此失彼，推而广之，全国的新型城镇化进程中都需要兼顾发展度与持续度。通过合理利用自身的资源环境优势发展集约经济，在保证生态环境和生活质量的基础上实现的城镇经济发展，才是所谓新型城镇化。

结语： 本章旨在通过TOPSIS评价方法，建立我国新型城镇化水平的定量评价体系，将经济发展、居民生活、资源环境等作为城镇化质量指标同城镇化率的数量指标结合，通过赋权加总打分的方式评价各地城镇化水平。处于京津冀一体化中特殊位置的河北省和长江经济带战略中中部和西部重要省份的湖北省和四川省，应如何在新的经济社会环境中加快推进新型城镇化的发展至关重要。为了避免国内外城镇化进程中的错误发展路径，我们需要一个科学有效的评价体系来引导城镇化建设。分析得出结论：河北、湖北、四川三省地级市在城镇化进程中存在不同特征和问题，河北省发展可持续性存在不足，四川省则主要面临经济发展落后的问题，湖北省总体发展可持续性较好，但是部分地区发展水平过低。

第七章　我国县域经济发展的非平衡性分析

　　县域经济作为我国经济发展的中心纽带，发挥着承上启下、统筹发展的关键作用，是繁荣我国经济不可缺失的一部分。县域经济的发展，经过全国上下多年来的不懈努力，取得了长足进步，但东中西部县域经济发展差异问题依旧突出，且区域内部的发展差异也在日益加深。以全国百强县为例，2004 年，属于东部地区的县市占全部百强县的 94%，且大多集中在苏、鲁、浙地区，其分布极不平衡。到了 2016 年，东部地区的比例虽有所下降，但也占到全部百强县的 80%，是中部地区的 8.9 倍，是西部地区的 11.4 倍。可见，相比东部区域，中西部县域地区的经济发展实力依旧落后。再具体到某省份来看，如贵州省的盘县和雷山县，2006~2015 年，前者的 GDP 平均比后者高出 22.94 倍，差异巨大。这种过度的发展差异很可能会催生出省域内地方性市场壁垒的形成，不利于资源和人才的流通。因此，研究县域经济的发展状况，找出差异的成因和来源，促使县域经济稳定发展，对缩小我国区域内部经济发展差异、协调整体经济的健康发展也具有重要意义。

一、相关文献综述

　　近年来针对我国东中西部县域地区之间经济发展差异的研究，集中探讨的是相对于东部地区而言，中西部县域地区与其存在的经济发展差异，为此，许多学者从不同角度提出了各自的建议来作为参考，但多数学者都认为面对这种发展差异状况，各地区必须充分挖掘自身资源优势，走出一条特色发展道路，才能与东部地区形成错位竞争。李安福（2010）和徐小平（2011）都从宏观视角进行分析，并认为中部县域地区应紧紧抓住国家提出"中部地区崛起"这一思想策略的机会，扬长避短，力求探索出促进中部地区县域经济的跨域式发展路径，减少地区之间的"非平衡性"。而对于西部地区，大部分学者则从微观视角分析，其侧重点也有所不同：①主张挖掘县域特色经济产业，推广特色品牌文化，如吕文广、时保国（2009）以甘肃省为例，对西部落后地区县域经济发展的研究；②力推主导工业产业发展，加快工业园区建设，如饶春宝、黄桐熊（2015）以四川省大竹县为例，强调建设工业园区对促进县域经济社会发展的作用；③倡导构建绿色生态环境，实现经济可持续发展，如郑立（2012）通过阐述生态文明与西部地区县域经济发展的相互关系，提出对其发展的路径探析等等。

　　而对于我国东中西部县域地区各自内部经济发展差异来说，通过对最近几年这一领域文献的分析研究，总结得出：对于各区域内部地区，其县域经济的发展差异都有不同程度的扩大。许梦珂等（2013）通过对浙江县域地区空间面板数据的测度和分析得出其差异在逐年加大。赵磊等（2014）也通过定量分析得出，在区域地理分区条件下，浙东北与浙西南地区县域经济发展的生产指标和生活指标极化效应均呈现逐渐增强趋势，两极分化现象加剧。中部县域地区，林寿富（2011）运用锡尔系数和 Barro 回归方程发现，在中部县域经济增长过程中，并不存在 σ – 趋同，而且不管是按行政区划、区位条件还是地貌状况来对县域进行分组，都表现出发散的状态，县域之间的差异在不断扩大。杨东阳等（2015）运用 EOP 分析出中原经济区县域经济格局呈现以京广线为分界线，东部发达、西部落后的特征，且经济发达和落后地区差异有所扩大。就西部地区而言，朱士鹏等（2012）通过测度表明，1999～2009年贵州省县域经济绝对差异逐步扩大，相对差异则呈现先扩大再缩小的现象。汪菲等（2014）运用多种方法分析得出，自1980年以来新疆区域经济发展的重心不断北移，极化中心基本显现。

　　通过对上述文献的回顾，最近几年间，多数学者对县域经济发展差异问题的研究范围都集中在某一省域或市域，较少从多区域角度探讨我国县域经济发展差异的变化情况。因此，本章在上述学者观点的基础上，以江苏、湖北、贵州三省县域地区为例，以东、中、西部三大经济带为视角来研究我国县域经济发展的差异性与非平衡性。从研究方法来看，多数学者采用的是静态分析法，且以加权变异系数、基尼系数、锡尔系数等统计学方法为主，因而本章也借鉴锡尔系数分析法，对2006～2015年这10年期间各区域县域经济发展差异构成做出详细剖析和解释说明。此外，由于现有文献较缺乏以三大产业为立足点来分析其对我国东中西部县域经济发展差异的影响状况，因而本章通过建立实证模型并检验三大产业各自对其经济发展的影响程度。再将两者联系起来做分析，找出各区域县域经济发展差异的特征和其中规律。

二、我国县域地区差异构造的成因分析

造成我国县域经济发展差异的原因复杂且多样，但究其根本，笔者认为还是在于各地区选择了不同的发展路径。从而其对于资源的投入和利用、产业布局等也截然不同，并在随后的发展中逐渐形成了各区域县域经济发展的差异。

（一）历史发展路径的选择不同

东部地区，尤其是东南沿海省市，作为改革开放的前沿阵地，使其能凭借自身区域优势选择一条勇于探索、改革创新的市场化道路。当地的县域经济发展也被其中心城市的发展带动起来而得以率先发展。例如江苏省苏南地区，20 世纪 80～90 年代，江苏省苏南地区的乡镇企业依据自身的地理优势和历史条件，在经济发展的大潮中异军突起，率先走向了工业化的道路，创造了著名的"苏南模式"，这使苏南县域地区的经济发展一开始就领先其他区域。且通过多年来政策和经济的引导，当地民众已形成了较为科学的价值观和敏锐的市场嗅觉，因而能抓住各种机遇，积极参与到竞争中去，力争与国际市场衔接，从而致其经济飞速发展，这也进一步加剧了各区域之间经济发展的差异。

而回顾中西部县域地区的历史发展路径，两者都主要聚焦在解决其"三农"问题上，由于其"三农"问题突出，整个区域内县域经济的发展都受到了极大牵制。其县域地区内部普遍存在农业生产经营方式简陋，工业化发展模式滞后，服务业发展也不兴旺的困境，因而这些地区的有效需求、消费水平都很低迷，政府财政收入普遍吃紧，其资金、人才和技术的投资也都较匮乏。直到最近几年，这种尴尬的发展局面才有所改观，所以中西部县域区域间的差异现象并不十分突出。但是区域内部由于某些县市经济快速发展，近年来其 GDP 增长率远超过该区域县域地区 GDP 增长率，导致区域内部县市之间的差异现象日渐凸显。例如湖北省谷城县，2011 年，其 GDP 增长率为44.81%，而同年湖北省县域地区 GDP 增长率为 25.45%；2012 年，前者也比后者高出 7.62%。

（二）对自然资源环境依赖程度不同

对自然资源的依赖程度不同，也会带来各地区内部县域经济发展质量的不同。如鄂西这类主打旅游文化产业的地区，或像黔中这类靠矿产资源发展的区域，两者都是依托其现有的自然资源来发展，并对其有高度的依赖性。固然自然资源是一个县域经济发展的基本条件，但是过度依附于这些自然资源，很容易因其供需的变动导致经济发展产生动荡和非平稳性。此外，对于自然资源的过度利用，还会引发诸如生态环境恶化、资源低利用高消耗等社会问题，不利于其经济的可持续发展。反观像武汉城市圈、苏南这类主要靠实体业发展的地区，因其大力推进新型工业化发展战略，使其逐渐摆脱自然资源的条件限制，逐步向低污染、低消耗的工业化道路发展，因而相比于单纯依靠资源的发展模式，其县域经济的发展增速较平稳，且经济发展质量较好。

（三）县域产业结构发展不一

与东部地区相比，中西部县域地区经济发展中第一产业占三大产业的比重依旧较大。2006～2015 年，湖北省县域地区第一产业对整个县域地区经济增长的年平均贡献率为 22.34%，贵州省的为 14.42%，而江苏省则是 10.76%，这表明中西部的县域经济还是较依赖于第一产业。一方面，这种偏农业化的产业结构虽然能带来一定的短期效应，但从长远来看，这样低层次的产业结构易导致当地资金、技术等产业发展要素的流失。另一方面，尽管最近几年中西部县域地区在工业产业化方面取得了一定成果，但其经济增长方式主要还是粗放式增长，其产品的生产和加工也主要以初级产品和低附加值的产品为主。这种一味强调经济总量的增加而忽视产品质量的发展模式，势必会影响整体产业结构品质的提升，削弱当地县域工业的市场竞争力。此外，大部分中西部县域地区的第三产业发展依旧以传统服务业为支柱，而其现代服务业的发展还处在较低层次，其发展优势也不突出。因此，其促进经济增长的内生动力还相当匮乏，这也成为限制中西部产业结构转型和升级的重要瓶颈。

三、县域经济差异构成及三大产业对其影响的实证分析

（一）研究范围与研究方法

1. 研究范围及数据样本。本章分别以江苏省 9 市 25 个县、湖北省 10 市

州 38 个县以及贵州省 9 市、自治州 66 个县为研究对象。其中，江苏省样本县分布于苏南（南京市）、苏中（扬州市、泰州市、南通市）、苏北地区（徐州市、连云港市、淮安市、盐城市、宿迁市）；湖北省样本县分布于鄂西地区（十堰市、宜昌市、襄阳市、恩施州、荆门市、荆州市）、武汉城区圈地区（孝感市、黄冈市、黄石市、咸宁市）；贵州省样本县分布于黔东（铜仁市、黔东南苗族侗族自治州）、黔中（贵阳市、安顺市、遵义市、黔南布依族苗族自治州）、黔西地区（毕节市、六盘水市、黔西南布依族苗族自治州）。此外，为了详细剖析出近几年我国县域地区经济发展差异构成，本章以 2006 ~ 2015 年三省共 129 个县的县域 GDP 和各县三大产业值作为基础数据，且数据皆来源于 2007 ~ 2016 年三省统计年鉴，选取这两种数据指标，一方面是因为数据来源具有权威性和精确性，另一方面是因为这两种指标能较好地反映出该县市的经济实力、生产规模、经济结构等多方面经济发展状况。

2. 研究方法。由于本章主要探讨的是造成县域地区经济发展差异构成的特点，因而借鉴了锡尔指数分析方法，目的是在于利用锡尔系数，可以将这种总体差异分解为相互独立的地区间差异和地区内各县市差异，以便找出导致其总体差异的主要原因。此外，由于考虑到地区之间跨度较大，为了消除各地之间人口规模、价格水平等方面的影响因素，本章选用这一相对差异指标来进行分析。在此基础上，再从三大产业角度入手，运用 EViews6 软件，作出 Panel Data 固定效应模型，并逐一分析三大产业对其县域经济的影响程度。具体分析公式、模型如下。

（1）Theil 系数公式：$T = \sum\limits_{i=1}^{N} y_i \lg \dfrac{y_i}{p_i}$，经过一次分解后，某地区的 Theil 系数可表示为：

$$T = \sum_{i=1}^{S} y_i \lg \frac{y_i}{p_i} + \sum_{i=1}^{S} y_i \left(\sum_{j=1}^{n} y_{ij} \lg \frac{y_{ij}}{p_{ij}} \right) = T_{BR} + T_{IR}$$

其中，S 表示该地区的某地带区域；n 表示第 i 个地带内部县的个数；y_i、p_i 分别表示其 GDP 占该地区 GDP 的比重、人口占该地区总人口的比重；y_{ij}、p_{ij} 分别表示其区域内第 j 个县的 GDP 占该地区 GDP 的比重、其人口占该地区总人口的比重；T_{BR} 表示该地区各地带间的差距；T_{IR} 表示该地区地带内部各县之间的差距。锡尔系数不仅能分析出该地区经济总体发展的差异情况，还能具体分析出其引起差异的原因，是分析该地区区域经济发展差异的有效工具。

（2）模型设定为：

$$\ln y_{it} = c_i + \beta_{1i}\ln F_{it} + \beta_{2i}\ln S_{it} + \beta_{3i}\ln T_{it} + u_{it} \quad (i = 1, 2, \cdots, n; t = 1, 2\cdots, 8)$$

其中，i 表示某地区；t 表示年份；因变量 $\ln y_{it}$ 表示第 i 地区第 t 年县域 GDP 值的对数；自变量 $\ln F_{it}$、$\ln S_{it}$、$\ln T_{it}$ 分别表示该地区第 t 年县域第一、二、三产业值的对数。

（二）我国县域经济发展差异构成分析

1. 东部地区县域经济发展差异构成及特点。东部地区，以江苏省为例，就图 7 - 1 来看，2006 ~ 2015 年，江苏省整体县域地区的锡尔系数存在小范围来回波动情况，但就总体而言，在这 10 年期间，其系数值并没有显著扩大，表明江苏省县域地区整体经济发展差异变化情况比较稳定。再具体分析，其地带间的差异走势与其整体差异发展变化走势保持一致，且其数值在历年中也是远远高于其他部分，说明江苏省县域经济发展的差异主要是因为各区域间发展的不平衡所致。此外，可以看到，其地带内部的差异变化基本保持稳定，且对总体差异的贡献非常小，但是具体到内部来说，虽然相对于整体而言，苏南地带的内部差异占其比重很小，但是其有明显的上升趋势，尤其是最近三年，其平均增长了 20% 左右；苏中地带则在最近几年中保持着稳中有降，且连续三年降幅保持在 10% 左右；而就苏北地区来讲，可以看到，从

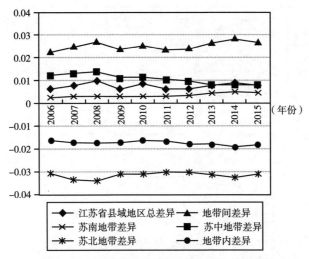

图 7 - 1　江苏省县域地区锡尔系数及分解走势

资料来源：2007 ~ 2016 年《江苏省统计年鉴》。

2010 年开始，其数值大体保持在一个相对稳定的状态，这表明，在江苏省三大地区内部，苏南地区各县之间的经济发展水平差距略微加大，苏中、苏北地区各县之间的经济实力则相对较均衡。

2. 中、西部地区县域经济发展差异构成及特点。中、西部县域地区，分别以湖北和贵州省为例。从图 7 - 2 和图 7 - 3 来看，中西部县域地区经济发展差异走势虽然不同，前者是显著上升、而后者却是明显回落，但还是可以从其中找到两者共有的特点。

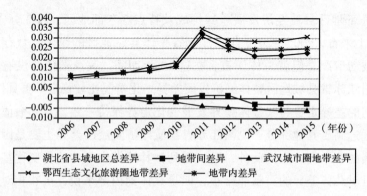

图 7 - 2 湖北省县域地区锡尔系数及分解走势

资料来源：2007 ~ 2016 年《湖北省统计年鉴》。

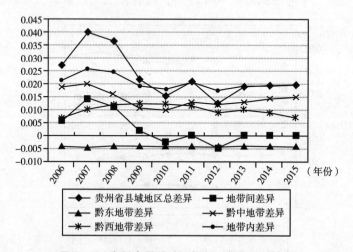

图 7 - 3 贵州省县域地区锡尔系数及分解走势

资料来源：2007 ~ 2016 年《贵州省统计年鉴》。

一是两者的锡尔指数变化较东部地区要剧烈的多，具体来讲：中部地区，从图 7 - 2 来看，2006～2015 年，湖北省整体县域经济的锡尔指数明显上升，且 2010～2011 年间，出现了跳跃式的上涨、波动幅度剧烈、达到了最高点 0.324，是 2006 年的 3 倍，虽然从 2011 年开始有了小幅度的回落，但是，在这 10 年期间，全省县域地区的锡尔指数扩大了 1 倍之多，现在基本保持在 0.02～0.03，表示其县域经济整体发展差异在这期间明显加大了。再从图 7 - 3 来看，虽然贵州省县域地区总体锡尔指数在这期间是处于下降中，但相对于中部地区，其振幅则更为剧烈且频繁。就数值而言，其指数一度达到了最高点 0.399，是其最低点 0.127 的 3 倍多，在之后的两年内又迅速回落到 0.02 左右，在这之后其基本保持在 0.01～0.02，虽然以这个趋势来说其县域经济整体发展差异情况在最近几年得到了有效的控制，但还是可以看出其经济发展是极不稳定的。

二是从其上下两图对比来看，两者差异的构成主要是由地区内部差异造成。具体来说：中部地区，从图 7 - 2 可以看出，湖北省县域地区经济发展差异总体走势与地带内部差异曲线走势基本重合，说明其内部差异是造成其整体差异的决定因素，更为具体地分析，可从图中直观地看出，鄂西地带内部差异曲线的各年份数值都略高于总体差异数值，说明其对湖北县域地区整体差异具有极大的拉动作用，而武汉城市圈内部差异和地区间的差异对总体差异的贡献程度则极少，这进一步说明湖北地区县域经济发展差异主要来源于鄂西地带县域地区的内部差异。西部地区，同理可证，从数值上来讲，其县域地区内部差异曲线在各年份的数值都要高于其他各个部分，表明其是贵州省县域地区差异的最主要原因。而从图中走势来看，从 2010 年以后，其走势都超越了总体曲线，说明最近几年贵州省县域地区内部差异进一步加剧了其总体差异程度，而其地区间差异程度则明显减弱。此外，通过对其内部差异的分解来说，起主导作用的是黔中地区，黔西地带次之，而黔东地区则影响甚微。

（三）三大产业对东、中、西部县域地区影响程度实证分析

众所周知，一个县域地区通常会根据自身情况来进行产业布局，而无论是哪种类型的产业，其最终都会反映在三大产业各自的年经济总量上，因此，根据这一思路，下文运用上述设定的模型，通过分析三大产业对其县域经济的影响程度，进一步从这一角度发现和总结东中西部县域经济发展差异的构成特点。

下面对三大地区进行具体分析。

1. 东部江苏省县域地区。首先，对各个序列进行单位根检验，其 LLC 检验都拒绝零假设，表明各个序列平稳；其次，进行协整检验，Pedroni Residual Cointegration Test 检验中最重要的两个检验，Panel ADF-Statistic 和 Group ADF-Statisticde 的 P 值分别为 0.6891 和 0.0772，因而接受原假设，即不存在协整关系；最后，根据 F1、F2 的结果，得出应该使用变系数模型，且其模型的 R-squared 和 Adjusted R-squared 分别是 0.999963 和 0.999935，表明模型拟合程度很高。江苏省县域地区模型实证分析结果如表 7－1 所示。

表 7－1　　　　　　　　　　江苏省县域地区模型实证结果

Variable	Coefficient	Prob.
_SN-LNF_SN	0.082241	0.0374
_SZ-LNF_SZ	0.095253	0.2938
_SB--LNF_SB	0.023875	0.8160
_SN-LN-S_SN	0.472741	0.0000
_SZ-LNS_SZ	0.395820	0.0016
_SB--LNS_SB	0.245867	0.0489
_SN--LNT_SN	0.423016	0.0000
_SZ-LNT_SZ	0.463701	0.0000
_SB--LNT_SB	0.623126	0.0000

从表 7－1 中看出，可能由于数据收集的原因，苏中、苏北地区第一产业这两个自变量的 P 值不合格；但是除此之外，其余所有的自变量 P 值都合格，表明除了上述两个自变量外，其他的自变量都显著。由于苏中和苏北县域地区第一产业的变量不显著，所以不对其做分析。从系数项来说，对于苏南地带，其影响力度为第二产业 > 第三产业 > 第一产业；而对于苏中地带，其为第三产业 > 第二产业，苏北地区也是如此。此外，还可以看出，第二产业对于苏南地区的影响最甚，且其影响力要远远高于苏北地区，而就第三产业而言，结论则反之。

2. 中部湖北省县域地区。首先，对各个序列进行单位根检验，其 LLC 检验也都拒绝零假设，表明各个序列平稳；其次，进行协整检验，其 Panel ADF-Statistic 和 Group ADF-Statisticde 的 P 值分别为 0.5322 和 0.6859，因而接受原假设，即不存在协整关系；最后，根据 F1、F2 的结果，也得出应该使用变系数模型，且其模型 R-squared 和 Adjusted R-squared 分别是 0.999940 和 0.999897，也表明其拟合度很高。该地区实证分析结果如表 7-2所示。

表 7-2 湖北省县域地区模型实证结果

Variable	Coefficient	Prob.
_EX-LNF_EX	0.1232	0.0166
_WH--LNF_WH	0.3268	0.0000
_EX-LNS_EX	0.3334	0.0000
_WH--LNS_WH	0.3515	0.0002
_EX-LNT_EX	0.5663	0.0000
_WH--LNT_WH	0.2086	0.0311

从表 7-2 中可以看到：所有的自变量的 P 值都合格，表明所有的自变量都显著。从系数项来说，对于鄂西生态文化旅游圈县域地带，其影响力度为第三产业＞第二产业＞第一产业；而对于武汉城市圈县域地带，其为第二产业＞第一产业＞第三产业。此外，可以看到，第二产业对于两者的影响差异并不大，而第三产业和第一产业则反之，且鄂西地区对第三产业的依赖程度要远大于武汉城市圈地区，而对第一产业的依赖度则不然。

3. 贵州省县域地区。首先，对各个序列进行单位根检验，发现 LNY 和 LNF 的 LLC 检验接受零假设，表明这两个序列不平稳，因此，对整体的序列作一阶差分，差分后各个序列的 LLC 检验都拒绝零假设，表明各个序列都平稳；其次，进行协整检验，其 Panel ADF-Statistic 和 Group ADF-Statisticde 的 P 值分别为 0.3125 和 0.7647，因而接受原假设，即不存在协整关系；最后，根据 F1、F2 的结果，得出应该使用不变参数模型，且其 R-squared 和 Adjusted R-squared 分别是 0.829834、0.813628，虽然其拟合度不如前两个模型高，但是从总体上来说还是可以接受的。其实证分析结果如表 7-3 所示。

表 7 – 3　　　　　　　　　贵州省县域地区模型实证结果

Variable	Coefficient	Prob.
LNF	0. 192592	0. 0010
LNS	0. 372843	0. 0000
LNT	0. 417904	0. 0000

虽然不能像上两个模型里可以分析出三大产业各自对各个地带的影响程度，但是这个模型还是可以从整体上了解三大产业对贵州样本县县域地区的影响程度。从表 7 – 3 中的数据可以看出，一方面，从 P 值来看，三个自变量都很显著；另一方面，从系数上来看，其三大产业的影响程度为第三产业 > 第二产业 > 第一产业。

综上所述，对上述分析可大体概括为：一是从横向来讲，整体上，除了个别地带外，第一产业对东中西部各自县域经济的影响度都是最低的，因而可以认为其对各自县域地区经济发展差异没有明显影响作用；二是对上述三个表中第二产业对各自的影响程度作比较，结合表 7 – 1、表 7 – 2 和表 7 – 3 中各县域地带内部差异进行分析，可以看出，一个县域地区内部，其经济发展相对越好的地带，第二产业对其经济发展影响程度就越高，且该地带经济发展差异波动情况就越小，例如江苏省苏南地带、湖北省武汉城市圈地带；三是同理分析出，对于县域地区经济发展相对不发达的地区，第三产业对其经济的影响程度越高的，对该地区县域经济发展差异贡献就越大，县域地区整体发展差异波动幅度就越大，例如湖北省鄂西生态文化旅游圈地带；四是从纵向来说，东部地区县域经济发展差异主要是由地区间差异构成，且第二产业是其差异变动的主要因素，而中西部差异主要是由地区内部差异导致，且第三产业对其差异变动影响最大。

四、对策与建议

上述着重探讨了我国东中西部县域经济发展差异与三大产业之间的关系，因此，本章根据地区内部和地区之间两大板块的划分，着重从产业发展这一角度提出下列两点建议。

（一）地区内部

1. 加快第二产业发展，扶持创新项目。第二产业的现代化建设主要是以工业现代化为主，而工业现代化则是县域地区实现经济稳定向前发展的必要条件。一方面，当地政府应根据当地现有的工业水平基础，积极鼓励当地高校、科研机构甚至是外商等和企业进行交流合作，按步骤、分阶段攻破企业生产技术难关，取代老旧的生产模式。此外，企业还应根据这些新型生产方式，制定配套的营销计划和管理措施，从多方面提升企业整体发展实力。另一方面，对当地企业所拥有的自主创新项目，政府等有关机构应在切实保护好这些产权专利的同时，为其提供更多优惠政策，并着重扶持这类创新项目，与企业共同打造出县域品牌产业，推进当地工业现代化建设步伐。

2. 扩大产业生产链条，缩小地区差异。每个县域地区内部都有属于自身的支柱产业。为了尽快缩小地区内部之间的差异，不应再仅限于单靠内部某些县市的力量，而应将这些优质产业生产扩大化。具体来说：一是可以延伸其产业生产链条。例如像苏南地区这类发展较好的工业地区，政府应有意识地将部分工业生产延伸到苏中、苏北这些地区，这远比当地政府企业再新创立一条工业生产链条所体现出的性价比要高。二是实行工业生产分工模块化，例如将科技含量高、加工技艺复杂的分配给工艺基础较好的县市，而将其余的加工程度分配给其他有资源、有能力生产的地区进行生产。这样的分工合作可以使产品生产模块化，精细加工步骤，提高和完善产品质量，也能提高对整个地区资源的利用率。产业生产链条的拓展，不仅带动其他地区的就业、经济，还能壮大其优势产业、实现产业转移，协调其区域内部的经济发展。

3. 调整第三产业结构框架、建设发展县域金融体系。一个地区金融体系的完善与否，对其整体产业结构尤其是第二产业的发展是有较大影响的。然而，与市区相比，县域地区的金融发展速度较迟缓，金融体系的构建极其欠缺。所以，为了跟上县域地区发展速度，当地政府应积极调整其第三产业结构框架，推动并建立与之匹配的县域金融体系框架。一方面，根据已有的市场环境，组建或引进多种金融服务机构来满足当地人民不同层次的金融需求，弥补金融产品市场的空白，激活当地信贷市场；另一方面，政府也应鼓励和规范民间投资，为其提供合适的制度保障并加以监管，以便拓宽当地县域经济主体的融资、投资渠道，丰富县域金融市场，实现当地县域金融和县域经济的协调发展。

（二）地区之间

1. 加大中西部县域地区流通性基础设施建设。流通性基础设施建设的目的在于为当地经济、社会资源的流通和交换提供便捷的渠道，是提高当地经济发展速度的一个必要条件。然而一些城镇、县市的经济发展水平比较落后，流通性基础设施建设很不健全，不利于和外界进行技术资源交换，也给当地群众生产生活带来诸多不便。因此，该地区各级政府更应重视此类乡镇、县市，为其提供必要的资金和技术支持来修建基本的流通性基础设施，努力降低当地运输成本，改善当地生产生活条件。此外，随着互联网的应用得到普及，仅仅依靠构建交通运输网作为媒介已不能满足其发展需要。因此，在基本流通性基础设施建设相对完善的县市，当地还应构建起一套网络通信系统，以便提高其和外界信息交换的效率，并逐步推进县域地区电子商务发展，缩小城乡发展差距。

2. 中、西部地区应理性承接东部地区的产业转移。由于资源、劳动要素等成本的上升，东部地区的一些产业正逐步向要素报酬相对低廉的中、西部地区转移，总的来说，在不影响经济发展的大前提下，将其植入，不仅能增加就业机会、扩大产业发展空间，还能缩小地区之间的差异。然而，转移过来的产业是否都有可行性和可经营性，需各县市根据当地经济发展战略部署来规划和筛选，一方面，应考虑到将其引进后，是否能较快吸收这些外来的优质生产要素并将其转化为自身经济发展的有利因子；另一方面，引进来的产业是否会与当地资源环境产生冲突，破坏当地经济发展的本来秩序。因此，考虑到这些条件限制，中西部县域地区应理性植入符合自身发展利益的产业，并制定出适宜政策，以便推进其与当地产业的融合和协作，改善当地产业基础，优化当地产业结构。

3. 中西部在地区之间进行产业联合，形成集群效应。中西部某些县域地区虽已通过培养重点产业、建立工业园区等方式形成了产业集群。但由于其发展层次较低，产业组织内缺乏明确的分工协作和信息交流，因而其产业集聚效应并不明显。这类产业集群虽能在短期内增加经济总量，但从长远角度分析，因受到资本、技术等条件限制，产品市场份额占比较小，市场竞争力较弱，使其生存和发展空间都受到严重制约。对此，有关部门是否可以考虑在中西部的某些地区之间进行产业联合，依据各地区现有的资源条件和发展基础，规划出一条较大规模的工业园区经济带。在这条经济带上，各区域应明确各自发展重点，建立和培养独立但又相互依存的生产企业；各地区政府应为其提供必要的政策支持，并组织建立起资源信息分享网络。在此基础上，各地方通过建立或增加相应的中介服务群体和机构，使整条经济带形成一条较为完整的产业生产链条，并逐步形成较为成熟的产业集群，发挥集群效应。

  结语：县域经济对国民经济的发展至关重要，是协调各地区整体经济发展的枢纽。但过度的县域经济发展差异与非平衡性问题势必会抑制我国经济的发展速度，阻碍我国全面建成小康社会目标的实现。以江苏、湖北、贵州省样本县市地区代表我国东、中、西部县域地区，通过以各县市生产总值为基础，运用锡尔系数法剖析我国东、中、西部地区县域经济发展的差异构成，并构建用于测度其三大产业对其差异的影响程度的实证模型，分析导致我国各区域县域经济发展差异的原因，并着重以产业结构为切入点，从地区内部和地区之间分别提出相关建议。

第八章 县域经济与县域金融服务
互动关系的实证研究

通过之前章节的理论构建之后，本章开始通过县域金融服务与县域经济发展的几个实证研究范例来为两者之间的互动关系研究提供一些方法上的展示，希望通过这些方法得到一定的应用总结研究成果，并为之后的研究提供一定支持。当然方法只是方法，更加重要的方面是通过这些客观的方法构建评价县域金融服务与县域经济发展互动关系的完整体系。并以此为基础为两者在城镇化进程中的协调发展提供政策意见，为县域发展模式的选择提供支持。

一、我国县域经济与县域金融互动关系的实证分析

本节将我国从空间上分为东中西三个区域，并以此为前提来研究县域经济与县域金融的互动关系。我国幅员辽阔地理跨度极大，而在这个跨度下必然会产生很大区别，这包括资源禀赋、地理情况、政策环境、气候条件、文化风俗等众多方面。而这必然会使不同地区的经济发展情况出现巨大的差别。

各地区发展水平不相同也会对县域经济与县域金融两者之间的关系产生影响，有可能是正向的促进，有可能缺乏关联，甚至是反向抑制。为此，本节将分别讨论东中西部不同区域的县域经济与县域金融之间的关系，试图为大区域范围内两者之间的互动关系提供实证依据。

（一）样本选取和指标设定

1. 样本选取。根据《中国统计年鉴（2012）》的行政区划数据，各省"县级市""县""自治县"（合称为"县"或"县域"）共有1942个。本部

分以各省县域数量在全国所占的比例以及数据的可获取性为原则，选取了 133 个样本县。样本的时间跨度为 2005～2011 年，因此，样本容量 = 133 × 7 = 931（个）。数据资料来源于中国统计信息网中各县的国民经济和社会发展统计公报。本章采用一般的东、中、西部各地区的划分方法，将样本各县分别归入东、中、西部（见表 8 – 1）。

表 8 – 1　　　　　东、中、西部区域划分及 47 个县域样本选取

区域	省份	样本
东部 （45 个样本）	北京	密云县、延庆县（2 个）
	天津	静海县（1 个）
	河北	抚宁县、蔚县、隆化县（3 个）
	辽宁	桓仁县、宽甸县（2 个）
	上海	0 个
	江苏	丰县、如东县、东海县、灌云县、灌南县、洪泽县、射阳县（7 个）
	浙江	桐庐县、淳安县、象山县、宁海县、永嘉县、海盐县、德清县、武义县（8 个）
	福建	连江县、永泰县、沙县、泰宁县、浦城县、光泽县、柘荣县（7 个）
	山东	平阴县、济阳县、商河县、桓台县、利津县、长岛县、临朐县、宁阳县（8 个）
	广东	翁源县、新丰县、博罗县、海丰县、阳山县、新兴县（6 个）
	海南	澄迈县（1 个）
中部 （43 个样本）	山西	平定县、曲沃县（2 个）
	吉林	农安县（1 个）
	黑龙江	友谊县、杜尔伯特县、勃利县、嫩江县（4 个）
	安徽	长丰县、肥东县、肥西县、无为县、凤台县、怀宁县、宿松县、休宁县（8 个）
	江西	南昌县、进贤县、浮梁县、九江县、武宁县、修水县、德安县、都昌县（8 个）
	河南	宜阳县、鲁山县、修武县、清丰县（4 个）
	湖北	竹山县、兴山县、长阳县、监利县、大悟县、英山县、巴东县、来凤县（8 个）
	湖南	长沙县、湘潭县、衡南县、邵东县、平江县、安乡县、慈利县、桃江县（8 个）

续表

区域	省份	样本
西部 （45个样本）	内蒙古	多伦县（1个）
	重庆	荣昌县、武隆县（2个）
	四川	金堂县、大邑县、蒲江县、苍溪县、米易县、叙永县、古蔺县、三台县（8个）
	贵州	黔西县、绥阳县、凤冈县、金沙县、兴仁县、余庆县、道真县、紫云县（8个）
	云南	宜良县、会泽县、元江县、施甸县、绥江县、水富县、华坪县、江城县（8个）
	陕西	志丹县、神木县、靖边县、泾阳县、宁陕县、白河县、合阳县、潼关县（8个）
	甘肃	皋兰县、景泰县、武山县、正宁县、临泽县、华亭县（6个）
	宁夏	永宁县（1个）
	新疆	伊吾县、皮山县、策勒县（3个）
	青海、西藏、广西	0个

2. 指标设定。关于县域经济增长指标的设定，大多学者采用 GDP、GDP 的增长率或人均 GDP 这三个指标来测度。如秦宛顺、钟行宁（2010）就是使用县域 GDP 的增长率作为县域经济增长指标进行研究的。本章也使用常规做法，采用县域人均生产总值（RGDP）这一指标，并取其对数来衡量各县域地区经济增长情况。

关于县域金融发展指标的设定，经常用金融发展规模和金融发展效率来衡量各地的金融发展水平和质量。多数学者对于金融发展规模指标的选取要么是基于国外学者戈德史密斯（Goldsmith，1969）曾定义的"金融相关率"，即"金融资产总量与 GDP 之比"，要么是基于麦金农曾定义的"经济货币化率"即"广义货币存量 M_2 与 GDP 之比"。通常认为贷款比存款对经济产生的影响更为直接，并且更能反映金融机构发展规模的壮大，因此，本章采用"县域金融机构各项贷款与县域 GDP 的比值"作为县域金融发展规模（FDS）的测度指标。对于金融发展效率指标的选取，根据数据的可得性和一致性，本章采用了目前研究学者常用的"金融机构贷款与存款的比值"（FDE）。

（二）东、中、西部县域经济与县域金融发展的互动关系与结果分析

1. 东、中、西部总体县域经济增长与县域金融发展的互动关系。为了全面分析我国东、中、西部地区县域经济与县域金融两者的互动关系，并且根据我们所收集数据的特点，通过使用计量软件 EViews9.0 建立面板数据模型，更有利于我们研究分析。面板数据模型分析方法包括固定影响面板数据模型和随机影响面板数据模型。究竟选取两者中的哪一个，豪斯曼（Hausman，1978）发现，采用不同的假设，研究结果会产生很大差异，因而就有了 Hausman 检验。

本章以 LnRGDP 作为被解释变量，以 FDS 和 FDE 作为解释变量。通过 Hausman 检验（见表 8 - 2），可知 Hausman 统计量的值是 61.713724，相对应的概率是 0.0000，说明检验结果拒绝了随机效应模型原假设（即个体效应与解释变量无关），应建立如下的个体固定效应模型：

$$Ln(RGDP)_{it} = C + a_1 FDS_{it} + a_2 FDE_{it} + u_{it}(i = 1,2,\cdots,133; t = 1,2,\cdots,7)$$

其中，C 表示在各个样本成员方程中都相等的总体均值截距项；a_1 和 a_2 分别表示县域金融发展规模和县域金融发展效率对县域经济的影响系数；u_{it} 表示混合随机扰动项。对东、中、西部所有样本数据进行模型估计的结果（见表 8 - 3）为 $Ln(RGDP)_{it} = 9.683620 + 1.603060 FDS_{it} - 1.644431 FDE_{it} + u_{it}$（$i = 1, 2,\cdots, 133; t = 1, 2, \cdots, 7$），模型估计结果说明我国东中西部总体县域金融发展规模与县域经济发展呈正相关关系，金融发展效率与县域经济发展呈负相关关系。

表 8 - 2   **Hausman 检验结果**

Correlated Random Effects-Hausman Test
Pool：XianYuJinRong
Test cross-section random effects

Test Summary	Chi-Sq. Statistic	Chi-Sq. d. f.	Prob.
Cross-section random	61.713724	2	0.0000

Cross-section random effects test comparisons：

Variable	Fixed	Random	Var（Diff.）	Prob.
FDS	1.097568	0.611627	0.007090	0.0000
FDE	- 1.127249	- 0.464247	0.007123	0.0000

表 8 - 3   东中西部总体模型估计结果

被解释变量：LnRGDP			
解释变量	系数	Std. Error	概率
C		0.049857	0.0000
FDS		0.086771	0.0000
FDE	- 1.6444	0.117420	0.0000
R^2		S. E. of regression	0.387588
调整的 R^2	0.861369	F	44.12287
		Prob（F-statistic）	0.000000

2. 东、中、西部各地区县域经济增长与县域金融发展的互动关系分析。在对东、中、西部县域经济与县域金融发展的互动关系进行了总体分析之后，本章分别对东、中、西部各地区的县域经济与县域金融的互动关系进行了模型估计。通过 Hausman 检验，均应建立个体固定效应模型。

（1）东部地区。东部地区县域经济与县域金融发展的互动关系模型估计结果（见表 8 - 4）如下：$Ln(RGDP)_{it} = 9.201521 + 0.524784FDS_{it} + 0.845362FDE_{it} + u_{it}(i = 1, 2, \cdots, 45; t = 1, 2, \cdots, 7)$。从模型估计结果看，东部县域经济的增长与金融发展规模在 1% 的显著性水平下呈正相关关系，东部县域经济的增长与金融发展效率在 1% 的显著性水平下呈正相关关系。其中东部各个样本县域的个体对总体均值偏离的个体截距项估计结果见表 8 - 5，所有偏离之和为零。这说明，虽然东部县域金融发展规模和发展效率对县域经济的边际影响程度相同，但是县域金融发展之外的其他因素对县域经济的影响存在显著差异，有的是促进作用而有的呈现阻碍作用。促进作用最大的是山东长岛县，阻碍程度最大的是江苏灌云县。

表 8 - 4   东部地区模型估计结果

被解释变量：LnRGDP			
解释变量	系数	Std. Error	概率
C	9.201521	0.086775	0.0000
FDS	0.524784	0.125660	0.0000
FDE	0.845362	0.229582	0.0003
R^2	0.875367	S. E. of regression	0.354807
调整的 R^2	0.853975	F	40.91993
		Prob（F-statistic）	0.000000

表 8 - 5   东部各个县域的个体截距项估计结果

县域名称	截距	县域名称	截距	县域名称	截距项
北京密云县	0.063081	浙江桐庐县	0.398899	山东平阴县	0.694532
北京延庆县	-0.101595	浙江淳安县	-0.196467	山东济阳县	0.441045
天津静海县	0.255352	浙江象山县	-0.176054	山东商河县	-0.332396
河北抚宁县	0.184499	浙江宁海县	-0.371984	山东桓台县	0.451258
河北蔚县	-0.657146	浙江永嘉县	-0.483858	山东利津县	0.184760
河北隆化县	-0.562759	浙江海盐县	0.455830	山东长岛县	1.713154
辽宁桓仁县	0.530492	浙江德清县	0.434713	山东临朐县	-0.477231
辽宁宽甸县	0.329403	浙江武义县	-0.204808	山东宁阳县	-0.060463
江苏丰县	-0.576396	福建连江县	0.300303	广东翁源县	-0.490731
江苏如东县	0.258624	福建永泰县	-0.015655	广东新丰县	-0.249609
江苏东海县	-0.397071	福建沙县	-0.224546	广东博罗县	0.495641
江苏灌云县	-0.661253	福建泰宁县	0.459654	广东海丰县	0.230058
江苏灌南县	-0.365019	福建浦城县	-0.391266	广东阳山县	-0.313322
江苏洪泽县	-0.127897	福建光泽县	-0.139561	广东新兴县	0.224100
江苏射阳县	-0.102855	福建柘荣县	-0.407961	海南澄迈县	-0.017497

（2）中部地区。中部地区县域经济与县域金融发展的互动关系模型估计结果（见表 8 - 6）如下：$Ln(RGDP)_{it} = 9.500767 + 2.494361FDS_{it} - 2.212583FDE_{it} + u_{it}$（$i = 1, 2, \cdots, 43$；$t = 1, 2, \cdots, 7$）。从模型估计结果看，中部县域经济的增长与金融发展规模在1%的显著性水平下呈正相关关系，中部县域经济的增长与金融发展效率在1%的显著性水平下基本呈负相关关系。其中中部各个样本县域的个体对总体均值偏离的个体截距项估计结果见表 8 - 7，中部县域金融之外的其他因素对县域经济促进作用最大的是湖南长沙县，阻碍程度最大的是江西都昌县。

表 8 - 6   中部地区模型估计结果

被解释变量：LnRGDP			
解释变量	系数	Std. Error	概率
C		0.076101	0.0000
FDS		0.233286	0.0000

续表

解释变量	系数	Std. Error	概率
FDE	−2.212583	0.164827	0.0000
R^2		S. E. of regression	0.375805
调整的 R^2	0.769498	F	23.76148
		Prob（F-statistic）	0.000000

表 8 - 7 　　　　　　　中部各个县域的个体截距项估计结果

县域名称	截距	县域名称	截距项	县域名称	截距
山西平定县	−0.795866	江西南昌县	1.028451	湖北监利县	−0.683610
山西曲沃县	0.756928	江西进贤县	0.567490	湖北大悟县	−0.527497
吉林农安县	1.242783	江西浮梁县	0.183667	湖北英山县	−0.568273
黑龙江友谊县	−0.917590	江西九江县	−0.519801	湖北巴东县	−0.745790
黑龙江杜尔伯特县	0.392312	江西武宁县	−0.319101	湖北来凤县	−0.796693
黑龙江勃利县	−0.145042	江西修水县	−0.966375	湖南长沙县	1.845370
黑龙江嫩江县	0.529882	江西德安县	0.079507	湖南湘潭县	0.169486
安徽长丰县	0.291608	江西都昌县	−1.698115	湖南衡南县	0.436346
安徽肥东县	0.351222	河南宜阳县	0.456494	湖南邵东县	−0.187062
安徽肥西县	0.672949	河南鲁山县	−0.757993	湖南平江县	−0.043234
安徽无为县	−0.029097	河南修武县	1.357244	湖南安乡县	0.752391
安徽凤台县	0.737557	河南清丰县	0.266137	湖南慈利县	−0.258602
安徽怀宁县	−0.400596	湖北竹山县	−1.038750	湖南桃江县	−0.206557
安徽宿松县	−0.491597	湖北兴山县	0.351464		
安徽休宁县	−0.324266	湖北长阳县	−0.047781		

（3）西部地区。西部地区县域经济与县域金融发展的互动关系模型估计结果（见表 8 - 8）如下：$Ln(RGDP)_{it} = 9.541748 + 1.844148FDS_{it} - 2.204794FDE_{it} + u_{it}$（$i = 1, 2, \cdots, 45$；$t = 1, 2, \cdots, 7$）。从模型估计结果看，西部县域经济的增长与金融发展规模在 1% 的显著性水平下呈正相关关系，西部县域经济的增长与金融发展效率在 1% 的显著性水平下呈负相关关系。其中西部各个样本县域的个体对总体均值偏离的个体截距项估计结果见表 8 - 9。西部县域金融之外的其他因素对县域经济促进作用最大的是陕西靖边县，阻碍程度最大的是新疆皮山县。

表 8 - 8 西部地区模型估计结果

被解释变量：LnRGDP			
解释变量	系数	Std. Error	概率
C		0.090271	0.0000
FDS		0.176434	0.0000
FDE	- 2.204794	0.185359	0.0000
R^2		S. E. of regression	0.396413
调整的 R^2	0.821309	F	32.37450
		Prob（F-statistic）	0.000000

表 8 - 9 西部各个县域的个体截距项估计结果

县域名称	截距	县域名称	截距	县域名称	截距
内蒙古多伦县	2.257867	贵州兴仁县	- 0.490356	陕西泾阳县	0.440386
重庆荣昌县	0.458912	贵州余庆县	- 0.352058	陕西宁陕县	- 0.175060
重庆武隆县	0.557664	贵州道真县	- 1.300899	陕西白河县	- 0.458401
四川金堂县	0.194110	贵州紫云县	- 1.146162	陕西合阳县	- 0.926721
四川大邑县	0.016148	云南宜良县	0.470717	陕西潼关县	- 1.095089
四川蒲江县	0.361854	云南会泽县	0.336849	甘肃皋兰县	- 0.495637
四川苍溪县	- 0.884296	云南元江县	0.024548	甘肃景泰县	0.514333
四川米易县	0.850911	云南施甸县	- 0.667110	甘肃武山县	- 0.919513
四川叙永县	- 0.618177	云南绥江县	- 1.283595	甘肃正宁县	- 1.151912
四川古蔺县	- 0.224754	云南水富县	0.741280	甘肃临泽县	0.409225
四川三台县	- 0.376114	云南华坪县	- 0.440091	甘肃华亭县	0.548387
贵州黔西县	0.281920	云南江城县	- 0.279503	宁夏永宁县	1.074483
贵州绥阳县	- 0.745769	陕西志丹县	2.187364	新疆伊吾县	1.250917
贵州凤冈县	- 0.890700	陕西神木县	1.838597	新疆皮山县	- 1.555010
贵州金沙县	0.241417	陕西靖边县	2.621122	新疆策勒县	- 1.201694

综上分析可以得出，我国东、中、西部县域经济的增长与县域金融发展规模呈正相关关系，中部和西部的县域经济与县域金融发展效率呈负相关关系，而东部呈正相关关系。总体上看，我国县域经济与县域金融有着一定的互动关系，但互动的效果在不同地区之间呈现较大差异，未形成理想的良性互动关系。

（三）原因分析

1. 县域金融机构的贷款增长速度与县域经济的增长速度不匹配。我国东、中、西部县域经济的增长与县域金融发展规模呈正相关关系，说明县域金融发展规模逐步提高，对县域经济的增长起到促进作用。不过我国东、中、西部之间的县域金融发展规模还是存在差异的，通过对比图 8-1、图 8-2 和图 8-3 中东、中、西部地区的 GDP 年增长速度和金融机构的贷款增长比例可以看出，中部县域 2008 年以前的贷款增长速度一直跟不上县域经济的增长速度，东部和西部相对比较好一些。贷款增长速度跟不上县域经济的增长速

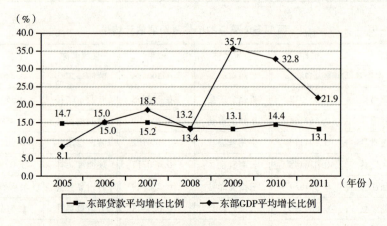

图 8-1　东部县域 GDP 与县域金融机构贷款增长比例

资料来源：中国统计信息网中各县的国民经济和社会发展统计公报。

图 8-2　中部县域 GDP 与县域金融机构贷款增长比例

资料来源：中国统计信息网中各县的国民经济和社会发展统计公报。

度，主要原因包括：一是县域有限的资金供给与日益增长的资金需求之间的不协调；二是县域多样化金融服务需求与单一金融服务供给之间的不协调；三是多层次的金融服务需求与单一的金融机构供给之间的不协调。

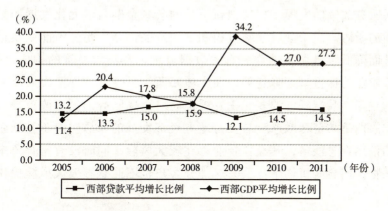

图8－3　西部县域 GDP 与县域金融机构贷款增长比例
资料来源：中国统计信息网中各县的国民经济和社会发展统计公报。

"十二五"期间，中央政府在农村经济发展政策和策略上作了重大调整，农村经济发展面临市场化转型趋势，农村金融也需要迫切改革。何广文、李莉莉（2011）认为转型期间县域金融急需改革主要表现在：（1）农业战略性结构调整、农业现代化、农业技术构成的提高，对金融支持提出更高要求；（2）农村工业化、城镇化；（3）农业产业化，农村产业链、价值链的培育和由此产生的金融服务需求；（4）农民组织化进程中的农民合作组织的多样性与其发育成熟度的多层次性；（5）新农村建设、农村基础设施建设需要投资的长期性、低回报性；等等。这种创新型且多层次化、多元化的农村金融市场环境需求，使县域金融机构面临新的挑战，应当进一步发展现有的县域金融服务，以实现这一发展进程中的要求。

2. 县域金融发展的效率低下阻碍了县域经济的发展。县域金融发展效率（FDE），即县域金融机构的存款转换为当地贷款的比例。本章的模型估计显示出我国中部和西部的县域金融发展效率与县域经济呈负相关关系，通过图8－4中东、中、西部金融发展效率对比可以看出，东部县域的金融发展效率最高，而中部县域的金融发展效率还不及西部县域。县域金融发展的效率低下，主要原因包括：一是金融市场化的改革趋势与地方政府行政干预的矛盾。部分地方政府从本地利益出发，加强对当地金融部门的行政控制，违背市场经济规律，使金融机构不能按市场化调整服务，导致服务效率低下。二是县域经济的"滞后性"与金融资源优化配置的矛盾。由于国有商业银行缩减其在县级市场的占有率，导致县域金融服务的局部缺位，金融支持功能调整滞后于县域经济发展的迫切需求，县域经济主体失去了金融支持，从而制约了金融服务效率的发挥。三是创新不足的县域金融与多元化发展的县域经济之间的矛盾。由于县域金融机构和金融产品创新不足，不能满足市场需求，进而降低了其服务效率。有关数据显示，在县域经济的构成部分中，传统工农业的比重呈下降趋势，而个体私营、民营企业逐渐发展成为县域经济的主角。县域经济的多元化发展走向对金融服务的创新改革提出了更多要求。四是防范金融风险与支持地方经济发展的矛盾。由于县域企业和个人的信用观念淡薄，其经营企业存在较大风险，同时没有符合要求的抵押担保物，使金融机构宁肯丢失这部分客户也不愿意冒较大风险提供信贷支持。

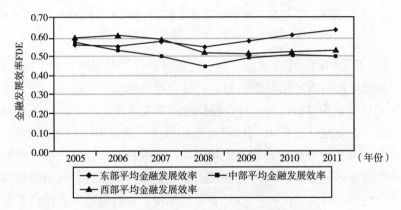

图 8 – 4　东、中、西部金融发展效率对比
资料来源：中国统计信息网中各县的国民经济和社会发展统计公报。

（四）促进县域经济与县域金融协调发展的政策建议

1. 发展壮大县域经济，为县域金融提供改革动力。解决县域中小微企业融资难的根本任务在于提升县域经济自身的运行质量。县级政府应深入进行实地调查研究，一是要全面而准确地把握国家对于大力发展农村经济方面所实施的大政方针，紧密结合本地经济发展状况，制定适合本地区的长远发展规划；二是要突出本县的重点改革项目，培育本地区的特色经济，避免产业趋同和行业间的恶意竞争；三是要大力发展个体私营经济、民营经济，构建以民营经济为主体的发展格局；四是要依托当地资源优势，振兴当地传统工农业，提高县域工农业发展；五是要完善现有的个人信用体系，建立与资信评估、担保、惩罚和风控相配套的机制。

2. 创新县域金融组织，构建多层次、竞争性的金融组织体系。目前，我国的县级金融组织体系主要是由商业银行、政策性银行（中国农业发展银行）、农村合作金融（含城市信用社）三个层次构成。创新县域金融组织，旨在整合和改善现有的县域金融组织机构功能，其应避免盲目创新，造成资源的浪费和金融机构之间的恶性竞争。银监会制定的在县域范围内组建更多的像村镇银行、融资担保公司、农村资金互助社、小额贷款公司这类新型农村金融机构的相关政策，也是希望通过建立这些小型金融机构来进一步促进彼此之间的良性竞争和优势互补，构建多层次的县域金融组织体系，弥补和完善现有金融供给的不足。

3. 创新县域金融服务模式和丰富金融产品。通过借鉴西方发达国家的成功经验，结合我国县域经济发展实际情况，逐步将管理集中到专业的部门，探索建立包括财务公司、信用评估机构、信贷联盟、银行、保险等多方为主体的符合我国国情的金融服务新模式，并引导各方联手合作，形成健康互动互补的良好服务格局。同时，针对农村转型，创新金融产品，从而缓解县域地区金融产品和服务模式单一，不能满足县域经济发展过程中对多元化金融服务需求的矛盾。

4. 建立健全县域金融服务供给的法律制度。为了鼓励县域金融机构向农村发放小额贷款，银监会和财政部制定了一系列激励政策，但其效果不是很明显。县域金融机构为县域地区的经济发展提供服务，所以政府应通过立法形式对县域金融机构为县域地区的经济发展提供服务加以规定。这样不仅可以对县域金融机构服务于县域经济加以规范，还可以降低借款企业或个体因道德风险造成的信用违约风险。这样资金供需双方都可在法律保障和约束下实现各自的利益。

二、县域金融与县域经济未协同发展的实证分析——以山西晋城市为例

在市场经济条件下，金融发挥着越来越重要的作用，国内外的大量研究也证明了金融与经济发展确实存在一定的关系。而在我国，由于各地经济发展水平和资源分布具有很大差异，县域金融发展与县域经济增长的关系也表

现出很强的区域性。由于金融业发展环境和水平的不同，金融服务对于区域经济的增长所起的作用并不一定是单一促进的，一些金融服务对于经济发展并未起到作用，甚至对于经济发展起到阻碍作用。金融抑制论就是对这种情况最好的描述。山西晋城市是城镇化过程中的一个典型案例，其金融服务的扩大并没有对当地经济带来较好的推动作用。晋城市是 1985 年升级为地级市，也管辖一些县，是有代表性的城镇化地区，所以选取其作为分析县域金融与县经济发展的协同发展不理想的案例。

为此，我们构建一个评价区域金融发展与区域经济增长之间关系的模型，以判别两者之间的关系，为实现县域金融发展和县域经济增长相互促进、良性反馈提供指导意见。本章希望通过运用 EViews 软件建立计量模型来分析晋城市这一实际案例的相关历史经济数据，研究晋城市金融发展对区域经济增长的影响，并以此为基础提出一定的政策建议，为相关研究提供支持。

（一）晋城市金融发展与经济增长关系的实证分析

1. 指标选取与数据获得。目前，经济增长的衡量指标有很多，本部分选取最常用的晋城市国内生产总值 GDP 为衡量指标。在衡量金融发展水平时，一般认为，贷款反映金融机构对经济发展的支持力度，而存款反映了居民、企业在已有收入水平上的储蓄额度。因此，该实证分析采用晋城市年末贷款余额 LOAN 和年末存款余额 DEPOSIT 作为衡量金融发展的指标。

该实证分析所选晋城市 GDP、LOAN 和 DEPOSIT 的数据来源于中国城市数据库、中国区域经济数据库以及中国统计信息网，时间为 1986~2016 年，共 31 组数据。为保持数据完整性和平稳性，其中 1986 年、1990 年缺失的部分数据分别由 1987 年、1991 年数据除以（1 + 当期增长率）计算得来，1989年缺失的部分数据由 1988 年和 1990 年数据加权平均而来。

在获得上述指标值后，首先对三个指标之间的关系做成序列图，如图 8 – 5 所示。

2. 模型构建及检验。

（1）模型构建步骤。

第一步，对经济变量采用取对数的方法，消除数据中可能存在的异方差。

第二步，将取对数后的国内生产总值（LNGDP）作为因变量，将取对数

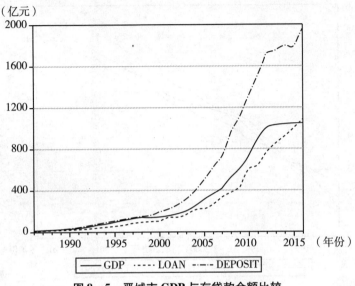

图 8 – 5 晋城市 GDP 与存贷款余额比较

后的年末贷款余额（LNLOAN）和取对数后的年末存款余额（LNDEPOSIT）作为自变量初步构建理论模型。

第三步，采取协整分析方法，避免"伪回归"问题。首先，对变量进行单位根检验，只有变量间具有相同的单整阶数，理论上才说明可能存在长期均衡关系。其次，进行 Johansen 协整检验，在此基础上建立协整方程，明确长期均衡关系。最后，建立相应的向量误差修正模型（VECM），将短期波动与长期均衡结合在一起进一步分析两者之间的关系。

第四步，进行格兰杰因果检验，提高变量间因果关系的准确性。

（2）数据预处理。为避免数据的剧烈波动及异方差性，先对原序列进行对数处理，新序列记为 LNGDP、LNLOAN、LNDEPOSIT，取对数后的新序列如图 8 – 6 所示。

（3）理论模型。将 LNGDP 作为因变量，LNL、LND 作为自变量初步构建理论模型。根据上述理论分析，构建以下线性方程模型：

$$LNGDP = C + \beta_1 LNLOAN + \beta_2 LNDEPOSIT + \varepsilon$$

其中，GDP 表示晋城市国内生产总值；LOAN 表示晋城市年末贷款余额；DEPOSIT 表示晋城市年末存款余额。

（4）单位根检验。由于该实证分析中的变量均为时间序列，时间序列是

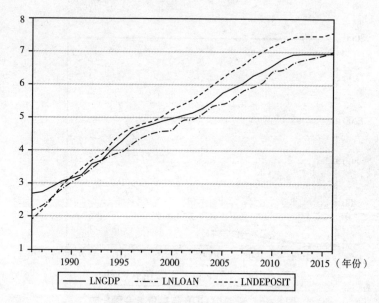

图 8 - 6　晋城市 GDP 与存贷款余额对数值的比较

否平稳对于之后能否进行协整检验至关重要，同时也可以防止出现伪回归，故首先进行序列平稳性检验，在此采用迪基和富勒（Dickey & Fuller，1981）提出的单位根检验，即 ADF 检验，取显著性水平为 5%。LNGDP、LNLOAN、LNDEPOSIT 的单位根检验结果如表 8 - 10 所示。

表 8 - 10　　LNGDP、LNLOAN、LNDEPOSIT 水平值单位根检验结果

变量	水平值检验结果		
	ADF 值	P 值	临界值（5%）
LNGDP	- 2. 725344	0. 2350	- 3. 587527
LNLOAN	- 2. 157051	0. 4949	- 3. 568379
LNDEPOSIT	- 0. 269037	0. 9879	- 3. 568379

根据表 8 - 10 可知，LNGDP、LNLOAN、LNDEPOSIT 三个时间序列的单位根检验的原假设成立的概率（P 值）均大于 0.05，所以这三个时间序列都是非平稳的，故需对序列进行一阶差分后再做单位根检验，检验结果如表 8 - 11 所示。

表 8 – 11　　　LNGDP、LNLOAN、LNDEPOSIT 一阶差分后单位根检验结果

变量	一阶差分后检验结果		
	ADF 值	P 值	临界值（5%）
DLNGDP	– 3. 857292	0. 0275	– 3. 574244
DLNLOAN	– 7. 652591	0. 0000	– 3. 574244
DLNDEPOSIT	– 4. 829060	0. 0029	– 3. 574244

从表 8 – 11 可知，对 LNGDP、LNLOAN、LNDEPOSIT 的数据序列进行一阶差分后，单位根检验结果为原假设成立的概率（P 值）均小于 0.05，故一阶差分后的序列均是平稳的，这说明可能存在一个平稳的线性组合，即存在一个长期稳定关系。由于单整阶数均为 1，即模型的所有变量均是一阶单整过程，符合协整检验要求单整阶数相同的前提条件。

（5）协整检验。

①Johansen 协整检验。目前计量上检验协整关系主要是通过 Johansen 协整检验法和 Engle-Granger 两步检验法，但 Engle-Granger 两步检验法用于检验两变量之间的协整关系，且在有限样本的条件下容易出现偏差。而 Johansen 协整检验法则相对比较灵活，适用于多变量之间的协整关系，又由于本章的样本数据有限，故选用 Johansen 协整检验法在 5% 的显著性水平下进行检验。Johansen 协整检验可以用迹统计量 Trace 和最大特征值统计量 Maximum Eigenvalue 来判断，检验结果分别见表 8 – 12 和表 8 – 13。

表 8 – 12　　　　Johansen 协整检验结果（迹统计量 Trace）

Hypothesized No. of CE（s）	特征值	τ 检验统计量	临界值（5%）	P 值
None	0. 713149	39. 91338	29. 79707	0. 0025
At most 1	0. 199956	7. 444806	15. 49471	0. 5265
At most 2	0. 061292	1. 644515	3. 841466	0. 1997

表 8 – 13　　　Johansen 协整检验结果（最大特征值统计量 Maximum Eigenvalue）

Hypothesized No. of CE（s）	特征值	Max-Eigen 检验统计量	临界值（5%）	P 值
None	0. 713149	32. 46857	21. 13162	0. 0009
At most 1	0. 199956	5. 800292	14. 26460	0. 6390
At most 2	0. 061292	1. 644515	3. 841466	0. 1997

从表 8 - 12 和表 8 - 13 显示的结果可以看出，两种判断方法对应原假设 NONE（无协整关系）检验统计量的值均大于 5% 显著性水平下的临界值，表明可以在 95% 的置信水平下拒绝无协整关系假设，说明变量之间存在协整关系。

②协整方程。根据表 8 - 14 得到协整方程为：

$$LNGDP = 0.420728LNLOAN - 1.060742LNDEPOSIT + \varepsilon$$

表 8 - 14   对数似然值最大的协整关系

Normalized cointegrating coefficients（standard error in parentheses）			
变量	LNGDP	LNLOAN	LNDEPOSIT
系数值	1.000000	0.420728	- 1.060742
Adjustment coefficients（standard error in parentheses）			
变量	D（LNGDP）	D（LNLOAN）	D（LNDEPOSIT）
调整系数值	- 0.850597	0.037754	- 0.526425

通过上述的协整方程，可以得到晋城市的国内生产总值与年末贷款余额存在正相关的长期均衡关系、与年末存款余额存在负相关的长期均衡关系。其中，年末贷款余额每增加 1%，国内生产总值增加 0.42%；年末存款余额每增加 1%，国内生产总值减小 1.06%。

调整系数值是指在向量误差修正模型（VECM 模型）中变量之间动态关系偏离协整关系后的调整速度。当调整系数值均为正值时，协整关系无效；反之，当调整系数值中至少有一个为负值时，协整关系有效。该协整方程中 3 个调整系数有 2 个为负值，故协整关系有效。

③向量误差修正模型（VECM）。以上协整检验只验证了变量之间的长期均衡关系，但在短期内这种均衡关系可能会失衡，而这种短期内的失衡是常态，所以将短期波动与长期均衡结合在一起分析两者之间的关系是必要的。基于协整理论的向量误差修正模型（VECM）可以反映短期波动对于均衡状态的偏离程度，估计系数就是用来反映变量当期的变化回归到长期均衡关系式消除非均衡误差的速度，故在此建立相应的 VECM 模型。根据 SC 最小化原则将模型滞后阶数定为 4，将估计结果写成矩阵形式：

$$\Delta y_t = \begin{bmatrix} 0.45 & 0.50 & -0.83 \\ 0.30 & -1.03 & 0.28 \\ 0.14 & 0.11 & -0.46 \end{bmatrix} \times \Delta y_{t-1} + \begin{bmatrix} 0.18 & 0.39 & -0.87 \\ 0.12 & -0.70 & 0.52 \\ 0.51 & -0.06 & -0.33 \end{bmatrix}$$

$$\times \Delta y_{t-2} + \begin{bmatrix} 0.39 & 0.22 & -0.49 \\ -0.03 & -0.04 & 0.17 \\ 0.01 & -0.29 & -0.27 \end{bmatrix} \times \Delta y_{t-3} + \begin{bmatrix} 0.36 & 0.29 & 0.01 \\ -0.11 & 0.16 & 0.15 \\ 0.57 & -0.11 & 0.09 \end{bmatrix}$$

$$\times \Delta y_{t-4} + \begin{bmatrix} -0.85 \\ 0.04 \\ -0.53 \end{bmatrix} \times vecm + \begin{bmatrix} 0.11 \\ 0.15 \\ 0.22 \end{bmatrix}$$

其中，$\Delta y_t = \begin{bmatrix} DLNGDP & DLNLOAN & DLNDEPOSIT \end{bmatrix}^T$；$y = \begin{bmatrix} LNGDP & LNLOAN \\ LNDEPOSIT \end{bmatrix}^T$，$vecm = \begin{bmatrix} 1 & 0.42 & -1.06 \end{bmatrix} \times y - 1.54$。误差修正项 vecm 是该模型最核心的部分，它反映了 LNGDP、LNLOAN、LNDEPOSIT 之间的长期均衡关系，并且作为相应短期波动 DLNGDP、DLNLOAN、DLNDEPOSIT 的解释变量，其具体估计系数反映了短期波动与长期均衡的关系，故本章仅对此进行分析：第一个系数 -0.85 表示在其他量不变的条件下，LNGDP 在当期的变化可以消除上期 85% 的非均衡误差，以使其回归均衡状态；第二个系数 0.04 表示晋城市年末贷款余额对国内生产总值的短期波动影响的调整速度为正，误差修正项的正值系数说明对当期值起正向调整作用；第三个系数 -0.53 表示晋城市年末存款余额对国内生产总值的短期波动影响的调整速度为负，误差修正项的负值系数说明对当期值起反向调整作用。

综上所述，可得出结论：年末存款余额对国内生产总值的短期波动影响的调整速度要快于年末贷款余额，且调整方向相反。

另外，VECM 模型的整体检验结果如表 8-15 所示，其中，模型整体的对数似然值为 120.5472，足够大；同时，AIC 和 SC 值分别是 -5.811327 和 -3.633852，都较小，说明模型整体拟合较好，解释力较强。

表 8-15　　　　　　　　　　VECM 模型整体检验表

Determinant resid covariance（dof adj.）	1.92E-07
Determinant resid covariance	1.89E-08
Log likelihood	120.5472
Akaike information criterion	-5.811327
Schwarz criterion	-3.633852

（6）格兰杰因果检验。协整检验结果证明晋城市年末贷款余额、年末存款余额与晋城市国内生产总值之间存在长期稳定均衡关系，即晋城市经济发展与金融发展之间存在长期的均衡关系，但这种均衡关系是否构成因果关系还需进

一步验证，在此采用格兰杰因果检验法来进行验证，检验结果如表 8 – 16 所示。

表 8 – 16   格兰杰因果检验结果

Null Hypothesis	F 统计量	P 值
LNLOAN does not Granger Cause LNGDP	3. 66763	0. 0264
LNGDP does not Granger Cause LNLOAN	1. 17095	0. 3827
LNDEPOSIT does not Granger Cause LNGDP	7. 82286	0. 0014
LNGDP does not Granger Cause LNDEPOSIT	2. 30331	0. 1031
LNDEPOSIT does not Granger Cause LNLOAN	2. 04519	0. 1373
LNLOAN does not Granger Cause LNDEPOSIT	0. 95406	0. 4939

从表 8 – 16 中可以看出，在 5% 显著性水平下，原假设 LNLOAN 不是引起 LNGDP 变动的格兰杰原因成立的概率（P 值）小于 0.05，故拒绝原假设，即 LNLOAN 是引起 DLNGDP 变动的格兰杰原因。同理可知，LNDEPOSIT 也是引起 LNGDP 变动的格兰杰原因。这意味着晋城市年末存贷款余额的变动是引起晋城市国内生产总值变动的原因，晋城市金融发展影响其经济增长。

（二） 模型检验结果的分析

根据以上各检验的检验结果，可以得出以下结论：对于晋城市，在长期趋势上，年末贷款余额与国内生产总值成正比，年末存款余额与国内生产总值成反比，即贷款增加可以促进经济增长、存款增加会抑制经济增长，且年末存款余额对国内生产总值的影响要大于年末贷款余额。在短期波动上，年末存款余额对国内生产总值的短期波动影响的调整速度要快于年末贷款余额，且调整方向相反。在因果关系上，年末存贷款余额的变动会导致国内生产总值变动，金融发展影响其经济增长。

贷款用来反映金融机构对经济发展的支持力度，存款用来反映居民、企业在已有收入水平上的储蓄额。在晋城市，加大金融机构对经济发展的支持力度对经济增长起促进作用，居民或企业的储蓄额增加会抑制经济发展。这可能是由以下四方面引起的。

首先，晋城市的金融服务需求不足。由图 8 – 5 可以看出，晋城市自 1990 年以后的年末存款余额远大于年末贷款余额。这表明晋城市居民或企业将收入中的大部分以存款的形式储存起来，而用于消费或投资等金融服务的数额较小，进而说明人们对于金融服务需求不足，金融机构并没有发挥其在晋城市金融市场的优势，也没有通过自身管理和服务的创新来吸引投资，没有起到促进晋城市经济增长的作用。

其次，晋城市的资金外流现象严重。以 2016 年统计数据为例，晋城市 2016 年末金融机构存款余额为 1961.2 亿元，各项贷款余额 1091.8 亿元；年末全市农村金融合作机构，包括农村信用社、农村合作银行、农村商业银行的人民币存款余额 452.1 亿元，人民币贷款余额 176.3 亿元。金融机构接受的存款数额远高于向本市外发放贷款的数额，同时存贷差逐年扩大，这说明晋城市的大量资金外流，而本市工业企业却长期缺乏资金支持，生产受到限制导致产出受到抑制，从而经济增长受到阻碍。

再其次，晋城市存在金融抑制现象。近二十年来，虽然晋城市存贷款规模几乎逐年增加，但贷款占存款的比重，即存贷比（见图 8-7）基本上在 40%~70% 之间浮动，且长时间处于 50% 以下，2009 年甚至下降到 38.59%；虽近来持续上升但仍低于 60%，这说明晋城市金融机构特别是商业银行对实体经济的信贷支持力度小，资金投放数量少。

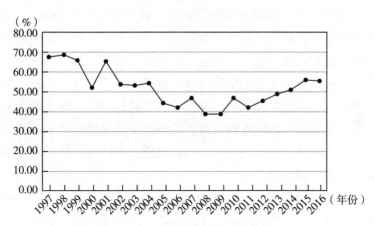

图 8-7　晋城市 1997~2016 年存贷比

晋城市现有的金融组织形式以商业银行为主，商业银行的存贷款余额占金融机构存贷款规模的大部分。晋城市的主要产业是煤炭和相关产业，没有具有较强竞争优势的产业，缺乏吸引商业银行进行投资的亮点。而农业对投资资金需求量大，同时受环境、季节等因素影响使其风险较大，农村金融机构存在规模小、风险承受能力差的问题，对促进农村地区经济发展的影响有限。总之，贷款量少的问题使金融发展对晋城市经济发展的影响作用不明显。

最后，晋城市的金融市场结构单一，90%以上的社会融资都表现为银行存贷款。截至2016年末，晋城市共有六家证券营业部，银证转入资金59.9亿元，与当地经济发展水平严重不对称，对当地经济的促进作用也很有限。另外，晋城市保险行业发展规模小，保险机构进驻晋城市时间短，有近70%的保险业务集中在寿险方面，保险业对晋城市经济发展的作用还没有显现。金融市场发展不完善，缺乏竞争和活力，严重阻碍其在引导资金流向，便利投资和筹资方面的功能，从而影响了金融发展对晋城市经济增长的推动作用。

总之，晋城市的经济增长缺乏一个与之相适应的金融发展水平，目前晋城市的金融市场可投资的金融产品种类较少，资金大量外流，金融机构对于促进经济发展的金融支持力度不足，金融市场结构单一，没有很好地促进晋城市经济的发展，这些均制约着晋城市经济往更深层次发展。因此，晋城市要保持经济的可持续发展，首要任务是建立健全金融市场，协调好金融发展与经济增长的关系，充分发挥金融对经济的拉动作用。

（三）政策建议

1. 建立晋城市地区内部资金回流机制。由于各地区经济发展的不平衡，出于利润的考量，晋城市的资金严重外流。解决金融资源严重外流的一个重要措施就是制定相关法律法规，建立一些新型、小型地方金融机构，给予一定的政策支持，考虑地区内的信贷需求，以提供信贷支持。另外，晋城市政府和财政部门可以制定减免费用、减免税收等优惠政策，鼓励商业银行以及外地金融机构增加对晋城市的信贷投入，提高信贷投放对晋城市经济发展的支持力度。通过法律约束和利益引导，促进资金的回流，从而为晋城市的经济发展提供更有力的支持。

2. 大力发展资本市场，完善金融市场体系。考虑到晋城市的金融发展与经济增长之间并没有形成良好的互动关系，要进一步完善金融市场，才能促进晋城市金融与经济的协调发展。一方面，要大力发展资本市场，开展多样化的金融业务，鼓励和引导企业以直接融资方式走出从银行贷款难的困境。另一方面，要加快证券、保险、信托等多类金融业务的发展，建立多元化的金融市场体系。资本市场的存在不仅有利于资本流动，还是经济增长的重要动力。

3. 建立适应晋城市经济发展的商业银行经营管理机制。明确在晋城市经营的商业银行要为晋城市经济发展服务的市场定位，商业银行要加强对宏观经济形势、区域经济形势以及行业信息的收集和分析，把握发展趋势，深入市场和企业进行调研，了解晋城市经济发展所需的资金支持，不断改进和提高银行服务水平。并及时调整经营思路，制定适合晋城市经济发展水平和发展特点的信贷营销策略，支持晋城市企业和个人的有效资金需求。另外，要优化商业银行的资金投向，提高金融资源的利用效率。统筹支持煤炭、冶金、化工和旅游等晋城市传统产业与优势产业，加大资金支持力度，严格监控资金的流向和运用情况，防止资金的流失，增加对晋城市经济发展所需的信贷资金支持。

4. 创新金融服务和金融产品。各类银行、小额贷款公司等金融机构应充分考虑晋城市各区（县）经济发展水平的差异，积极开发新产品和新服务。首先，要加大中间业务创新，商业银行对经营所在区（县）的企业经营情况、信用状况等信息了解较多，要积极开发创新型金融服务产品，及时解决中小企业的融资需求，并将金融创新渗透到投资咨询、财务顾问以及理财等业务中，满足居民个人对金融理财产品的需求。其次，要探索授信管理模式的创新，灵活应用财务指标，结合企业宏观、中观环境，产品的生产和销售，对外担保以及被担保等情况，综合做出信用评级。最后，还要促进金融服务内容的创新。改变目前单一的信贷服务模式，转而为企业提供信贷、结算、账户、代理、理财、咨询等全套金融服务。通过金融创新，促进金融资源的整合，提高资金配置效率。

结语：本章分别从宏观层面和微观层面深入探讨了县域金融发展与县域经济增长之间的关系，其实证分析结果表明，两者因其地区性因素的不同而呈现出不同关系。共性问题表现为金融发展完善性欠佳对县域经济发展的制约。具体表现在目前县域内的金融机构相对单一、县域金融业务种类较少、金融产品单一、金融服务滞后、金融市场不发达而无法满足相对趋旺的金融有效需求等方面。因此，为了打破这一僵局，促进县域经济稳步向前发展，本章重点从健全金融市场体系、发展创新融资渠道、结合适度监管和鼓励政策等来提出建设性意见。

第九章　国外县域金融服务于县域经济的经验借鉴

"以史为鉴，面向未来"，在探索我国县域金融服务与县域经济协同发展的互动关系之前，可以通过了解国外发展水平不同、要素禀赋差异巨大的不同国家怎样处理两者关系，为我国提供一定的发展经验。

一、美国县域金融服务对县域经济的支持经验

美国各地要素禀赋和经济发展状况差别很大，与美国整体发展情况相比，美国西部与南部的经济相对落后。为了促进相对落后地区的经济增长，美国从20世纪中叶开始采取了一系列金融措施以缩小区域之间的经济差异。通过这些措施的实施，美国欠发达地区的经济得以发展，区域之间得以协调发展。因此，不妨选取美国金融服务体系支持欠发达地区经济发展的经验进行详细分析。

（一）政府通过金融机构的管理加强对欠发达地区的金融支持

1. 金融机构的设立。美国的金融体系构建在世界范围内，是最为健全发达的，其中美联储是各个管理体系内的绝对性核心机构，其作为众多机制的核心对于政策制定有很大的影响，但是，对于具体政策与监管却很少插手，其基本都是委托于低一级的专门性政府机构或行业自治委员会。

另外，针对美国的农业金融体系也有其特殊之处。美国农业金融是依托商业金融体系形成的，而其商业金融最有特点和值得我国借鉴的机构是社区银行。社区银行所构成的商业融资体系立足本区域，具有很多大型商业银行所不具备的优势。

（1）中央银行体制。美国的中央银行体系是美国联邦储备系统（简称

"美联储"），于 1913 年建立。美联储可以说是美国金融体系甚至是经济体系中最重要的政府部门，其主要的组成机构有联邦储备委员会、联邦储备银行、联邦储备系统的会员银行、联邦公开市场委员会和联邦咨询委员会。其中，联邦储备委员会相当于中央银行总行的职能。同时，全国依照经济区划分为十二个储备区，并在各个储备区设立储备银行，相当于中央银行分行。分权式中央银行制度使得各个储备银行有较高的独立性，可以依据本地区的经济发展情况制定适合本地区的货币政策，从而有利于本地区的经济发展。

（2）社区银行。美国的商业金融融资体系是世界范围内最完善的，因此，不论哪种行业都可以顺利地从商业金融体系内获得融资，当然以农业为代表的第一产业及相关行业也不例外。美国的社区银行是一种在小城镇设立的小型独立银行（不能开分行的银行），其相对规模较小、服务范围也有限制，因此，其主要的客户是中小企业、农户和个人，社区银行可以认为是专门从事小微金融的融资机构。从数据来看，社区银行的涉农贷款余额占其总余额的 1/2 以上，社区银行的存在为美国的第一产业发展提供了很大的助力。另外需要注意的一点是，社区银行一般是由区域内的中小企业控股的商业银行，这使得社区银行的经营方向必然性地优先本区域的业务。社区银行是县域金融支持县域经济发展的范本，当然这也是建立在美国具有极度完善的融资体系、信用体系、保险体系和监管体系基础上的。

（3）政策性金融机构。美国存在着多种政策性金融机构，其中支持农业发展的不在少数。一是农业信贷体系，全美被划分为 12 个农业信贷区，每个农贷区包括主要向农业产业参与者提供长期贷款的联邦土地银行，提供 3 年以下中短期贷款的联邦中期信贷银行，以及向参与合作性互助信贷组织发放贷款的合作社银行。二是政府农业信贷机构，包括以农产品为抵押品提供贷款的商品信贷公司，对农村电业合作社和农场发放贷款、资助农村电力系统和电话通信发展的农场电气化管理局，以及向无法从商业银行和其他农业信贷银行得到贷款的农民家计局。联邦政府还专门成立了农作物保险公司，这种保险专门为自然灾害进行投保，参与者只需缴纳极少的保费就可享受保险服务。

2. 美国欠发达地区的金融政策体系。在了解了金融机构的设置情况之后，下一个关注重点转移到管理政策之上。县域金融对于县域经济的服务作用很大程度上依靠政策的促进，也即县域经济的发展具有很强的政策依赖性，这在大部分国家都是相同的。

（1）货币政策。首先，根据不同经济发展水平与空间分布对欠发达地区的银行制定较低的法定存款准备金率。银行存款准备金率的制定依据所处的地区划分为三类，纽约、芝加哥、圣·路易斯为美国中央储备城市，活期存款准备金率为26%；其他16个国民银行储备城市为20%；剩下的欠发达地区的国民银行准备金限额为14%。较低的存款准备金率可以通过乘数效应放大信贷规模，在一定程度上提升了不发达地区的流动性。其次，各联邦储备银行根据各地区的发展情况，可以对欠发达地区制定较低的贴现率，从而解决该地区资金供给能力弱、资金外流的问题。最后，根据各地的实际情况因地制宜地设置金融机构重要的监管指标，实行相对宽松的货币政策，促进该地区金融业发展。

（2）优惠信贷政策。金融机构为了追求较高的收益以及较低的风险，通常愿意将资金供给于经济较发达的地区，因此，在市场的作用下，资金难以向欠发达地区流动，因而政府通过多种方式的优惠信贷来促进欠发达地区的经济发展。一是通过优惠信贷吸引私人投资，提供低息甚至无息贷款支持企业经营与发展，若私人金融机构向欠发达地区提供固定资本和流动资本信贷，则可获90%的信贷保险；二是通过优惠信贷的方式，鼓励西部移民购买土地，例如买主可分期付款、购买与付款之间可相隔一年等，用这种方法将人员留在欠发达地区，促进欠发达地区的发展；三是对农场主实行优惠信贷，按农业法的规定，与政府签订限耕合同后，农场主可暂不出售销售条件不利的农作物，而是用它作抵押从商品信贷公司取得贷款。

（二）政府直接对欠发达地区的金融支持

除了通过金融机构体系来支持欠发达地区的经济发展，美国也通过政府所掌握的手段直接支持欠发达地区的经济发展。这可以总结成以下两个方面。

1. 兴办教育。政府为了使人口向欠发达地区移动，通过多种方法兴办教育。一是建立教育永久基金，这是一种利用政府土地的收益支持教育事业的一种基金。由于教育永久基金可提供的经费并不足够，因而征收教育税，即每个学区的居民一律按财产纳税，州政府对学区给予补助。教育税的征收为西部教育的发展提供了充足的资金支持。二是支持针对农业的教育。农业促进协会最先提出要对青年农民实行农业教育，西部各州都在相关学科的发展与人才培养方面提供了很多政策上的倾斜。1887年的《哈奇法》授权联邦政府每年向各州拨款1.5万美元在赠地学院（农工学院）建立农业试验站，

1994 年又授权赠地学院（农工学院）提供校外服务等。

2. 财政支出支持农业发展。从美国农业投入的重点看，投资份额最大的是食品、营养与消费者支出，第二便是农场与海外农业支出。其中农场支出主要包括各种农产品计划、保险计划等等，主要采取的措施是收入与价格支持政策。通过各种支付补贴维持农场主的合理收入，稳定农产品的价格，促进农业的发展。

美国是农产品贸易顺差国，出口农产品对于美国农业意义重大，海外支出主要就是美国为解决国内过剩的农产品而开拓国际市场的支出。美国政府为了促进农产品的出口所做的计划主要有：一是直接出口补贴，为了帮助美国与其他农产品补贴展开竞争，针对特定目标出口市场的农产品进行补贴；二是出口市场开发计划，自 2002 年《农场法案》开始，美国重点加强开拓发展中国家市场，促进美国农产品进入新型市场，其中重点为高附加值产品的农产品，如美国农业部当前斥巨资帮助农产品出口到国外；三是出口信贷担保计划，企业向国外顾客的贷款用于购买美国农产品，则贷款由政府提供信用担保。

（三）美国的借鉴经验

美国是世界上经济最发达的国家之一，其完备的金融体系在世界上享有很高的声望。美国的金融体系构建可以说是世界上其他国家构建自己金融体系的重要参考，为此必须对其可借鉴的经验加以讨论与研究。

1. 科学合理的市场定位。美国的农业信贷体系具有良好的分工体系，从营销学的角度来讲是市场定位正确、市场细分明确。美国有众多的社区银行，其最重要的目的就是为家庭、小微客户和农户提供融资服务。其市场定位非常明确，而这种业务大银行一般不愿涉及，因此，几乎不会出现市场交叉的可能性。即使存在重合，也会以协调为主，以对方领域不形成比较优势，更不会有激烈冲突。正是这样的市场定位使得社区银行与大银行鲜有在农户与小客户之间的竞争，社区银行的市场准入不构成对大商业银行的威胁，这就大大降低了社区银行的外部风险。有研究表明，随着商业银行的规模不断扩大，其单笔业务规模也必须相应提高，否则会大大增加经营成本。因此，大型商业银行往往不愿意为小微企业或是农业企业进行融资，这会使成本和风险上升。社区银行因为在经营范围上存在着很强的限制，因而立足本地避免竞争是其生存的先决条件，定位小企业、农户和个人业务也是顺应潮流的选择。正是这一科学恰当的市场定位，使社区银行能够在市场准入、份额占据和保持庞大的中小企业和社区客户方面赢得显著的优势。

2. 避免资金外流的适用方法。在我国并不缺乏各种专营小微、"三农"的融资机构，例如商业银行中的农业银行、邮政储蓄银行、各地农商银行；社会机构中的小额贷款公司；政策性金融机构的农业开发银行。但是这些融资机构都存在着一个很严重的问题，不论是储蓄业务得到的资金还是企业自筹的资本金都不一定会将其用于本地县域经济的发展，甚至不能保证为县域经济发展使用这些资金（例如向大城市贷款）。而美国的社区银行由于本身由当地中小企业控股，因此资金的使用往往是由本地向本地的方式来进行的，这样可以保障其掌握的资金用于发展本地经济，而不会发生明显的外流现象。同时，由于社区银行立足于本地，因此，相对来讲具有一定的经营优势，这也在一定程度上保证了其生存性。

3. 低价便利的信息渠道。社区银行都是立足于本区域来经营的，而这种方式还会为其带来另外一个优势，由于社区银行的经营范围相对较小和集中。因此，对于融资者了解各种情况的成本相对较低，还可以了解到融资者的真实情况，可以大大降低信息不对称所造成的道德风险和逆向选择。针对小企业和农业贷款最大的问题就是其违约风险相对较大，且对其进行信息核实的成本相对很大，但是社区银行的特点可以降低这两个问题发生的可能。

二、日本县域金融服务对县域经济的支持经验

日本是目前世界上最为成功的后发发达国家，我国也早有"以日为师"的口号，从日本的发展过程来看其的确具有很多解决后发国家追赶发达国家方面的经验，例如城镇化、工业化等进程。当然，在城镇化进程中的县域经济发展，日本也具有充分的资格成为我国的借鉴对象。

（一）日本的县域农业金融服务体系

日本是一个充分利用政府进行顶层设计的国家，比如在城镇化进程中为了防止大城市病，日本政府有意识地构建城市圈，即将一个城市圈的资源分配到不同的城市中，以避免中心城市集成过多资源。在县域金融体系的构建上，日本也是以政府作为主导而构建的，具有代表性的就是其金融机构多为政府直接牵头成立。

而在日本县域金融中最值得我国借鉴的是对农业方面的金融服务体系的构建，日本作为一个农业发展条件极为贫瘠的国家，在农业发展方面具有其独特的金融扶植方式。

1. 日本的县域金融机构。日本的农业县域金融机构可以分为三个部分：商业金融机构、合作金融机构和政策金融机构。

（1）商业金融机构。不论任何国家，商业金融机构在金融机构中都是中坚力量，对于农业金融也是这样。在日本的农村金融创立初期，商业金融发挥过很大作用，在政策性和合作型金融机构出现前，商业金融机构为县域经济发展提供了很大帮助。但是即使这样也不能忘记农业、渔业等第一产业下辖的行业有其特殊性：固定成本高、周转速率低、周期比较长。这些特性对于商业金融机构——以利润最大化为目标的机构——来讲并不是很好的投资方向，因此，在初期之后商业金融机构逐渐不能为县域经济的发展尤其是农业的发展提供很强支撑。

（2）合作金融机构。在日本，合作金融机构具有其自身的特点。日本的合作金融机构是一个相当完备的体系。最上层的机构是中央农林金库与合作社国家保险联盟；中层机构是农业渔业信贷联盟、各地区的信用金库和劳动金库；基层机构为农业、渔业合作社。而作为辅助型基层机构的是农业协同工会，它是日本农业发展最为核心的机构，其作为合作共济组织从社区、县、国家三级为日本农业发展提供各种帮助。各地的农业协同工会在自愿自主互助的基础上负责对会员进行协助，这其中自然也包括融资问题的解决，可以说合作金融机构是建立在农业协同工会协助的基础之上。在这体系之下不仅金融服务体系得到加强，还形成了一个完善的农业产业体系，这在世界范围内都是非常优秀的农业政府性合作金融体系。

（3）政策金融机构。日本作为后发国家注重利用行政权力干预市场失灵所造成的损失，因此，在机构设立上日本也同样构建了一套政策金融机构体系，主要包括日本政策投资银行、国际协力银行和农林渔业金融公库等。这些机构是对于合作金融机构的补充，这些机构负责小微规模、投资周期长、风险大的农林渔业融资业务。同时，政策金融机构往往都会有政府的直接财政入股，在此基础上还会享有税收优惠、补贴与财政方面的支持。当然，如此形式的政策金融机构不会单独存在，日本还将其与其他保险、担保等机构进行衔接降低其经营风险，提高其抵御风险的能力。

2. 日本的农业金融法制体系。经过近百年的发展，日本的农业协同共济金融体系基本构建完成，但是这也会带来很多问题。例如，众多合作型、政策性农业金融机构如何做到职责分明；这些机构的经营范围如何界定；如何防止农业金融机构重蹈商业性融资机构的后尘；农业协同工会权力过大（农业协同工会负责区域内农产品销售、种植、农业机械购买甚至日本议会选举农民部分的选票收集）如何解决。

因此，日本政府通过立法解决这些在实践中遇到的问题，例如政策金融机构的经营方位、权限等问题，确保资金的合理使用，将资金真正用于县域经济的发展过程中。

（二）日本农业金融发展的借鉴经验

一方面，日本是亚洲唯一的发达国家，与我国和其他发达国家相比，具有无可比拟的相似性，而其各种组织体系相对发达完善，是我国借鉴的良好样本；另一方面，日本是一个善于以政府进行顶层设计并构建发展体系的国家。因此，我国在农业金融发展方面应该向我们的邻居好好学习。

1. 日本农业协同工会的设立。日本的农业协同工会在日本第一产业的发展当中具有极其重要的意义，该机构已存在接近百年，是第一产业中最为核心的组织。它与几乎全部的农业事项都有关系，当然，本章只讨论其与农业金融服务相关的话题，但是这些话题也绕不开农业协同工会这个组织。因为从实质上来讲日本农业协同工会是合作社——日本农业金融中最为基层组织——的具体组织形式。这与我国的农村资金互助社也极为相似，从这一点来讲农业协同工会也可以成为我国基层农业合作共济组织的借鉴对象。

日本农业协同工会直接起源于明治维新，在这之后历经明治维新、第二次世界大战和战后三个阶段，其职能也不断完善，从最初的融资、生产、销售的准政府组织向目前的指导、信用、买卖、保险的农村全面化互助自治化组织转变。第二次世界大战后的农业协同工会在指导农民增加农业纯收入、增加农民生活资金、为农民提供第二职业、推动政府农业政策制定和农村新型经济建设方面做出很大贡献。农业协同工会的良好运行为日本战后农村发展做出了重要贡献。

2. 政府在农业金融发展过程中的主导作用。农业发展是县域经济发展的基础性产业，也是实现新型城镇化、农业现代化的重要抓手。但是农业发展也存在着很强的不确定性，商业性金融机构对于这种不确定性具有天然的厌恶性，在这种情况下需要政府发挥支持作用。日本正是看到这一点才借助国家信用为解决县域经济发展中遇到的瓶颈提供担保与信贷。但是这也不是盲目的行为，在提供金融支持的同时需要加强法律体系、监管体系、第三方金融支持体系的建设。需要制定专门的法律法规规范政策性金融机构的行为；建立补贴机制设法促进商业性金融机构的参与度；建立保险、担保、法律咨询等第三方机构体系降低系统性风险。

三、印度县域金融服务对县域经济的支持经验

前面从发达国家的县域金融对县域经济的支持经验入手，分别阐述了美国、日本县域金融的发展策略，下面将把目光聚焦于发展中国家，看看它们是如何通过县域金融服务支持县域经济发展的。

（一）印度政府通过金融机构的管理加强对欠发达地区的金融支持

印度的农村金融机构体系是比较完善的，主要体现在两个方面：一是金融机构体系包括中央银行、商业银行、地区农村银行、国家农业农村发展银行与农村合作银行等，具有丰富的层次性，各个银行分工明确，配合密切；二是金融服务的网点多，覆盖率也比较高。

1. 金融机构的设立

（1）商业银行。印度独立之后的很长时间，农村金融的借贷资金主要是由民间不规范的放债人来提供的。印度政府为了管理银行业效率低下的运作形式，促进对于农业相关产业的支持，在20世纪中后期开展长时间的整顿工作，推进了印度银行国有化的进程。紧接着，政府通过立法开展了商业银行农村网点的建设。《银行国有化法案》明确规定，商业银行在设立分支机构的时候必须包含一定的农村地区。除此之外，也要求私人银行及外国银行设立农村地区分支机构。虽然结果导致了一部分银行经营效率低下，但是对印度农村的经济发展起到了促进作用。

（2）地区农村银行。印度政府为了"满足农村地区到目前为止受到忽视的那部分人的专门需要"，于1975年设立了地区农村银行，共有196家，11944个农村网点。在政府的直接支持下，地区农村银行发展良好。每个地区农村银行均由一家商业银行主办，核准资本1000万卢比，主办银行认缴35%，其他的50%和15%分别由中央政府和联邦政府认缴，还可通过发行债券筹措资金。地区农村银行的设立，提高了农村金融机构的覆盖率，而且地

区农村银行不以赢利为目的，主要向贫苦农民提供利率低于农村信用社的与农业有关的贷款及消费贷款。

（3）农村合作银行。印度政府还设立了农村合作银行，分为两种：一种是提供中短期贷款的合作银行，它分为初级农业信用社、中心合作银行、合作银行三个层次，每个层次的贷款对象及贷款资金来源都不大相同。它除了向社员提供贷款外，还提供与生产相关的各项服务，例如生产资料供应、产品加工及销售等服务。另一种是专门提供长期贷款服务的合作机构，主要是土地开发银行。它主要向农民提供价值较高的有关农业生产的贷款。

（4）农村农业发展银行。印度政府与印度储备银行共同出资建立了支持农业发展的政策性银行——农村农业发展银行，除提供支农信贷资金外，还承担着向农村金融机构再融资和对地区农村银行和农村合作银行两类机构进行监管的职能。这类银行是印度最高一级的农村金融机构，并且成为近几十年来印度长期资金最重要的来源。

2. 倾斜的信贷政策

（1）小额信贷。现在国际上主要存在着四种小额信贷的模式。孟加拉国的小组贷款模式、乌干达的村镇银行模式、印度尼西亚的个人贷款模式以及玻利维亚的阳光混合型模式。小额信贷最早是在孟加拉国兴起的，主要的成功经验有两条：一是贷款者组成互助小组，联户担保；二是组织培训，不仅向穷困农民提供贷款，还对其提供技术培训，让他们有自力更生的能力与机会。

印度政府引入本国并进行了适合本土的改善，互助小组主要是由 10~20 名农村贫困妇女组成，银行负责对其进行贷款业务指导。在印度，非政府的小额信贷机构占有主流的地位，这种金融机构弥补了资金需求的空缺。其中，比较成功的项目是"自我就业妇女协会"，一个非政府、非营利的准金融机构。虽然印度经历着高利率的盈利模式带来的小额信贷危机，但是这项政策曾对印度农村发展起到的推动作用是不可否认的。

（2）优先部门贷款比例。1980 年，为了推动本国农村地区的经济发展，印度政府以第六个五年计划以及农村综合发展计划为基础，规定了优先部门包括小型企业、出口产业以及农业，同时规定本国银行对优先部门的放款不得低于贷款净额的 40%，外商银行不得低于 32%。其中对农业部分不得低于贷款净额的 18%。由于印度的专业政策性银行对于产业政策发展的支持不足，因而政府要求所有的国内银行与外资银行的贷款比例遵循上述要求。即使是在 1991 年后，本国开始实施全球化、自由化以及市场化的新经济政策，对于这项政策的施行，政府依旧没有做出任何变动。虽然这在一定程度上促进了农村的发展，但是削弱了银行的自我决策能力，优先部门贷款的质量要低于整体贷款的质量，降低了银行的经营效率。

（3）优惠信贷。为鼓励本国欠发达地区能快速发展工业产业，印度政府当局要求其工业发展银行、工业金融公司、工业信贷以及各投资公司为欠发达地区的工业项目提供优惠信贷，这种信贷比一般的信贷利率要低，期限要长；为欠发达地区与工业有关的公司提供融通资金的信用债券及风险股票，并且仅仅收取承诺费；为贫困地区的中小企业提供免费技术咨询以及培训，而且为有发展前景的工业项目的可行性进行研究。

（二）印度政府直接对欠发达地区的金融支持

1. 促进国外资本对欠发达地区的投资。为推进印度欠发达地区经济发展，本国政府实行了多项政策来吸引国外资本投资到国内欠发达地区。一是股权优惠，拉奥政府在1991年规定，外国投资者在包括农业在内的"高度优先"的工业领域中投资，持股比例可提高到51%；二是税收优惠，包括减免关税、减免公司所得税以及酌情延长免税期；三是投资补助，1970年后，中央政府对欠发达地区固定资本投资达50万卢比者给予的补贴从最初的10%提高到后来的20%。1983年，其对投资达250万卢比的伙伴更是给予高达25%的补贴；四是对在欠发达地区进行投资的企业放松外汇管制，并且简化审批手续。

2. 政府援助计划。印度政府的农村发展计划从1952的"一五"计划持续到1981年的"六五"计划，这些扶贫计划在全国范围内产生了深刻的影响，其中最重要的是农村综合发展计划（IRDP）。这一计划开始于1979年，先在2300个发展区中进行，从1980年起在全国的发展区中普遍展开。IRDP向农村小农、边际农户等处于贫困线下的贫困农民提供各种援助，包括政府补贴和银行贷款等，使其能在畜牧、种植、小型非农产业以及服务业等行业有所发展，拓展他们的收入渠道，以摆脱贫困。虽然这项计划使得1650户生活在贫困线下的家庭受益，但是其贷款回收率很低，致使该项目的信贷资金无法正常流转，结果导致其援助金额极其有限，受惠范围也极其有限。

3. 成立发展基金和社团。为落实好扶贫和扫贫工作，拉奥政府启动并实施了一系列计划，并为此专门成立了相应的发展基金和社团。具体来说：其一，为扩大农村工业的银行信贷规模，政府建立了特殊银行财团基金，并为此提供基础资金；其二，政府通过建立新的生命团体保险来成立农村基础设施发展基金，以保证农村实施中小灌溉、土壤保护以及其他基础设施建设的资金需求；其三，通过创办全国少数民族发展和财政社团，政府为少数民族落后地区的发展提供基本的资金保障；其四，建立全国表列种姓和表列部落财政和发展社团，为其提供贷款；等等。这些基金和社团对于促进欠发达地区的经济发展起到了推动作用。

四、孟加拉国县域金融服务对县域经济的支持经验

孟加拉国作为一个经济相对落后的农业国，在农村金融服务和经济发展的过程中出现了很复杂的问题，最主要的是其国内存在着众多的金融机构，这些机构都对农村发展提供融资等金融服务。这些机构有些是正规金融机构（商业银行、合作社），有些是非正规金融机构（乡村银行小额贷款公司和私人银行等），其中乡村银行是孟加拉国首创和最有代表性的金融机构。

（一）孟加拉的乡村银行

孟加拉乡村银行是以协助贫困人群解决他们基本的生产生活问题为目的，为这些特定人群提供专门的小额信贷业务服务而发展起来的。孟加拉乡村银行发展模式，因其在小额信贷这方面的创新和管理，被誉为是世界上规模最大、效益最好的扶贫项目和扶贫方法之一，在国际上也受到了极大的关注和效仿。孟加拉乡村银行成立于 1974 年，截至 2004 年底，在这三十年期间，其从最初的、仅仅只有 27 美元的贷款艰难起步，发展成为拥有近 400 万名以妇女为主的客户群、12000 多名银行员工的庞大银行网络。孟加拉乡村银行旗下共有 1277 个分行、遍布 46000 多个村庄，其贷款总额高达 40 多亿美元，更为人称道的是其还款率竟然高达 98.89%。孟加拉乡村银行模式的巨大成功，为亚洲、非洲、拉丁美洲的许多发展中国家和地区的农村银行信用模式提供了很好的借鉴作用。目前，已有很多国家通过参照孟加拉乡村银行发展模式，在本国创立起了带有自我特色的农村信贷体系，就连诸如美国这种现代金融高度发达的国家，通过将其引进并应用于本国经济，也在实施反贫困的计划中取得了一定成效。

孟加拉乡村银行是非政府且具有独立组织系统的经营机构。其主体服务对象是贫困群体，特别是农村贫困妇女，为他们提供存款、贷款、保险等综

合服务。孟加拉乡村银行的贷款资金来源主要从两个方面获得：一是来源于国际组织及其他方面的支持和援助；二是来源于各成员储蓄。银行的组织系统一部分是由自身组织机构和借款人组织机构共同组成的，一部分是最基础的银行组织架构，即从总行开始，再到分行、支行，最后是下属的各营业网点；另一部分是借款人组织机构，以各会员为基础，成立各会员小组，最后发展成各会员中心。孟加拉乡村银行有一套比较完善的商业运作模式，其以建立农户自助组织为基础发展，该组织通常以 30～50 人为一个中心，有每周定期的中心会议制度，可以交流管理和技术方面的经验。5 人为一个小组，每个小组都应取得以下共识：增加资金积累，扩大经营规模，提高管理能力，并承诺在其他成员发生还款困难时相互帮助。其下放的贷款额度是根据个人在其所在的小组或中心的表现、在银行已有的储蓄以及个人意愿来作为参考依据的，但总的来说，不会低于个人储蓄总额的 150%。而且，其还款期限可灵活选择，对那种按期参加活动、按期还款的客户，其相应的贷款额度还会有所增加；而对于无法还款的客户，银行则要求由其所在的小组来共担风险。此外，孟加拉国乡村银行还规定，客户在申请贷款时必须开设一个储蓄账户，当其存款金额达到一定程度时，则必须购买银行的股份。

（二）孟加拉乡村银行的成功经验

实践证明，孟加拉乡村银行发展模式对于解决贫困群体的贷款问题是有效且可行的。其成功之处在于以下四个方面。

1. 专为贫困群体提供免担保贷款服务。孟加拉乡村银行服务的对象是贫困者，且明确规定了只有土地少于半公顷的人或全部财产折合成现金不到一公顷土地价值的人才有资格成为其成员。由于服务对象的特殊性，即他们没有提供担保的能力，所以对其提供的贷款自然是免担保的。但是，为了提高他们的偿还意识、增强他们的偿还能力，银行则从多方面开拓并发展各种配套业务，包括最基础的吸收存款、办理保险业务，此外，还大力发展各种教育与技术咨询等综合业务。

2. 通过建立自我约束机制，维持客户和银行的双赢局面。以自愿为原则，银行建立了层层控制、相互约束的运行机制，并使贫困农户从中受益。孟加拉乡村银行模式名义上不要担保，但实际上则是利用小组成员的人格这种无形的担保模式，来建立层层控制、相互约束的运行机制，使银行能有效地进行监督和管控。而且，正是由于小组成员之间的这种关系，使彼此之间都有了责任感，进而促进自我和社会的共同发展。一方面，客户通过自我约束，有效使用贷款进行生产，提高自身还款能力；另一方面，在组织贷款运作的同时，银行作为消息传播中介，还可以为客户提供信息、技术、销售等介绍或咨询服务，从而实现全社会生产要素的有效利用和优化配置。

3. 实行利率市场化。为了能持续经营，关键在于能盈利。因此，孟加拉乡村银行必须实施商业化的操作模式，这不仅能减轻国家财政贴息的负担，还可以使小额信贷专职机构逐步走上自负盈亏、持续发展的道路。解决贫困问题是一个长期的任务，这就必须要求放开利率，实行利率市场化，允许其根据市场发展需求，选择合适的存贷利率来保证银行的持续经营能力，消除地区，乃至国家面临的贫困问题。

4. 政府的包容与政策的支持。孟加拉乡村银行在发展的道路上离不开孟加拉国政府的包容与政策的支持。一方面，孟加拉国政府以4%～5%的利息向孟加拉乡村银行提供贷款，为其资金需求提供保障；另一方面，为其提供必要的法律支撑，允许孟加拉乡村银行以非政府组织的形式从事金融活动。此外，在政策上，政府对孟加拉乡村银行提供了很多免税或补贴的优惠政策来鼓励其发展业务。并且，为加快孟加拉乡村银行发展速度，孟加拉国政府还成立了政府小额信贷组织以及政府小额信贷项目、国有商业银行小额信贷项目等，为银行需要提供切实的帮助。

孟加拉国的乡村银行与我国的小额信贷公司从原理上来讲是相似的，因此对于解决目前我国小额信贷公司发展的困境和大量民间资本有很强的借鉴意义。但是也需要看到孟加拉乡村银行与我国现实情况的区别，首先，乡村银行的"五人制度"在我国推广的可行性不高；其次，资金来源会出现很大不同；最后，贷款规模和贷款期限不同。因此，在进行借鉴时需要有所鉴别。

五、国外经验对我国发展的启示

（一）建立政府主导的农村政策性金融体系

通过对以上四个有代表性的国家县域经济发展经验的总结，我们可以看出建立政府主导的农村政策性金融体系的重要性。美国通过政府手段直接支持欠发达地区的经济发展，比如通过财政补贴、提供信贷担保等；日本、印度则是通过政府提高商业性金融机构的参与度建立保险和担保等机制。长期以来，政府担负着县域经济发展的主导作用，我国政策取向重城轻乡，城市与农村发展不协调，农村金融发展相对滞后。因此，政府需要扶持农村金融机构发展，吸引地方财政、民营经济入股组成地方性股份制金融机构，以填补县域金融服务缺口。对农村金融进行政策性扶持，农业政策和地区政策相辅相成，互相促进，支持县域金融发展。

同时，建立政策性金融机构是支持县域金融发展的基础，主要解决中小企业在创业和固定资产投资过程中对中长期贷款的需求，对需要扶持的中小企业发放免息、贴息和低息贷款，从而确保县域经济发展的步伐。政府部门提高对农村金融发展的重视程度，发挥政策引导作用，调动政策性金融机构支持县域经济和支持"三农"的积极性，把县域金融做大做强。

（二）构建复合型、多层次县域金融支持体系

目前，美国、日本等国家构建的县域金融支持体系均取得了一定程度的成功，我国可借鉴这些国家的经验，基于我国实体经济中的企业按规模大小是区分为不同层次的，因此，需要不同规模层次的金融机构与之相匹配，构建一个复合型、多层次县域金融支持体系以满足我国县域经济发展的地区间差异和县域经济发展中不同金融需求主体的需求是十分必要的。

加快县域商业金融机构改革步伐，国有商业银行要改变其经营方针，对县域经济给予充分的关注和支持。优化商业银行的资金投向，提高金融资源的利用效率。商业银行要积极开发创新型金融服务产品，加大中间业务创新，及时解决中小企业的融资需求；国家还可以考虑通过税收政策引导商业银行支持农村经济。

强化政策性金融机构在县域经济中的作用。拓宽其融资渠道、业务范围、创新金融服务产品，将支持重点从流通领域向生产领域转移，扩大对农业生产环节、科技开发和推广的贷款。解决农村金融问题，主要途径就是广泛设立为中小企业和农民提供资金融通的村镇银行。显然，相对于大银行而言，村镇银行在向小规模农户和中小企业提供融资服务上更具比较优势，因此适宜的县域金融结构应该以中小金融机构为主要服务对象，提高村镇银行金融服务的覆盖性，促进村镇银行资本多元化。

除了整合现有的商业金融机构、政策性金融机构以及村镇银行以外，政府还应积极探索县域特色金融产品的创新。一是根据国家制定的对县域的各项扶持政策，积极构建县域金融服务支持县域经济发展的新模式，不断加强产品和服务创新，从而丰富并完善县域金融服务体系；二是完善、创新农村

小额信贷。围绕农村经济发展对资金需求的小额、快捷和灵活特点，积极借鉴国外农村小微金融发展的成功经验，逐渐扩大村镇银行、资金互助社和小额贷款公司等专业服务农村经济发展的小微金融机构。体现出金融产品服务的差异化，尤其在小微金融机构提供的业务种类、服务对象和服务地域等方面，使其与其他商业银行形成互补，致力于使县域金融服务向多层次、多元化的方向发展。

（三）确立农村合作金融组织在县域金融中的主导地位

借鉴日本发展农业协同工会的经验，大力发展农村合作金融组织，使之在县域金融中占主导地位。国家在农民合作社和供销合作社基础上，培育发展农村合作金融，丰富农村地区金融机构类型。目前，我国农村新型合作金融组织分为农村资金互助社、专业合作资金互助社、贫困村村级资金互助社以及非正规农村资金互助社。农村合作金融组织定位不同于商业金融机构、政策性金融机构，其定位于分散的普通小农户，是中国农村金融体系中存在的最薄弱的一环，有着金融需求规模小、信息相对完全、贷款风险较低的特点。无论在中国经济发展的任何时期，农村地区对于合作金融都具有强烈需求。农村合作金融组织贴近农产、方便快捷的优势确立了其在县域金融中的主导地位，立足于为农民提供存款、贷款和结算等业务，始终定位于满足农村金融的需求。

（四）保障县域金融的风险分担机制

纵观国外县域金融服务于县域经济的先进经验，实际上无一不依赖于保险机制对风险分散的保障，农业保险的存在使金融机构的信贷风险降低。党的十九大报告特别强调加强金融监管、防范金融风险，由此可见，健全的风险分担机制对于县域经济发展起着至关重要的作用。就我国目前情况来看，农业保险领域似乎还有很多空白，农业保险制度不完善，2016 年农业保险保费收入为 417.12 亿元，占产险业务原保险保费总收入的 4.79%，绝对数额及相对占比均比较低，农业保险简单赔付率也只有 65.8%。[①] 在 2017 年举行的中国农业保险保障水平研讨会上，提出要将农业保险保障水平提升同现代农业发展以及农业结构性调整等党和国家宏观战略统筹结合起来，正视农业

---

① 根据银监会网站公布的数据测算得出。

保险保障的结构性和制度性问题，全面拓展农业保险功能，创新农业保险品种，设立县域金融风险补偿基金等。

农村金融服务目前总体来说呈现出收益低、风险大、成本高的特点，其自然风险、市场风险大使商业性金融机构不愿意为其提供贷款，政策性银行对其发展并不能提供全方位的支持，由政府牵头或者出资设立政策性担保公司，为县域金融信贷提供担保，创新信贷品种，弱化信贷风险。同时政府在县域金融风险分担上给予政策支持，包括对县域金融给予政策补偿、设定税收优惠扶持政策等。

（五）形成县域经济增长与县域金融统筹协调发展格局

金融是现代经济运行的核心，县域金融作为县域经济主要的支持者，在推动县域经济资源优化配置过程中发挥着不可或缺的作用。县域经济的快速发展是农村建设小康社会的根本，县域经济又离不开县域金融的有效支持，目前来看，县域金融的发展与县域经济的发展需要相比还存在较大的差距，金融机构对"三农"的支持力度不够，县域金融机构存在滞后性、外部支持体系不健全等问题。为此，我们要有紧迫的责任意识把县域金融放在县域经济统筹协调发展的大格局中，致力于推进县域金融改革发展，着力完善县域金融服务体系，加大对县域经济的金融支持力度，设立一揽子具有正向激励作用的扶持政策，助推县域经济更好更快的发展。

结语：本章主要是以不同国家层面为视角，介绍和分析它们各自通过什么方法来使县域金融能有效地促进各自县域经济的良性发展，带给我国怎样的借鉴经验。总体来说，不论是发达国家还是发展中国家，对于这一问题都是高度重视的，但是在重视的一致态度之下，其发展方式却是百家争鸣。有依靠政府主导的，也有倾向市场主导的；有使用正规金融机构的，也有依靠非正规金融机构的……这些方法在一定程度上都是有效的，之所以出现如此多的方法，是因为各国有其独特的国情，任何一个国家希望促进县域经济的发展都要依照本国国情，甚至对于我国这样幅员辽阔的国家，也应该精确到各个区域的情况来考虑使用哪种方法能更好地利用县域金融发展县域经济。希望通过对其他国家的方法进行了解，达到去粗取精的作用，为我国县域经济的发展助力。

第十章　城镇化进程中县域经济的发展战略

在城镇化进程中县域经济应该如何发展是县域经济能否健康成长的关键问题，为此制定一个完善的发展战略变得愈发有意义。在县域经济的发展战略中城镇化和新型工业化是两个重要的前提和保障，新型工业化是县域经济发展的主线，城镇化是县域经济发展的依托和载体。而为了发展县域经济需要抓住三个重要节点，农业现代化、发展市场化和农民富裕化。其中，壮大县域经济的根本在于农业现代化的发展，其基本导向是面向市场化，目标则是农民增收和农村繁荣。

一、加快新型工业化进程是县域经济发展的主线

（一）新型工业化的内涵

工业化在世界经济发展和社会进步中都占据着重要的地位，随着经验积累和科技进步，我国的工业化发展也由最初的电气工业、化学工业、冶金工业等逐渐衍生出新的形态。直到 2002 年提出"新型工业化"，将原来的工业化形态融入智能、循环的因素，才走向崭新的工业化发展道路。新型工业化要求我们通过"信息化带动工业化、以工业化促进信息化，走一条科技含量高、资源消耗低、环境污染小、人力资源优势得到充分发挥"的道路。

新型工业化要求我们坚持科教兴国和可持续发展两大战略，通过科学技术到生产力的有效转换、城乡剩余劳动力的合理利用和虚拟资本市场的发展完善实现传统产业和高新技术产业、资本密集型产业和劳动密集型产业、虚拟经济和实体经济的协调发展。

（二）新型工业化是县域经济发展的主线

在我国县域经济发展过程中，新型工业化发展起着至关重要的作用，它是县域经济发展的主线。

首先，县域经济的发展是可持续的发展，我国的县域发展在实现人民生活质量提高和经济发展的同时也要保证其持续不断的回报潜力，在造福现在的同时也不损害子孙后代的利益。因此县域经济的发展需要不断投入先进的技术，高效利用资本和劳动力，在保护环境的前提下合理利用资源来发展和繁荣工业。其次，发展县域经济需要工业来为其提供动力和保证。城镇化的世界发展经验告诉我们，工业化的发展是城镇发展的首要推动力，因此，在县域经济发展的过程中，应当优先考虑工业发展。县域发展特色产业、实现劳动力从城市到县域的转换、建立完善的市场机制等，都需要新型工业化的支撑。随着发展的不断深入，我们又必须兼顾效率与持续性、发展和环境等的重重矛盾，只有在最初时依赖新型工业化这一可持续的发展方式，才能有效处理这些矛盾。

（三）发展新型工业化的战略建议

1. 调整产业结构发展高新产业。传统工业化的粗放增长在浪费资源、污染环境的同时，对于劳动力的低效率应用也造成现在农村大量剩余劳动力在城市无法立足的尴尬局面，由于忽视了技术发展创新甚至是对于新进技术的借鉴应用，工业化中发展起来的企业持续性低，往往在面临新兴技术或者经济变动时缺乏创新能力而受挫或消失。因此，在县域经济发展过程中，我们应该抛弃传统的工业化增长方式，在新型工业化的支撑之下合理布局，以集约型的企业发展代替原来的粗放增长，以可持续的发展代替短暂的昙花一现式生产方式，以高新技术产业补充和渗透基础产业发展，并形成产业格局完善，区域分布合理的新型产业结构。

要发展高新技术产业，就必须提高县域经济中的技术创新意识和能力。对于现有的企业形态，要通过引进新技术、新设备、新管理方式等改进现有生产管理方式提高生产效率和对于资源、资本、劳动力的使用效率。通过提升产品科技含量提升企业竞争力和持续发展实力。同时，各县也应积极引进高新技术产业，结合各地产业特色和资源环境优势，通过信息技术、生物技术、新材料技术等高新科技产业不断为现有产业提供进一步发展的可能和支撑。运用双管齐下的方式提高县域经济发展中的技术支撑力和核心竞争力，形成高新产业和现代技术企业的产业发展群，县域经济的发展就能保持不断的活力和高水平的应变能力。

2. 壮大民营企业。县域经济的发展不能只依靠国有经济和招商引资，还要依赖民营企业的发展。因其更具地方特色也能更广泛地造福人民，故大力发展民营企业有着关键作用。

通过政策扶植，提升民营企业家的发展积极性、减小民营企业发展阻力，同时民营企业也可以通过与国有、外来的资本、技术的合作发挥自身优势、弥补劣势，将先进的管理方式、生产技术等融入自身发展，提升民营企业的整体竞争力。在此基础上，也可以通过民营企业发展地方龙头企业。作为县域经济发展中的龙头企业，其带动、辐射作用是毋庸置疑的，在优秀的民营企业中选择特色产业优先发展形成地方龙头企业，引导地方工业发展方向，突出地方工业发展特色，提升地方工业发展质量，以其模范带头作用促进县域工业发展的可持续增长。

3. 建立工业园区。县域经济往往因企业规模小，产业链不畅通而发展不利，通过建立工业园区，实现企业发展的规模效应，建立完善的上下游产区群，形成集生产、创新、商务、休闲等为一体的产业聚落。这种发展模式不但能体现各地经济发展特色，而且有利于吸引更多的企业进驻。

在建立工业园区时，应结合当地的产业特色、土地资源情况以及发展目标进行全面合理的事前规划，工业园区不但对县域经济的发展至关重要，而且也是区域工业发展的重要动力，因此，园区建设要综合考虑其经济发展、环境保护、区域平衡等诸多因素的影响。工业园区的建设可以对现有的企业重新进行规划，也可以在此基础上引进新的企业提高整体竞争力，通过同类型产业和上下游产业的地域集中实现经济发展的规模效应。

同时，工业园区的建立尤其需要得到政府政策的扶持，从土地规划到税收支持都可以提高工业园区的成功建设和经济增长效果；相对的，工业园区本身也有对各县的社会贡献义务，因此，建立工业园区也应考虑到其对于县域社会发展和人民生活的影响。

4. 充分利用招商引资。要实现工业化进程中的可持续发展，单单依靠各地自身实力是不够的，还需要引进其他地区、其他国家的企业，在经济发展中招商引资不但能够促进当地经济的发展，也有利于当地经济走出去，逐渐缩小与其他地区的差距。

　　在选择引进项目的时候，也不能盲目引进，实现新型工业化要求工业发展的可持续性，因此，在做决定时，应全面考虑宏观经济政策形势，结合自身发展特点，选择自身可持续发展能力强且能够带动当地产业发展的项目。好的发展项目可以提升地区的产业发展水平、促进产业结构转换，通过与当地相关产业的相互结合还有利于建立工业园区，形成产业聚落。

　　在选择适当项目之后，还需要通过积极创新的方式实现成功引资招商。要吸引好的项目，不仅需要积极热情的合作态度，还要创新合作发展方式。比如可以采用资金联合、技术联合或两者同时联合等方式，或邀请世界各地的优秀项目进驻本地，促进本地工业化的可持续发展。

二、城镇化是发展壮大县域经济的载体和依托

（一）城镇化的内涵

　　美国经济学家弗里德曼曾将城镇化概括为若干方面：人口、地域、价值观念、生活方式等方面的变换。在其他国家的城市化过程中也出现了很多由于对城镇化内涵理解不清而导致的"过度城市化""拉美陷阱"等问题。而我们衡量城镇化的指标主要是城镇人口比重，也很容易让人产生发展城镇化就是转移农村人口的误解。高佩义[①]曾将中国的城镇化概括为城市化是变传统落后的乡村社会为现代先进的城市社会的自然历史过程。而从党的十六大首次提出新型城镇化的雏形开始，中国的城镇化有了更加明确的定义，这是以人为本的可持续城镇化发展，它要求我们实现城乡一体的生态和谐、各级城市互促共进的城镇化。

（二）城镇化是发展壮大县域经济的载体和依托

　　一方面，县域经济的发展需要以城镇化作为载体，县域经济发展需要通过城镇以及周边农村的协调发展来实现，因此，注重城镇发展的同时，城镇化可以实现农村的繁荣和农业的发展。在城镇化的过程中，农村实现农业产业化和集约化，农村居民的生活水平提高、社会福利增加，这些都是县域经济发展的重要目标，因此，要实现县域经济的发展需要依托城镇化的实现。

　　另一方面，城镇化可以反哺县域经济发展。通过城镇化，城镇和农村经

---

① 何念如.中国当代城市化理论研究 1979－2005［M］.上海：上海人民出版社，2007.

济得到发展，城镇工业化和农业产业化程度提高，对劳动力的需求也会相应增加，这部分劳动力需求可以有效解决县域经济发展中城镇剩余劳动力的问题。此外，农村的发展能够为城镇发展提供产品、劳动力等多种资源，同时也可以吸收和消化城镇工业化的产品，使产品和要素流通更通畅，积极提高发展效率和资源利用率。而农村经济和城镇经济的同步协调发展又能够促进市场发展，形成良性循环。

（三）城镇化建设的战略建议

1. 切忌过度城镇化。在世界城镇化实践过程中，也有很多经验和教训值得我们借鉴，其中最为突出也最需要引起我们注意的就是避免"过度城镇化"。"过度城镇化"往往强调人口的转移而忽视了与经济发展的相互协调，正如我们所熟知的"拉美陷阱"，这种城镇化的发展方式以人口转移作为城镇化的衡量指标，而经济增长的速度远远不能满足人口增长的需求，当这种压力集聚到一定程度时，经济发展受阻，失业率增加，社会稳定也受到威胁。因此，任何国家的城镇化过程都需要吸取这一教训，物极必反，只有选择适合国情、适应经济发展的城镇化步伐，才能真正体会到城镇化的好处，才能进一步促进县域经济的发展。

2. 推进土地改革。土地改革是城镇化的基础，也是最受关注的问题。在人口转移和土地转移的过程中，既要确保城镇化的顺利进行又要保证农民的当前利益和长远利益。要实现土地资源的合理应用，保护耕地和农民利益，需要合理统筹安排。通过事前的规划，可以将城镇用地和耕地占比以及分布区域进行合理分配，并以此作为土地流转利用的统筹依据。在农民内部的土地流转中，要通过出租、出让、转包等多种方式将分散的土地集中到少数农民手中，实现农业生产的集约经营和规模经营，提高生产过程的机械化程度，引进先进生产技术，实现农业现代化。

3. 扩大城镇规模，提高城镇化集聚效应。城镇化需要形成以城镇为中心、辐射带动周边城市和农村的发展模式，而现在，城镇对于当地经济和社会发展的带动辐射作用不显著，外出务工的农村居民大都选择省外城市而非当地城镇就业，因此，在发展县域经济过程中，需要重视城镇发展的集聚作用。一方面，城镇发展需要注重自身特色和功能增强，在现有基础上通过工业化发展特色产业，扩大空间和人口规模，对周边的小城市和农村产生正向引导作用。另一方面，城镇的发展也需要注重对于周边的辐射作用，通过吸收周边剩余劳动力，将农村打工者集中到当地城镇中；通过带动与周边地区的资本、产品流动，增加农村产品销售渠道和资金流转渠道；通过基础建设等增强周边地区的基本社会福利水平，提高农民生活水平。

4. 建立统一的社会保障体系。通过建立城镇—农村相互连接统一的社会保障体系，保证落户城镇的农村居民和到城镇务工的农村居民的基本社会福利，吸引农村居民就地转移。原来针对城镇居民的最低生活保障、医疗保险、养老保险等制度都可以逐渐扩大传递到落户城镇或进入城镇就业的农民身上，通过城镇建设或者农村土地流转资金，联手企业和个人，为就业和转移的农村人口提供与城镇居民同等的社会保障水平。在此基础上，可以进一步将城镇社会保障体系扩大深化到周边农村的体系中，逐渐建立城镇—农村一体的社会保障福利体系，使生活在城镇和农村的居民都能享受到同等的福利水平。

这样不但有利于打破城乡二元结构，促进户籍制度改革，而且也有利于城镇的辐射作用，有利于城镇吸引周边农民的转移，解决农村老龄化和农村空心化问题，实现双赢。

三、积极推进农业现代化是发展和壮大县域经济的根本

（一）农业现代化的内涵

农业现代化是从传统农业向现代农业转变的过程，现代农业是相对概念，与传统农业相比，其摒弃了较为落后的生产和管理方式，采用结合了现代工业、先进技术和管理方法的农业生产方式。总而言之，现代农业是在传统农业基础上不断加入新的生产理念，以当前经济社会发展方向为目标的不断发展改进的农业生产方式。而从传统农业到现代农业的发展过程就是农业现代化。由于现代农业的相对性，因此，处于不同发展阶段的国家和地区对于现代农业的理解和发展目标也不一样，就我国目前的农业发展而言，现代农业应该是与城镇化发展相适应的，利用先进科学技术、先进管理组织方式、与经济政策相一致的制度组织的一种环境友好型可持续发展的农业生产方式。

在我国县域经济发展和城镇化过程中，农业现代化的发展是提高农民收入水平，提升农业生产效率，实现农村繁荣的重要方式。

（二）积极推进农业现代化是发展和壮大县域经济的根本

县域经济的发展涉及城镇和农村的共同发展，而农村发展的基础产业就

是农业，因此，实现农业的现代化发展是县域经济发展的基础和根本。

一方面，农业生产在县域经济发展中有基础地位。工业化虽然是县域经济发展的主要动力，但是现阶段县域经济的主要来源仍是农业，因此，农业现代化是县域经济初级阶段发展的保证。积极实现农业现代化，能够保证农民收入，提高农村居民的生活水平；同时，农业的发展也能够为城镇发展提供支持，帮助解决城镇发展中的剩余劳动力问题，有利于提高整体居民收入。

另一方面，农业作为基础产业的地位不可改变。无论是县域经济发展的初级阶段还是在其完成之后，农业作为基础产业和农村重要经济增长动力的地位都不能改变，因此，从长远角度看，农业现代化对县域经济的发展也有关键作用。农业现代化有利于提高农村居民生活水平，实现农村繁荣，缩小城乡差距，提高县域经济整体水平；此外，农业现代化使农业生产得以在城镇工业化步伐中保持活力，不仅可以避免其成为经济增长负担，还可以保证农业生产的基础地位。

（三）实现农业现代化的战略建议

1. 完善农业生产基础设施建设。发展现代农业、引进先进生产技术都需要有相应基础设施为基础，因此，在农业现代化过程中，农业基础设施的建设应走在最前面。

一方面，通过土地流转的方式将农村土地集中到少数人手中进行集约生产，政府可以采取与个人合作的方式帮助这些农户改良耕地条件，配备大型的播种机、收割机，还可以建造沼气池等，通过改变低效率的生产耕作方式，提高生产效率以形成规模生产效应。

另一方面，通过改进农村基础设施，可以加快农业现代化步伐。兴修公路、铁路，可以使农民走出去，外面的人可以走进来，在便利人民生活、加强与外界联系的同时，也可以拓宽农产品销售渠道；重新合理规划农村布局，兴修水利、电力，提高资源利用率与农业生产效率。

2. 激励农业科技创新。现代农业需要通过科技创新得以实现，政府、企业、高校和农户个人都可以成为创新的主体，要积极鼓励支持各方投入农业科技创新和技术分享中，从农业机械装备、农业生产技术、良种繁育到疫病防控、质量安全等全方位提高农业现代化水平。政府通过加大技术补贴，鼓励企业和农户应用新技术成果，同时联合高校、科研机构和涉农企业实现创新科技从研发到应用的转变，整合农业创新的资源，建立互利共性的科技创新体系。

科研机构和高校相互合作，建立广泛分布的农业科技成果传播机制，围绕农户和企业的生产需求，加强相关技术的传播和人才交流，鼓励科研人员在科研机构、高校、企业和农户之间相互流动，掌握全面的科技创新成果，同时也鼓励其自身的创新发展，最终将成果应用到企业和农户的生产销售活动中。

同时，应在企业中开展研发成果的应用研究，并将其培育成可以应用到农业生产中的商业化成果；在农户中可以通过建立科技示范区的方式，发挥科技大户对农民生产的示范作用。

3. 建立农业产业体系。现代化农业是集约化、规模化的农业生产方式，而这种集约化的生产方式不单单局限于农产品生产方面，建立农业产业体系可以更好地发挥现代农业以及现代农业在县域经济发展中的作用。

现代农业产业体系是集原料供给、生态保护、资源开发、文化传承等产业于一体的综合产业体系。在建立农业产业体系时要对市场需求和市场环境、自身实力、发展目标等进行综合考量，以特色产业为基础，发展农产品生产的上下游企业，形成完善的产业链。

农业产业体系要突出县域农业特色，避免一味地复制他人成功模式，选择有发展实力的特色产业，在播种、施肥等农业技术方面进行技术指导，提高农产品生产的机械化程度。建立相适应的农产品加工企业和销售渠道，通过信贷支持等方式建立稳定的上下游产业链。在此基础上，增加旅游农业、生态农业等第三产业服务，将农业生产的影响拓展到生态、文化、社会等领域。

四、市场化是发展和壮大县域经济的基本导向

（一）县域经济市场化的内涵

市场化是指以市场作为资源配置的基本手段，实现资源充分合理配置与效率最大化目标的机制。在我的市场化改革中，市场化是指建立市场性管理机制，全面推进市场经济，将社会经济生活转入市场轨道的过程。而在县域经济的发展过程中，市场化则需要县域经济的活动以市场为中心、通过市场配置资源，以建立健全的市场体系、规范的市场运作机制和适度的宏观调控为特点的经济体制。县域经济中既存在着国有经济又存在着集体经济和私人

经济，既有城镇工业又有农村农业，既有城镇人口又有农村人口，因此，由此形成的县域经济市场化的参与主体是多元的，市场化条件下这些参与主体的地位是平等的，不存在二元结构或待遇差距；县域经济的活动范围一般较小，农业生产也大都以家庭为单位，故城镇企业生产经营范围受到严重局限，而市场化的县域经济是开放畅通的市场体系，各县经济生产是全国甚至全世界经济活动的一部分，全球经济活动会影响县域经济发展进程，同时县域经济的发展也为其他地区和国家提供福利。

（二）市场化是发展壮大县域经济的基本导向

县域内部经济发展主要依靠的是国有经济和集体经济，而农业生产则是以家庭生产为主，这种计划经济和自然经济的生产方式延续到现在俨然不适用，因此，对于这样的县域经济发展必须通过市场化改革转变其发展方式。

首先，农业生产是县域经济发展的基础产业，但是，由于城乡二元结构的限制，很多农民仍保有落后的生产技术和文化水平，且其改变的积极性也不高，因此，仅仅依靠农民自身提高农业生产效率，增强农业生产科技程度难度较大；即使依靠政府和企业扶持，如果没有农民的积极性，现代农业的推进也将受阻。因此，在县域经济发展过程中，需要通过将农业生产、农民生活引入市场化的环境中，真正提高县域经济和社会的适应性。

其次，县域内部第一、二产业的发展缓慢进一步制约了第三产业的发展，导致县域资本市场、金融市场、信息市场等体系的不完善，而安全完善的市场体系既能实现对于市场参与者利益的保护，也能促进经济发展的良性循环。资本市场、金融市场的加入能够加快生产者和消费者的资金流动，提高资金利用效率，促进生产和消费，而县域经济往往受市场发展的限制而增加了资金流动成本、降低了产品输出能力，阻碍经济发展。

最后，制度法规的不健全使得农产品生产的经济效益小，土地利用率低，新技术和服务创新难以实现产品化、商业化转换，创新效率低；由于市场机制的不健全，市场竞争不能实现各方利益最大化，政府制度支持也无法充分发挥作用，这些都是市场化不足对县域经济发展的制约。

（三）推进县域经济市场化的战略建议

1. 大力发展要素市场。市场化是全方位、多层次的市场结构，因此，发展金融市场等要素市场对于县域经济也至关重要。由于县域金融自身的薄弱性，县域金融市场尤显不足，银行业务主要涉及存款业务，而贷款发放量相对较少，其他债券市场、衍生工具市场等则受到严格的准入限制，其他要素市场的发展情况也与其相似。县域经济的发展需要政府支持和外来资金的注入，而资本市场的资金流转则能促进资金在县域内部流转以满足供需双方的需求，这样可以缓解政府促进发展的压力，通过融资的方式帮助企业和农户发展也有利于提高效率与积极性。除此之外，劳动力市场、信息技术市场、土地流转市场等的发展也需要与资本市场和产品市场的发展相互协调，如果市场体系中的一环出现问题，其他市场的运作也会受阻，进一步影响整个市场经济的发展。因此，只有建立一个功能完善、层次清晰、结构合理的市场体系，形成与国际市场相互交错的完善市场体系，才能正确引导县域经济发展。

2. 完善市场运行机制。完善的市场机制是市场经济正常运转和充分发挥作用的充分条件，只有在健全的市场体系框架中注入相适应的市场运行机制的"血肉"，才能保证市场运行的可持续性。市场运行机制包括价格机制、供求机制、竞争机制、风险机制等多个方面，这些机制的形成需要由市场中各参与者的经济活动自发形成，同时还需要基本的市场竞争规则、交易规则得以建立。尤其在县域经济的市场化进程早期，基本规则的建立有利于缓冲市场化改革的冲突，促进其顺利进行。通过宏观引导和市场主体的参与，深化市场运行机制的改革，在县域经济的发展中是合理可行的。

3. 激励非公有制经济发展。市场化的参与主体多样性鼓励不同形态的经济主体参与到经济活动中，而在县域经济中，自然人往往是充当消费者的角色，生产者中非公企业参与者较少。究其原因，一是因为已有公有制经济主体的市场占有率较大，私营企业进入的成本较大；二是非公有制经济主体的参与意识较小。要促进市场参与主体的多样性，需要鼓励和指导非公有制经济的参与，通过联合发展及国有经济与私营经济相互合作，提高其参与积极性和竞争实力；通过培训再教育，提高市场主体的素质，增强参与信心。针对县域经济的特色产业，可以鼓励具有发展潜力的个人或经济体发展其特色产品或资源，利用融资或与公有制经济合作的方式建立发展的基础，同时不断培训再学习，用现代技术代替传统生产方式，以先进管理组织形式代替原来的组织形式，逐渐提高在市场中的竞争实力。

4. 政府适度指导、管理市场秩序。市场经济的建立不意味着宏观调控的完全退出，尤其在市场化形成过程中，政府的指导也是不可缺少的。市场经济虽然倡导"看不见的手"的作用，但是市场经济调节无效时仍然需要政府的调控，在县域经济市场化过程中，放任各参与主体的不合规行为可能使市场化的结果南辕北辙。首先，政府应在市场化改革前合理规划县域经济发展的目标并确立基本法规，杜绝不合规生产、经营等现象；其次，建立市场发展所需的硬件支撑，例如不断完善的市场结构、不断增加的市场参与主体、具有特色的交易产品或服务等；最后，在市场化改革进程中还需要继续支持和监督市场的健康发展。

五、农民增收和农村繁荣稳定是发展和壮大县域经济的目标

党的十六大报告中首次明确提出"壮大县域经济"，并把全面繁荣农村经济作为解决"三农"问题的前提条件。县域经济的主体经济就是农村经济，因此，要解决"三农"问题就需要依靠县域经济的发展，因而以"三农"问题的解决作为发展和壮大县域经济的主要目标理所当然。

"三农"问题也即农村、农业、农民的问题，也就是实现农村繁荣、农业增长、农民增收，这是我国从农业文明向工业文明过渡必须面对的问题，同时也是世界各国都会经历的难题。在许多发达国家实现城市工业化的过程中，农业发展被忽视和牺牲，使得农村经济逐渐衰弱并成为经济发展的负担。在我国的工业化发展中，农村经济也一度被工业发展所忽视，因为"重城市轻农村、重工业轻农业"等发展观念，逐渐形成现在的二元经济结构，而对于"三农"问题的解决思路却一直未形成成熟统一的观点。直到党的十六大报告，才提出了解决"三农"问题的方法。

县域经济的发展是工业化的过程，在推进县域经济发展的同时加快发展城镇化、市场化和农业现代化，但是，发展县域内城镇是和解决中国的农村经济问题紧密联系的。与其他城市的发展不同，小型城镇的发展解决的是农村剩余劳动力、农产品市场不发达、非农产业发展不足等农村经济问题。

首先，县域经济工业化是实现农村剩余劳动力转移、增加农民收入的主要途径。大城市的发展成功吸引了农村剩余劳动力的转移，但是以"农民工"身份生活在城市中的农民并没有成功实现转移。城镇工业化的实现帮助农民就地转移成为城镇居民，同时，对于劳动力的需求也能够将农业生产中的剩余劳动力转业到非农产业中去。脱离了城镇发展的农村经济动力不足，同样，在县域经济的工业化过程中也应充分考虑农村经济，这样才能抓住发

展要点，保证县域经济的可持续增长。

其次，县域城镇化发展能够缩短城乡差距、实现农村繁荣。二元经济结构的解决重点在农村，但是孤立地发展农村经济并不能解决问题。城镇化的发展正是以城乡一体化为目的的，通过城镇化发展建立统一的商品和要素市场，规范和扩大农产品市场，提高农民收入；通过城镇化发展来促进农业改革、提高农村社会福利水平，增加农村基础建设投入和社会保障，实现农村繁荣稳定。

最后，作为壮大县域经济的根本，农业现代化的建设也实现了农业增长的目标。由此可见，解决"三农"问题是县域发展的着眼点，县域经济发展也是解决"三农"问题的中国特色道路。农民增收和农村繁荣稳定是具有中国特色的县域经济发展的目标。

结语： 县域经济的发展需要以城镇化和新型工业化作为前提，新型工业化是县域经济的发展主线，而城镇化则是其重要载体和依托；在此基础上形成的发展战略还需要强调农业现代化、发展市场化和农民富裕化的实现，因为这是发展和壮大我国县域经济的目标、导向和根本所在，是繁荣县域经济的支撑和助推器。而无论哪方面，都需要我们摆正政府的位置和作用，建立健全法律法规的规范体系，调动各参与主体的积极性，并保持积极的创新意识。

第十一章 城镇化进程中适应县域经济发展的金融改革思路

上一章讨论了城镇化进程中县域经济发展的战略如何制定，本章则对城镇化进程中另外一个县域发展过程中的重要问题——县域金融改革——进行研究。长期以来我国一直致力于县域金融的发展，但是由于县域金融在实际中存在着一些障碍而效果不佳，因此，县域金融服务的发展思路需要变化。本章希望为解决本问题提供一点改革上的思路。

一、县域金融发展的特点和金融服务创新

（一）县域金融发展的特点

首先，县域金融的发展是具有特定区域性质的。县域金融的发展依托于其独特的县域环境和地理位置，具有鲜明的区域特征。其次，县域金融的发展具有开放性。随着经济的发展和金融改革的深入，金融资源配置的范围扩大，跨区域的资源整合和信息交流增加，县域金融的发展也不局限于行政区划的范围内。最后，县域金融的发展具有明确的服务对象和政策导向。县域金融的服务对象是县域经济以及县域的工业化、城镇化以及现代化。县域金融的发展受国家整体战略影响较大，其发展的初始目的在于合理利用和配置农村地区资源，扶植农业产业发展，改善农村居民生产生活水平。但是，从发展现状来看，各类金融机构在县域地区的发展表现出了极大的不均衡性。总的来说，目前大多数地区的县域金融服务机构还是相对单一，金融服务主体布局不够完善，相当部分县域地区的证券、保险、信托、基金公司等非银行金融机构还没有发展起来，主要还是农业银行、农村信用社、邮政储蓄等银行机构。

（二）县域金融服务的创新方式

1. 拓展县域金融服务的服务对象和范围。随着县域经济市场化程度迅速提高和信用主体大量增加，各类新型的县域金融机构不断涌现，金融机构的经营范围延伸，业务范围拓展，服务对象和范围不断扩大。

2. 更新金融产品，提供多样化的金融服务。随着县域金融市场的发展，单一功能的金融产品不能再满足当地生产生活的需要，这就给金融服务机构提出了更多要求，为此，必须要对传统的金融产品进行改造和升级，使其能拥有更多方面的功能。此外，金融服务机构还应该推出满足客户多样化需求的产品组合，形成多元化、多层次的系列产品，为客户提供更加多样化、个性化的金融服务，使传统的信贷产品得到有效更新。

3. 提高金融服务的便捷性，推进电子化进程。各金融部门应该合理布局网点，方便客户就近办理业务。同时，积极改进服务方式，推进电子化进程，节约办理业务的时间。另外，还应打造更为完善的支付清算服务平台、社会信用服务平台和银企互利合作平台，提升县域金融的服务水平。

4. 管理理念、经营机制、监管机制的创新。加快推进县域金融产品和服务方式创新，需要全面改进和提升县域金融在服务理念、管理理念、经营机制、监管机制、政策支持体系等方面的发展水平，改善县域金融基础设施和金融环境。

二、县域金融服务发展面临的困境

（一）县域经济的基础

1. 产业结构与金融发展的不相容。经济发展对金融起决定性作用，经济发展的结构、阶段和规模决定了金融体系的发展。县域经济中，虽然第三产业有所增加，但第一产业仍占据较大份额。农业经营的效益较低制约了银行的信贷投入。县域金融的发展依托产业结构的调整和优化，同时，产业结构的调整也为金融业的持续和蓬勃发展提供支持，两者是存在交互关系的。因此，为了促进金融业的不断发展，县域经济产业结构就必须得以调整和升级，才能增加县域经济对金融服务的有效需求。

2. 县域经济发展滞后。

（1）农业发展的产业化水平较低，抑制了金融的有效需求。目前，我国广大县域地区商品化程度较低，市场化进程较慢，生产经营分散，整体产业化水平偏低，导致经济生产的投资规模受限，对金融需求不高。

（2）县域企业运行质量较差，制约了银行的信贷投入。县域内绝大多数是中小企业，由于缺乏科学的经营管理制度而存在各种问题，例如公司经营风险问题、公司资金运用问题等，使这些企业发展水平相对较低、发展速度较慢，造成了县域小微企业自身的盈利能力弱、信用能力低下，所以很多中小企业的贷款需求都得不到银行的支持。

3. 城乡二元结构的存在。我国长期以来实行城乡分割、以农支工的二元经济政策，导致县域地区产业基础薄弱，县域金融发展程度明显滞后于城市金融，金融资源在城乡间的配置极不平衡，严重制约了我国农村金融市场的发展，直接降低了农村金融机构对农村资金需求的满足程度。

（二）县域金融环境有待改善

1. 缺乏配套服务。

（1）金融信用体系建立滞后。当前农村征信系统还没有完全建立，农村信用制度不成熟，农村信用社积累的贷款客户资料大都存在数量少、质量差、信息不完整且不够系统等问题。银行了解个人和企业的信用度和信用能力的渠道太少，以至于贷款前调查、贷款风险预测等都很难进行，这在一定程度上影响了农村发展中信贷资金的有效供给，使农村地区出现了信贷资金少的现状。

（2）融资担保体系建设落后。一方面，中小企业信用担保机构一般规模较小，担保能力弱，缺乏完善的内外部风险补偿、分摊机制，后续资金短缺，担保额有限；另一方面，中小信托机构的发展也是处于初步阶段，业务规模比较小，在一些地区甚至没有相应的网点，与其他金融机构相比，其市场份额明显偏低。

（3）缺乏农业保险机制。现阶段，一方面，我国农民风险意识不够且收入水平有限；另一方面，政府对于农业保险的支持力度也有限，而大多商业保险公司又不愿意承保某些自然灾害。因而农业保险的参保人数不多，农业保险也不能尽快得以发展，农贷资金风险无法转移。这使得农业投资、农业生产项目、农业安全缺乏有效的风险分散和补偿机制，一旦遇到不确定性和不可抗御的因素，农户就可能面临着巨大的经济损失，其带来的后续影响则是无力偿还贷款，使这种农业风险传递到银行，产生信贷风险，造成农信贷资金投放不足，进而带来更大的社会经济损失。

（4）使用权流转机制不完善。目前，我国还没有明确规定针对农村物权抵押处置办法的相关细则，比如我国大棚使用权、海域使用权等农村物权的抵押登记还缺乏相应的操作流程，且流转市场建设也还在朦胧期，银行抵押物权处置存在一定程度的障碍。农村土地承包经营权、宅基地使用权等作为农村资产的"大头"，在办理抵押贷款方面还没有妥善的处理办法。

2. 信用缺失。县域金融的发展缺乏良好的信用环境。部分企业信用观念比较淡薄，短期行为严重，逃废债务现象和恶意逃债情况广泛存在，导致大量信贷资产流失，给金融机构带来巨大的安全隐患，导致金融机构更加惜贷，不利于县域金融的发展和城乡统筹的建设。

3. 金融监管。

（1）金融监管滞后于金融活动。目前我国县域金融监管工作主要偏重于事后处理式以及整顿式的监管，监管的作用并没有充分发挥出来，而这种落后监管方式也与当前农村金融的发展需求不相适应。

（2）金融监管存在漏洞、县域银行业监管机制不完善。农村金融市场的监管体制存在明显缺陷，相关的监管指标和风险预警指标体系还有待完善，且各部门的监管权限很有限，部门之间未能协调一致，完善的农村金融市场监管体系并没有建立起来。此外，农村金融市场的监管还面临着监管资源不足、监管方式大多单一等各种问题。因此，金融监管也成为制约农村金融发展的重要因素之一。

4. 金融扶持政策。农村金融结构受国家整体发展战略的影响很大，具有很强的外生性。而我国有关县域金融扶持政策还有很多不足。

（1）对县域金融机构缺乏统一规划。从目前出台的相关政策来看，主要还是针对中国农业银行、农村信用社以及其他涉农金融机构，而对县域金融机构缺乏统一的制度安排。尤其在强制性制度安排方面，对工、中、建、交行和其他全国性股份制银行的约束相对较小，部分减弱了相关政策的效力。

（2）财政与金融两个政策缺乏有效衔接与配合。在现有的分级财政体制下，由于县域财政状况一般较差，难以提供与农业发展相适应的配套财政资金支持，从而使许多优惠信贷政策在实施中大打折扣。

5. 立法的质与量。目前，我国还没有建立起完善的金融创新法律体系，导致金融创新步履艰难。另外，许多金融活动缺乏配套的法律法规，导致金融市场混乱、信号失真等诸多问题。

6. 金融管制，行政介入太多。对于市场化程度较低的农村地区金融机构，地方政府干预现象是比较普遍的，政府长期充当经济建设的主体和投资主体，比如政府担保、地方保护主义、招呼贷款等。政府的过当干预挤压了市场机制发挥作用的空间，造成了县域金融市场的垄断，导致金融资源配置效率低下。

7. 金融体制改革滞后。当前，我国金融体制改革主要还是侧重于对金融机构的内部改革，对于农村金融中的体制机制问题，如农村金融准入、农村金融担保制度、农村金融多元化发展和农村民间金融管理等方面，还没有得以较好解决，县域金融体系也没有得以完善和升级，进而限制了县域金融的发展空间，使农村金融供给难以跟上日益增长的农村金融服务需求。

（三）县域金融体系和机制存在的隐性障碍

1. 县域主体功能紊乱，金融机构不能发挥应有的作用。

（1）组织机构单一。我国县域金融市场的核心仍然是银行类金融机构，而证券、保险、投资基金等很多形式的金融机构没有参与农村市场，组织机构单一，服务功能不全，向农村提供金融服务的能力有限，整个农村市场金融机构体系不健全。

（2）农村政策性金融机构职能缺位。一方面，农业发展银行开展业务单一，主要业务实际上仅仅是满足粮棉油收购贷款业务，其实际职能只是停留在流通领域，并未延伸到与经济发展关系密切的农业生产领域，很少为产业链条提供信贷支持，不能适应当前农业发展、农业科技推广以及农业基础设施建设等需求。另一方面，农业发展银行的资金来源不稳定。农业发展银行作为政策性金融机构，其资金来源主要是国家财政拨付，但是财政拨款资金有可能因财政收支非均衡等问题的出现而不能及时筹集到位，所以农业发展银行必须再通过其他途径进行筹资，否则会造成其资金池的不稳定性，并在一定程度上限制了对县域金融的资金投入。

（3）农村信用社的发展不是很健全。首先，农村信用社由于受到各种限制，如资金量、贷款集中度等，无法满足中小企业大量资金的需求。其次，在加快产权改革之后，农村信用社追逐利润最大化和经营管理商业化，更加强调贷款的安全性和收益性，贷款结构表现出明显的非农化倾向，脱离了原本的服务领域，为"三农"服务不足，无法满足县域经济发展需求。

（4）商业银行作用发挥不足。我国商业银行都是以盈利为目的，由于县域的经济效益较差，大部分商业银行收缩在县域的网点和规模，将主要发展领域转向大中城市，这严重影响了县域金融对经济的支持作用。

（5）新型农村金融机构的发展仍处在朦胧探索时期。新型农村金融机构包括农村资金互助社、村镇银行、贷款公司等，但在其发展过程中暴露出了多种问题，诸如资金来源渠道狭窄、融资比较困难、经济风险补偿体制机制尚未健全等，这些都不利于新型农村金融机构的后续发展。

（6）非正规金融组织的发展受到政策限制。尽管我国对民间借贷采取限制政策，但是农村许多企业和农户仍通过民间借贷途径进行融资。民间借贷资金利率往往高于银行贷款利率，且由于缺乏规范和配套实施细则，有时还会出现高利贷等非法现象，使借款人的正当权益无法受到法律保护，这种不规范的借贷方式也会扰乱农村正常的金融秩序。

2. 经营观念及管理体制存在隐性障碍。

（1）信贷管理体制过于僵化。银行贷款审批权日益集中，授权、授信管理严格，限制了县级分支机构自由审批的权限，导致其信贷授权不足。

（2）信贷考核机制不健全。当前县域商业银行对新增贷款采取的都是"双百"责任追究制度，银行方面也积极地为此制度制定相关的约束和限制条件，以降低银行的不良贷款，控制贷款风险。但是，这种"双百"责任追究制度，在一定程度也压抑了县域金融的发展，造成了信贷恐惧症，很多银行对新增贷款提出了更苛刻的要求，这也是当前农村金融惜贷的一个重要原因。

（3）经营观念没有及时更新。县域金融机构仍是以存贷利差取得收入，且其金融品种较单一、业务种类较少、经营方式较为传统，致使县域金融机构普遍的盈利率都不高，管理水平有限，因而银行信贷投入的意识还不够强烈，投入的资金与投资的渠道受到限制。

（四）与需求相匹配的金融产品、服务供给不足

1. 金融机构网点覆盖率低。当前，各商业银行正在逐步缩减基层网点，特别是对于县域区域的网点数量更是严格控制。同时，银行又将管理权限、发放贷款的权限上移，已确保能在大中城市占得一席之地。此外，各银行纷纷都以大企业为经营重点，而县域经济更多的是以中小企业为主，这就使得很多县域地区的金融服务支持力度远远满足不了当地生产生活的需求。

2. 信贷资本。

（1）县域资金流出严重。县域金融机构在本地吸收了很多闲置资金，可是却很少为促进县域经济的发展发挥作用，邮政储蓄只存不贷，商业银行资金上存款比重逐年增大，导致资金大量流向城市，但是县域地区的发展又存在较大的资金缺口，当地居民的储蓄也没有得到有效利用，产生严重的信贷资金供需矛盾，长远来看，这种矛盾现象势必会严重阻碍县域金融的后续发展。

（2）信贷额度严重不足。出于对风险控制的考虑，一些县域农村金融机构信贷产品依然在坚持"小额、分散"的原则，因而其信贷额度并不会很高。目前，很多县域地区一般将信贷产品额度控制在 10 万元左右，但是 10 万元的贷款很难满足大多数企业对资金的需求。

（3）农村信用合作社贷款资金受到地方财政挤压。由于地方政府财力有限，却要承担大量的生产生活公共用品供给，因而只能利用农村信用合作社的大量贷款创办企业，以获取乡镇企业上缴的利润弥补财政收支的差额。在地方财政的强力挤压下，农村信用合作社可供县域居民贷款的资金数量远远无法满足县域金融需求，导致县域经济因资金短缺而发展受限。

3. 金融产品、金融服务。

（1）专业人才相对缺乏。农村金融机构很难引进高素质、高水平的专业人才，导致县域金融人才不适应新型城镇化需求，制约着县域金融的发展，也影响了其对县域经济发展的支持力度。

（2）中间业务品种较少。当前县域金融机构仍然以存贷款业务、发行债券业务、结算业务等为主，对于当地新需求的业务，如某些中间业务等，县域地区的机构网点还少有涉及，这也极大地影响了对新业务的引进和潜在消费群体的挖掘。

（3）金融产品、服务创新不足。首先，由于受多种条件限制，县域地区的金融创新比较缺乏内部驱动力，很多创新思路在当地并不能得以实施。其次，县域金融机构目前所提供的服务存在较大的同质性，各机构之间的服务方式和服务机制并没有表现出较大差异，机构自我的优势和个性没有得以体现。最后，金融服务创新结构较单一。从金融创新类别来看，大多还是以产品创新为主，各机构在金融服务方面或其他方面表现，相比城市地区还是较为传统。

4. 供给与需求不相匹配。

（1）产品和市场实际需求脱节。县域金融产品的研发，多数情况下并没有先从农村客户需求角度出发来设计，且现有的金融产品和信贷政策及流程很难满足县域小微企业"短、频、少、急、快"的金融需求，所以往往还导致其产品运用水平偏低，实用性较差。

（2）县域金融的信贷结构不合理。商业银行信贷资金主要还是集中于大企业、大项目，对于中小企业的资金支持远远不够。比如农村信用社，其主要服务对象还是以收入水平较高的集体企业或者民营企业为主，小企业或者个体户是很难得到贷款支持的。

（3）融资成本高。作为县域资金供给主体的涉农金融机构，贷款利率普遍偏高，总体来说，贷款利率最低也为基准利率上浮 30% 以上，部分农户贷款利率甚至上浮 100%，高利息势必会增加借款人的负担，极大地降低了借款人的积极性，这会对借款人自身的发展乃至县域农村整体经济的运行产生很多负面影响。

（4）信贷获取条件苛刻。为了防范金融风险，很多银行对中小企业实行非常严格的贷款审批标准，但是，县域内很多中小企业的经营规模、管理水平都较为有限，很难符合银行审批材料的要求；同时，中小企业的贷款流程较为复杂，很多企业难以提供合适的资料供银行使用，致使很多中小企业难以得到银行贷款的资金帮助。

（五）具体操作过程中存在体制机制上的"隐性障碍"

党的十九大报告指出，中国特色社会主义进入新时代，我国社会主要矛盾已经转化为人民日益增长的美好生活需要和不平衡不充分的发展之间的矛盾。目前我国社会生产力水平总体上显著提高，更加突出的问题是发展不平衡不充分。实现地区之间经济的协调发展，是近年来我国实现区域经济均衡增长、构建和谐社会的重要目标之一。作为国家行政区划中基本单元的县域，在政治、法律等形态上对国家有着重大影响，县级经济的发展更是意义深远。由于我国地域辽阔，南北、东西之间差异较大，使县域之间的发展极不平衡。特别是西部贫困、欠发达地区与东部发达地区相比，显得更为突出。这种区域间的不平衡发展，一个重要原因就是与之对应的县域金融的滞后和不平衡。这已经成为缩小城乡差距，缩小发达地区与不发达地区差距，满足人民日益增长的美好生活需要的主要制约因素。党的十九大报告明确提出："深化金融体制改革，增强金融服务实体经济能力。"在供给侧结构性改革的背景下，金融肩负着服务实体经济、促进经济转型、增进社会福利的重要使命。支持县域经济发展既是金融部门义不容辞的责任，也是金融自身发展的需要。但从近几年情况看，县域金融在推进县域经济发展时，尤其是具体操作过程中，存在着许多制约因素和体制机制上的"隐性障碍"。

1. 正规金融机构服务弱化严重。随着我国金融改革的深化，许多地区县域内的国有商业银行机构大量撤并基层营业网点，裁减人员，致使县域金融机构逐步退化成为吸收储蓄的机构。而乡镇信用社也进行了撤并，造成支农主体缺位，服务面大幅收缩。而保留下来不多的正规商业银行分支机构为应对错综复杂的经济形势，信贷投放集中，信贷审批集中，在团队化管理下，抓大放小，资金向"重点区域、重点行业、重点项目"倾斜，不愿意对分散的、数额小的涉农贷款业务进行受理，偏重于"重大轻小"。我国的货币政策导向是多元化的，在支持大企业、大项目发展的同时，更强调加大对中小企业、个体私营企业和消费信贷的支持。但从目前各商业银行的信贷业务战略来看，部分商业银行仍然不重视有效信贷投入的增加，只注重争夺已经形成的优质客户，不注重研究市场、研究企业，缺乏培养基本客户群的战略意识。普遍倾向于"大城市、大企业战略"，使县域金融机构纷纷把有限的资金争相投入仅有的少数优质大客户或者上存系统内，无疑对县域经济结构的调整和发展产生不利影响，导致信贷投入的结构性矛盾突出，信贷投放面相对集中。结果是银行信贷资金向大而优的企业集中，少数大企业资金闲置，而广大中小企业急需资金却得不到贷款支持。

2. 现有服务方式和手段难以满足县域经济发展的需求。我国县域是"有城有乡、有工有农"的行政区，涉及的人口包含了大量的农业人口。2018 年中央一号文件明确指出，"当前，我国发展不平衡不充分问题在乡村最为突出。"根据银监会公布的数据，截至 2017 年 12 月末，全国涉农贷款余额已达 30.95 万亿元，同比增长 9.64%。然而，一个客观现实是农村信贷约束依然严峻，并没有很明显地改善农村金融的供给结构，县域金融在服务县域经济的具体操作过程中仍存在"隐性障碍"。

法律法规倾向于运用土地和房产作为抵押，产权清晰的土地通常容易实现财产向信用的转化。中国农村财产权利体系尚不完善，严重制约金融市场功能的有效发挥。《担保法》规定："乡镇、村企业的土地使用权不得单独抵押。以乡镇、村企业的厂房等建筑物抵押的，其占用范围内的土地使用权同时抵押""耕地、宅基地、自留地、自留山等集体所有的土地使用权不得抵押"。但土地、房屋既是农民最为重要的生产生活工具，也是农民最为主要、最有价值的财产，虽然这些财产在竞争性市场中是最容易资本化的财产，却因为产权不明晰、市场发育程度过低而使其难以成为农村居民获得基本金融服务的有效保障。虽然有些企业经营正常，具备一定的规模，但其厂房所占有土地的租赁性决定了集体土地之上固定资产变现极其不易，一旦出现风险，银行损失补偿困难重重。由于县域财产很难进入现行的金融体系获得信用，更无法通过金融市场实现资本化，导致县域内绝大部分经济主体达不到信贷准入的条件。如果严格按照传统信贷管理和监管规定展开经营活动，那么国有商业银行县级机构必须争夺符合规定的客户资源，从而造成风险日益向单一客户集中的趋势，加大经营风险。因此，割裂的财产权利，如房产等农民私产无法资本化；城乡割裂的二元物权权益体系造成县域"有财产而无信用"，缺乏保障的财产体系导致信用不足，农村财产制度成为扩大银行信用的重要隐形制约因素。

同时，随着农业产业化的推进和县域经济的发展，农户和企业对金融服务产生了多元化的要求。不仅有存贷款的要求，还产生了包括结算、汇兑、金融咨询、租赁、信托、保险、信用卡、保管箱、有价证券发行和代理买卖等金融服务要求。而当前县域金融机构向客户提供的金融产品单一，针对性不强，技术含量低，缺乏吸引力，企业贷款一般只有额度不大的流动资金贷款，个人消费贷款提供的品种虽多，但实际可操作的品种却少。农户和企业难以得到诸如在城市较为普遍的投资顾问、项目理财等服务。从机构的角度看，目前，我国农村金融供给机构的类别相对充足，但是在县域金融中定位清晰、有生命力和竞争力的机构缺乏。县域金融服务还存在着将城镇成熟金融产品简单复制到县域地区的现象，没有做到因地、因时制宜，也在很大程度上导致了供给不平衡。县域金融供给机构应当尽快找准自身定位，并根据锁定的服务对象，匹配、创新恰当的金融服务方式，才可能形成与需求相匹配的、完备的农村金融供给体系。

3. 县域信用环境仍比较脆弱，金融需求不足。县域社会诚信体系建设正处于起步阶段，社会信用意识还比较淡薄，在信贷活动中，企业和个人违背诚信原则的行为时有发生，个别企业隐瞒于己不利的信息，金融部门在信贷投入上心有余悸。县域金融生态环境欠佳影响了金融资源的有效配置，企业有效资金得不到满足，不能实现经济金融的良性循环。与此同时，抵押担保难仍是制约县域经济主体融资的瓶颈。按照《贷款通则》的有关规定，企业向银行贷款时，要提供有效的抵押担保，而现实情况是中小企业有效资产少、抵押能力低。企业经营不稳定、担保责任法律约束的刚性，又使其他企业不愿意提供担保，再加上社会信用担保机构的缺失，大大增加了县域中小企业获得贷款的难度。

金融需求方面，农户的资金需求相对比较分散，存款需求与收入是成正比的。农村地区对投资类金融服务需求量仍较小，主要还是集中在存款服务上。对于农户的贷款需求而言，农户的贷款需求一般分为生产性贷款和生活性贷款。对于生产力有限的欠发达县域地区来说，生产性贷款需求要少于生活性贷款需求。但是生活性贷款所需要的金额不大，因此，农户一般都会选择到亲戚朋友处进行民间借贷。而对于生产性贷款需求来说，由于金额比较大，一般会选择正规的金融机构。我国县域经济发展的融资方式依然是信贷融资，这已经很难满足农业产品加工、土地流转等具有县域特色的资金需求。在现实操作中，有些生产是有季节性的，办理贷款的手续相对繁杂或者流程较多，难免会出现延迟的情况，农户错过了生产的最佳时机，所以这些农户的生产性贷款需求就会转向民间金融组织，导致民间金融活动过于异常或频繁，特别是近年来，随着互联网和智能手机的普及应用，各类金融风险也逐步滋生蔓延，非法集资、高利贷等现象比较严重。加上县域金融机构监管力量比较薄弱，无法进行有效监管，这种情况的发生会扰乱农村金融秩序，使得金融对县域经济的支持没有达到最终的目的。

综上所述，经济发展讲求数量与质量、速度与效率、总量与结构的协调，而结构调整是县域地区经济发展的必由之路，若缺乏必要的金融支撑，则结构失衡的矛盾将进一步尖锐，经济发展也将面临诸因素无法协调的困境。总体上看，上述典型事实并非一省一县的孤立现象，而是我国县域地区特别是经济欠发达地区普遍面临的现实问题。而针对当前我国县域金融存在的这些制约因素，有效的解决途径是深化县域金融综合改革，破解县域融资难题，使县域金融真正成为统筹城乡经济的纽带、国民经济运行的重要基础及架设宏观与微观经济的桥梁。

三、建立适应县域金融需求特征的农村金融组织体系

总体来说，我国农村金融需求表现出以下四大特征：区域差异性，多层次性，小规模、高成本、高风险性，季节性和复杂性。（1）农村金融需求区域差异性。（2）农村金融需求差异化表现在不同区域的资源禀赋和经济社会

发展水平的差异导致对资金需求表现出多层次、多元化的特点。(3)农村金融需求规模小、高成本、风险大。(4)农村金融需求季节性和复杂性。(5)农村金融需求多样化。(6)无抵押担保或较少抵押担保。(7)对金融项目需求变化快。(8)服务需要方便及时。(9)农村资金需求量大幅增加。具体情况如表 11-1 所示。

表 11-1　　我国农村信贷需求主体的层次性、主要信贷需求及特征

贷款需求主体及其层次			需求原因	需求特征	满足程度
农户	贫困农户		生活救助,小规模种养生产贷款需求	侧重生活,小额应急,还款能力弱	未满足
	普通农户		小规模种养生产贷款需求,生活开支	贷款额度较小且还款有一定保证	未满足
	市场型农户		有一定专业化规模化农业生产和工商运营等非农业贷款需求	贷款额相对较大,还款能力较强但有较大风险	基本满足
农村企业	小型企业		流动资金贷款为主,开发市场,扩大规模所需贷款	贷款额小,资金需求频繁,风险较大	未满足
	规模企业		拓展市场,扩大规模所需贷款	贷款额度较大,还款有一定保证	未满足
	龙头企业	初创阶段	农业资源利用型生产经营所需贷款	有一定量贷款额,风险较大	未满足
		成长阶段	农业资源利用型并具有专业化规模化生产经营所需贷款	贷款额度大,风险大	基本满足
农村各级政府			农村基础设施,公共事业项目开支所需贷款	贷款额度大,风险大	未满足
区域新农村建设			农村水利、道路、人居环境、小城镇建设等投资所需贷款	无承载主体,贷款额度大,国家财政支持	未满足

资料来源:刘降斌,刘磊.新农村建设的金融支持研究 [M].北京:中国农业出版社,2009.

改革开放以来,作为农业大国,中央一直都将推进农村金融改革作为一项重要工作,并将"三农"问题作为我国社会主义经济建设的中心工作之一。从县域来看,"三农"问题的解决与农村金融的发展状况有着紧密联系,而其中金融组织体系的构建与完善是能否适应农村经济发展,为农户和新型农业经营主体提供金融支持的关键。从总体来讲,经过 21 世纪初的农村信用社改革以及 2006 年开始的新型农村金融机构的准入,县域农村金融组织体系

得以迅速发展，形成了以合作性金融机构、政策性金融机构、商业性金融机构和新型农村金融机构为主体，以其他农村金融组织机构为补充，机构类型比较健全、支农功能比较完善的农村金融服务体系。但是，现在县域较为突出的问题仍然是农村金融的供给跟不上日渐增长的发展需求，农村金融机构发展模式、结构、成果与设想出现背离，并不能在根本上解决新农村建设中出现的问题，严重制约了农村经济的可持续发展。银监会发布的《关于做好2016年农村金融服务工作的通知》中进一步指出，农业是全面建成小康社会、实现现代化的基础，要求各金融机构要勇于承担金融支农责任，充分发挥金融支农作用，不断加大金融支农力度，切实补足金融服务短板，以推进新型城镇化建设为重点，着力强化对加快农业现代化的金融支持，找准自身定位，优化信贷结构，努力实现涉农信贷投放持续增长。在经济新常态下，创新发展县域经济，探寻新的经济增长点，对走出当前的经济发展困境意义重大。农村金融只有适应县域经济的需要，才能发挥其现代经济核心的作用。

（一）基于需求分析农村金融组织体系发展现状

1. 我国农村金融组织体系构成。随着2006年银监会放宽农村地区银行业金融机构的市场准入政策的出台，各地开始了新型农村金融机构的试点工作，这标志着新一轮的农村金融改革启动了。当前我国的农村金融组织体系主要是由合作性金融机构、政策性金融机构、商业性金融机构和新型农村金融机构等共同构成。其中，农业政策性金融机构只有中国农业发展银行；商业性金融机构包括中国农业银行和中国邮政储蓄银行；合作性的农村金融机构由21世纪初的农村信用社改制而来，由三类机构组成，分别是农村信用社、农村合作银行、农村商业银行，这是我国农村金融服务体系的主力军；至于新型农村金融组织机构，近些年发展势头强劲，所占的市场份额逐渐增大，包括村镇银行、贷款公司、农村资金互助社三类机构，以及在人民银行主导下试点，由银监会认可，但没有取得金融牌照的小额贷款公司。上述机构各自承载着不同的金融服务职能，彼此竞争互补共同推动农村经济的发展。

2. 金融需求特征和金融组织发展现状。总体来说，我国农村金融组织发展的历程是在曲折中前进的。政策性、商业性、合作性和新型农村组织机构以及非正规金融组织之间相辅相成，在不断探索改革中缓解了农村资金供给不足、融资渠道不宽、信贷投放力度不强、金融服务不优、组织覆盖率不广等制约着农村经济发展的各项矛盾。但是，与建设社会主义新农村、发展县域经济的要求相比，仍有不少弊端暴露出来。例如，一些大型银行农村金融业务的不断收缩，服务"三农"功能的弱化；农村合作金融机构合作互助共济性流失；新型农村金融机构竞争力的不足，服务创新能力缺失等。具体说来有如下内容。

（1）需求主体多元化与组织机构间分工缺位化并存。县域的农村金融需求，可以概括为在本县域内农村各经济主体的一切金融服务需求。现今县域农村金融需求主体不但明显增多，而且层次化越来越鲜明。包括农民个人生产生活需求、个体经营户生产经营需求、农村企业的发展需求、新型农业经营主体的需求等。总体来看，随着产业结构的多元化，信贷需求增多，但在县域特别是乡镇及以下的村，仍然以农户、种养大户、家庭农场、农民专业合作社等的需求为主。然而与此相对应的金融组织机构虽然在数量和规模上已达到一定的水平，彼此分工也较为明显，如民间借贷更多针对个体农户生活的小额需求；农村信用社倾向于信用较高、经营较好的一般农户和农村企业；村镇银行和小额贷款公司更多关注于县域小、微工商企业；政策性和商业性金融机构更多支持贷款需求大，周期较长的农村企业的资金需求。但因为农村金融发展先天劣势，即具有风险性、分散性、波动性、长期性，再加上银行商业化的影响，越来越多的农村金融机构越发限制农村贷款额度，提高要求，只注重安全性和盈利性而忽视了支农功能，甚至是脱离了农村，搞非农化经营。各个县域金融机构之间功能交叉，但均倾向于服务质优量多的工商企业，导致县域农村经济发展缓慢。

（2）需求专业化与金融服务水平不足并存。县域经济的发展状况虽然比不上城市经济的繁杂多变，但是就金融经济发展本身的复杂性、多变性和不同时期差异性来说，当前各需求主体也对金融服务提出了更高的要求。例如，要求更具效率性，支持力度更大，服务范围更广，层次更鲜明等。但是相较于城市金融组织来说，农村的金融组织在先天上避免不了出现人才缺乏、技术落后、基础设备匮乏等问题，加上效率低下、业务品种单一、业务范围狭窄等弊端，使部分农村金融需求主体对农村金融机构缺乏信心。一些小型微型需求主体当有贷款需要时更倾向于选择民间非正规金融组织，即使是高利率的，也宁愿选择民间融资。

（3）金融需求扩大与网点不足并存。随着农村收入水平的提高、经济产业的不断升级和经济结构的战略调整，整个农村的生产经营活动都向更专业化、规模化方向发展，对于资金的需求进一步扩大。但是大型商业银行改革后，大量的撤并农村网点，其支农作用都在日益弱化，加之依据过于安全性原则去组织安排业务经营活动，故增加了贷款难度，甚至是退出农村金融领域。

同时，其他金融机构也存在着网点地区分布不合理的现象，东北部和中西部相比较少，并且选址地点多在县城。这些都不利于真正形成对农户及对农村金融建设的支持。

（4）保险潜在需求巨大与保险机构萎缩并存。根据农业特性来看，其抗风险能力是很弱的，不论是自然灾害多，还是农产品生产周期长、收益性不高等问题都影响着农村经济的发展。而与之相反的是，以前我国农业保障更多的是依靠政府相关部门，但是力度和广度远远不够。在 2004 年以前的一段时间，农业保险一直处于萎缩状态，除了中华联合财产保险公司和中国人民保险公司上海分公司保留了农业保险部外，其他省份的分公司都撤消了经营农业保险的部门。从国际经验和我国的实践看，商业化的农业保险没有出路。由于投保金额大，农业经营主体不愿意投保，且投保率低，保险基金积累少，一旦赔付可能损失巨大，保险公司也不愿意干，所以农户等农业经营主体和保险公司双方都逐渐不愿投放太多的注意力在农村保险上，造成供需两不旺的局面。同时，相关部门对农业保险的重视力度不够，农民的保险意识还不够强，都影响了农业保险的发展。

2004 年起，我国农业保险有了较快的发展，安信农业保险公司、安华农业保险公司、阳光农业相互保险公司等政策性或相互性的农业保险公司相继成立。2007 年，中央财政首次开展农业保险保费补贴，之后，补贴额度逐渐加大，地方财政也配套补贴。2014 年农业保险的保费收入是 325.7 亿元，其中中央财政补贴 128.94 亿元，占比 39.58%，加上地方财政的补贴，各级财政给农业保险的补贴共计 250.7 亿元，占比 77.0%。承保金额 1.66 万亿元，向 3500 万受灾农户支付赔款 214.6 亿元，承保主要农作物突破 15 亿亩，占全国主要农作物播种面积的 61.6%。目前我国农业保险的规模世界排名第二，与此同时，农业保险经营主体不断增加，经营模式更加多样化。但是，农业保险的保障范围和深度还远不够，财政补贴难以满足保障需求，随着农业生产成本的不断上涨，这些问题将更加突出。

3. 金融机构本身缺陷制约职能发挥。金融组织结构失衡，有效供给不足。中国农业发展银行过度依赖财政资金，业务单一，资金供给量有限。商业性银行"安全性、流动性、盈利性"经营原则与农业发展资金需要的长期性、风险性等相背离。合作性金融组织管理水平不高，业务综合性较差、服务能力不足等问题仍没有更好地解决。新型金融机构创新能力不足，获得的政策支持力度不强，机构数量发展缓慢。非正规金融组织缺乏规范引导，制度不健全，缺乏法律法规的约束，难以发挥更大的作用。

（二）发展县域金融组织体系的建议

1. 发展原则。

（1）可持续性原则。完善新型的农村金融组织体系，要注重各金融机构的持续化发展，有必要时，可以将其重新定位，进行进一步改革。农业发展银行应该继续贯彻落实其政策性银行在农村的主导地位，拓展业务范围；大中型商业银行应转变经营服务模式，降低不良贷款率；合作性金融机构要增强人员队伍建设，提高专业素养等；新型金融组织机构增设网点，争取做到社区化与基层化。

（2）竞争性原则。任何市场环境都应该保持适度的竞争，这样有利于市场环境的优化，更能使各金融机构主体在不断地优胜劣汰中茁壮成长，竞争实力逐渐增强，抵御风险的能力大大提升。相比城市金融机构来看，县域内的各金融机构受政策导向的影响较大，可能因此缺乏竞争意识，惰性更强，不利于推进整个农村金融长足发展。因此，各金融机构要树立竞争意识，逐步提升自身的运营效率和资金的使用率，提高金融服务的层次，逐渐形成真正的农村金融组织的竞争格局。

（3）监管性原则。在"二元模式"的农村金融组织体系（正规金融组织和非正规金融组织）下，农村金融监管很不到位，金融监管资源缺乏，监管模式老旧，县域派出机构数量稀少，监管人员执行力度不充分，再加上本身农村金融机构分布较分散，无形中给监管机构的监管增加了难度，使得农村金融发展监管成为最为薄弱的环节。因此，必须完善农村金融监管体制，人民银行、银监会、保监会以及地方的金融局等都要通力合作，加强对县域的金融监管，共同创造良好的农村金融外部环境。

2. 发展对策。事实上，构建和完善农村金融组织体系，可以从两个大方向上考虑：对内和对外。对内是指金融机构自身要加强内部的管理，开辟资金来源渠道，创新业务种类，扩大服务范围，提升服务质量，提高抗风险能力；对外是指要完善外部金融环境，通过立法提高监管力度，加强政府执行能力等。

（1）强化政府主导，尊重农民主体地位。无论是深化农村信用社改革、完善农业发展银行运营模式，还是创新和规范民间金融组织发展，都要通过政府的加强引导，真正做到"取之于农、用之于农、授惠于农"。同时，要真正做到解决"三农"问题，必须尊重农民的主体地位，各金融机构应向最基层延伸，真正形成县域化与社区化。提升政府行政审批效率，在合法合理范围内简化基层信贷机构的审批流程；加强政府有关部门与金融机构之间的沟通协调，加大政策扶持力度，实施公平的优惠政策，推动农村金融发展。

（2）创新金融产品种类金融手段多元化。现在服务于农村金融的各大金融机构，都有一个共同的问题，即相较于经济主体的需求来说，现有的金融供给手段和金融产品种类并不能完全满足需求。因此，要根据县域金融发展实际，设立小微客户信贷专营机构和多种所有制的社区金融机构，引导农户建立互助发展基金组织。大力发展普惠制金融，扩大农村金融需求主体的融资渠道，满足农户和农村中小微企业的资金需求，更有效地为农村各层次的金融需求主体提供服务。创新担保方式，增加信贷担保产品种类。

（3）以政策性为主大力发展农业保险。从农业保险方面来看，发达国家的实施模式和保险机构运营体系等经验与技术更值得我们借鉴与学习，但是我们仍然要根据我国农村的现实发展需要来综合考量。总体来看，农业保险在我国农村金融组织建设中是更为薄弱的一环，我国的保险机构主体和实际需要农业保险的经济主体之间的矛盾是较为尖锐的，因此，从三方面来解决这一问题：政府要健全以政策性为主的农业保险体系，制定合理的农业保险法律法规；保险机构应进行农业保险创新，开展综合性强的农业保险业务，扩大保险范围；需求主体要提高自身农业保险相关知识，提高投保意识，正确理解农业保险服务民生的意义。

（4）规范非正规金融组织激发经济活力。作为正规金融组织的补充体系，近些年，非正规的金融组织体系，特别是民间金融活动，在县域尤其是乡镇以下地区十分活跃，利用其先天优势弥补了农村经济发展资金的不足。但是其不规范性、高风险性甚至是高利性也在干扰着正常的农村金融秩序。所以要通过各项明确的法律法规规章制度，规范引导非正规金融组织的成长，激发其在制度、信息、成本上的优势，增加农村金融的供给，带动民营经济的发展，完善农村金融市场。

结语： 为了更好地满足县域金融需求，近年来农村金融组织体系进行了一系列变革。当前，我国农业正处于从传统农业向现代农业转型的阶段，农村经济的发展更加离不开金融的支持。因此，必须清楚充分地意识到农村金融体系改革和创新的必要性，结合我国国情，进一步完善政策性金融、商业性金融、合作性金融和新型农村金融组织相互融合的金融组织结构体系。做到金融服务的多元化，促进县域经济的快速发展，也能在真正意义上实现农村金融服务层次多、覆盖广、可持续、竞争强的格局，最终构建完善的现代农村金融体系，推进现代农村金融制度创新，大力发展农村经济。

第十二章　县域经济与县域金融服务
协同发展的路径选择

　　县域经济以及县域金融服务都有其各自的特点，而不同区域的县域经济与县域金融服务也有其特殊需求。我国幅员辽阔、地大物博，各地区要素禀赋与比较优势各不相同，各地区经济社会发展水平也是参差不齐，因此，在县域经济发展与县域金融服务的需求上也是各有特点的。故对于不同地区县域经济与县域金融服务协同发展路径选择上需要遵循一些原则。

一、发挥比较优势走特色化之路

　　大卫·李嘉图在其代表作《政治经济学及赋税原理》中，从国际贸易角度提出了比较成本贸易理论，这一理论主要从两个方面阐述了什么是比较优势。一是比较成本优势，即各国在相同的资源禀赋条件下，由于要素生产率或技术水平不同而引起的生产成本的相对差异所形成的优势；二是资源禀赋优势，即在技术水平既定的条件下，由于不同国家之间拥有资源数量和质量差异而产生的生产成本的相对差异而形成的优势。将这一理论运用到县域经济发展中，可以理解为，在发展县域经济时，应依据现有的自身条件，恰当并正确地运用自身优势来提升本县的经济增长能力，并逐步通过对优势产业的发展来形成具有当地特色的经济发展道路，从而全面带动该地区县域经济发展。

（一）优势产业发展模式

　　各地区主导资源不同，发展途径自然也不一样，从比较优势角度来看，可概括为以下三大类。

　　第一种是某些县域因其特殊的气候和地形条件而物种繁多的区域，可重点以发展第一产业为主导的特色经济。具体来说可分为两大类：一类是通过利用当地自然资源优势进行农业产业的深度开发，建立起以商品性农业生产为主，并以农产品为原料的深加工等延伸产业。这类产业在我国县域经济发展中是一种最普遍、最传统的发展方式。另一类是以特色生物资源为主来发展林、牧、渔等产业。比如云南省，其具有开发价值的经济林木种类繁多，有300多种，且很大部分是云南特有的品种，因而其相应的林副产品和山林特产资源也非常丰富。这些资源使云南省县域地区的经济发展具有浓郁的地域特色。

第二种是某些地区拥有丰富的能源资源、优越的区位条件等，并通过对这些资源的开发来发展依托型工业产业。其主要可分为三类：第一类是利用矿产资源，发展成为具有一定规模的矿产资源采、选、冶工业，这类型产业发展模式在中、西部县域地区比较常见。这些县市通过培育和发展起当地的支柱产业来实现本地区工业化发展，已便作为实现跨越式发展的突破口和主动力，建立起现代工业体系，提升县域经济整体发展水平。第二类是以主要满足国外出口订单的制造业产业为核心的发展模式，这类型发展模式主要集中于沿海地带的县域地区，通过与跨国公司形成代工关系，逐步形成以加工贸易为主的经济发展模式。第三类是通过开发新能源产业，发展新兴绿色产业工业来实现当地产业转型升级。例如，秦皇岛因其特殊的地理位置，使得该地区的风能资源非常丰富，全年沿海有效风速可利用时间达5000小时以上，特别是昌黎县、山海关一线沿海区域，地形平坦开阔，适于陆上风电场的开发建设。秦皇岛的风能优势使该地区逐步形成了以这类新能源产业为核心的先进装备制造基地，并实现了地方产业的绿色发展。

第三种是与各行各业有着密切联系，对其产业的发展可牵动其他产业发展的第三产业发展模式。其中最普遍也是近年来发展最快的产业当属旅游文化产业。某些县域地区因拥有丰富且独特的自然风光、历史古迹、民俗文化等各类人文资源，故据此大力发展旅游业，通过旅游业带动诸如交通运输业、服务业、特色商品开发等第三产业的发展。比如四川省长宁县被评为全省首批16个"四川省乡村旅游强县"之一，这表示长宁县通过"改革创新、突出特色、丰富业态、提升品质"的发展思路，推进并建立起了特色化、规模化、品牌化的乡村旅游发展产业。此外，还有诸如像利用当地大量的劳动力来发展劳务型县域经济发展模式。其旨在向外输出劳务，在异地打工挣钱，积累一定资金和技术，然后返乡创业，带动县域经济整体发展。

（二）特色经济发展道路规划

1. 确立县域地区特色产业发展战略。首先，当地政府和有关单位应把建设特色乡镇产业作为发展县域经济、增强当地经济发展活力的战略性发展目标，明确建设特色产业在当地经济发展全局中的地位和作用。其次，相关部门在配合国家战略发展部署的前提下，综合考察当地优势资源，并初步筛选出所要确定发展的特色产业。最后，应对待选的特色产业作出详细的市场调研报告并比较分析，以便确定在未来较长一段时期最适宜发展的特色产业。

2. 编制县域地区特色经济发展规划报告。在深入调查研究、全面摸清当地经济发展水平现状的基础上，聘请有关部门的领导及专家，在科学论证的基础上，编制科学合理的县域地区特色经济发展规划报告。这份报告应坚持"因地制宜，突出特色"的原则，宜农则农、宜商则商、宜旅则旅、宜工则工。找准当地地区的产业定位是其所围绕的重点，在此基础上确立其功能定位和发展方向。最后，应对报告内容做出可行性评估分析，确定最终发展规划方向。

3. 具体计划的实施。实施计划的重点应有以下五项。

其一，政府应高度重视富有当地特色的龙头企业的建设发展。当地政府应谋划建设一批具有一定规模的特色产业项目，在确保其能顺利建设实施的基础上，通过政策引导和扶持，使这些特色产业成为当地的支撑项目，并以此建立一批富有当地特色的龙头企业。

其二，为了能更好地提高企业的生产能力和生产效率，扩大其生产规模，实现企业的规模经济，当地政府应为其构筑相关产业的集聚平台。一方面，在龙头企业的带动下，整合各类生产要素，把关联度较高的产业集合起来，逐步形成特色产业集群，推动特色产业的快速发展。另一方面，可根据实际需要，规划建设产业园区，建立园区商务中心、物流配送中心等。把园区经济作为培育当地特色产业集群的重要载体，引导大众向园区聚集，逐步实现项目聚集、产品聚集、产业聚集，最终打造当地特色品牌产业链条。

其三，明确组织领导机构和职责，建立和完善有效的政策支持体系和必要条件。当地政府各部门应各司其职；明确特色经济建设的组织领导机构和具体工作，努力做到相关部门共同参与、上下协调一致。此外，政府机构还应系统、细致地掌握县域内与将要发展特色产业相关的一切条件，包括基础设施、人力资源、通信状况等，完善发展县域特色产业所需的软、硬件设施建设。

其四，建立目标管理，健全考核与督查机制。科学设置指标，建立动态的科学管理体系，在对当地经济考核时有针对、有重点地考核特色产业的发展状态。不断改进督查机制，确保落实每一层级的各项工作，对各项环节实行问责制度，以保证当地特色县域经济建设的稳步实施。

其五，加大宣传推介力度，提高县域地区特色经济发展知名度。政府工作领导小组应加大宣传力度，通过官网、电视、期刊报纸等主流媒体对当地特色经济做出专题宣讲，介绍当地特色企业、特色乡镇等，并积极向省级、国家级新闻媒体推介当地特色产业文化，扩大其特色产业的影响力度，以提高本地知名度，为特色乡镇建设营造良好的舆论环境。

二、以人为本走民本经济之路

（一）民营经济的特征

民营经济这种经济发展形式由于具有某些适合我国基本国情和市场经济体制发展要求的特质，因而具有旺盛的生长力和广阔的发展空间，能在我国长期存在并逐渐发展壮大。

1. 产权关系清晰。从产权关系看，民营经济具有产权主体多元化、产权清晰和利益分配关系明确等特征。民营企业中绝大多数为自筹资金、自由组合的经济实体，无论是个人独资、合伙投资、外商投资，还是集体筹资创办的民营企业，其产权关系和利益关系都非常清晰。

2. 经营机制灵活。总体来看，多数人都是自己出资开办民营企业的，因而民营企业的经营机制多以"自愿"为原则。在合法的前提下，民营企业可自主决定企业的大小事，因而其经营方式非常灵活，是随着市场的需要而发展的，所以其符合市场经济特点，竞争力强，生命力强。民营经济自力更生，一切生产经营责任和后果全由自己负责，具有真正的法人地位。

3. 门类比较齐全。目前，我国民营经济的经营范围十分广泛、数量庞大、门类齐全，除了国家垄断经营的行业外，其他各类行业都有民营经济的存在，其不仅满足了国内群众不同层次的消费需求，为国内群众提供了各式各样的产品和服务，很多民营企业还把自己的生存空间拓展到国外，来满足全球人民生产生活的需要。

4. 依附于基层群众。民营经济，就是老百姓的经济。一方面，民营企业最初是靠个人或合伙搭建创立起来的，初创时期大都资金不足，条件艰苦，是靠着大家的共同奋斗，才得以发展壮大起来的。另一方面，民营经济从一开始就与农业、农村、农民有着天然的不可分割联系，其对民营经济的崛起和壮大起到了重要的哺育、启动、保证和支撑作用。

（二）民营经济在县域经济发展中的地位和作用

1. 民营经济是县域经济发展的核心推动力。民营经济因其来源于民众强烈致富欲望和自主创业精神，因而其种类形式繁多，类型广。党的十六大报告指出，必须毫不动摇地鼓励、支持和引导非公有制经济发展。作为后起之秀，民营经济独特的优势特征能为县域经济注入活力、带来商机，为其发展另辟蹊径。这对于大多数基础相对薄弱的县域地区更是尤为重要。民营经济自身在机制、管理等方面有着独特优势，能给县域经济的发展提供有利的外部资源和条件，使其能借助一切先进的外力资源，包括先进的管理制度、企业文化、高层智力等来实现自身经济跨越式的发展和增长，这是在短时期内通过自身努力很难实现的。因此，就目前来看，在投资创业环境政策较为宽松的背景下，各地区应该坚持以人为本，高度关注民本经济。依靠民众的力量，通过广纳民智、主动吸引民资等方法来激活民营经济，重视和培育民营企业，不断提高民营经济在县域经济中的比重，增加民营经济对县域经济增长的贡献率，使其成为县域经济发展的核心推动力。

2. 民营经济能有效缓解县域地区的就业压力。就业是民生之本，就业问题没有处理好，将会对社会安定产生极大的负面效应，而民营经济的有效发展则能很好地扭转这一局面。一方面，从民营经济数量上来说，其广泛分布于三大产业中，且有不少的民营企业是以劳动密集型产业为主，就业容量比较大、用工机制灵活，可以满足不同阶层、不同人群的就业需求。这对于广大的县域地区民众是非常重要的，因为有很多县域地区的民营企业是以中小企业为主，而中小企业和大企业相比，其更多的是集中于生产发展的基层层面，因而中小企业能更好地吸收县域地区的富余劳动力资源。另一方面，从其对劳动力资源配置层面来讲，民营经济不仅能自身吸纳劳动力资源，还能带动相关产业、部门吸纳劳动力资源。从而能够有效地转移县域地区农村剩余劳动力、安置城镇待业人员，同时，也让一部分人群得以再就业，使当地劳动力资源得以重新分配和再利用，这对当地社会稳定起到了很好的保障作用。

3. 民营经济有助于县域地区农业产业化的快速发展。农业是县域经济的基础产业，发展农业现代化是当前县域经济发展的目标之一。民营经济通过龙头带基地、基地连农户的方式来实现农业一体化经营管理。民营经济不仅能调整县域地区农业结构，拉长农业产业链条，增加农业附加值，提高农民经济效益。还能很好地改变农业弱势产业的地位，解决农户小规模经营生产与巨大的市场需求之间的矛盾。更为重要的是，民营经济的发展能有效地推进县域地区农业产业化的快速发展，实现农产品品牌效益，从根本上提高农产品的市场竞争力，实现农业产业化经营。就拿贵阳南明的老干妈风味食品有限责任公司为例，其通过不断扩大基地建设，促进了周边椒农的种植和增收，也拉动了相关产业的发展，且当地县域地区已经形成了一个以"老干妈"为代表的辣椒优势产业和优势产业加工群体。

4. 民营经济推动了城镇化发展进程。民营经济的发展加速了城镇化进程，具体来说，从技术层面来讲，在县域地区城镇化发展进程中，技术创新是其主要驱动力之一。通过发展民营经济，创新或把先进的技术引入本地，不仅能改善当地传统产业的生产环境，优化其生产力的配置，同时还能改善当地居民的生活方式和水平。从制度层面上来说，通过对多种制度的改进和完善，也为农村城镇化进程中的公共基础设施开发带来了多元化的投资主体和经营机制，民营经济主体广泛地参与到公共基础设施的建设和相关公用服务事业中来，极大地提高了城镇公共服务的供给水平和供给效率。从资金层面来说，长久以来，在农村城镇化发展进程中，资金问题一直存在。民营经济的迅速发展，扩大了政府的收入来源、增加了当地的财政收入，民间资本大量进入城市建设领域，为城镇化建设提供了资金需求保障。

（三）加快民营企业对县域经济发展的有关措施

1. 更为公平地对待民营企业。民营经济作为当前市场经济的重要组成部分，其在国民经济中的作用和地位已经无可替代。特别是对于县域地区的经济发展来说，当前，民营企业的发展已经渗透到当地各类型、各层次产业之中，其为县域经济的发展不仅提供了要素市场、产品市场，还奠定了其优势产业发展的基础。因此，县域地区必须对民营企业一视同仁，公平对待各类型、各行各业的民营企业，保障其能得到平等的发展机会。特别是某些地区，"重国营，轻民营"发展理念必须坚决舍弃，要把发展民营经济与发展国有经济放在同等位置，切实解决好民营经济发展中存在的相关问题。

2. 为民营企业创造更为健全的法律环境。首先，在市场准入方面，我国非公有制企业还是受到了较多限制。在法律法规方面，尽管国家规定了凡是没有禁止民营经济准入的领域，其都可以进入，但实际中，由于某些外部环境条件，民营经济的进入还是受到颇多限制，还有一些行业允许外资的进入，但对私人资本的进入给予了一定限制。因此不解决民营经济市场准入问题，民营经济的发展将受到重大影响。其次，在民营业者权益上予以更多的保护，从法律上明确民营企业主的财产所有权、投资决策权、投资收益权等权益，完善保护私有财产的法律制度，保护和调动民营业者的投资积极性，确保其通过合法经营、诚实劳动获得的收入有所保障。最后，还应加强县级普法宣传教育，增强广大民营业者的法律意识，培养他们对法律的基本素质修养，相关部门应从多方面加强对民营业者的政策法规、职业道德、职业理想教育，使其走上依法生产、经营的轨道。

3. 重视当地人才的培养和管理。在相同技术条件下，企业生产的产品质量会因为劳动力素质水平高低而产生差异。县域经济的发展离不开高素质、高技能性人才作为后盾。提高劳动力的素质，有助于提升县域综合竞争力，惠及社会的方方面面。当前，大多数县域地区主要是对其内部进行基础教育投资，对职业教育和成人教育的关注较少。然而，通过职业教育和成人教育的方式却能直接为民营经济提供所需人才。因此，一方面，当地政府应推动这方面投资的进行，使民营企业和这些教育机构进行有效沟通，让更多劳动者能提高自我技能、扩展综合素质，成为企业需要的人才。另一方面，为保障民营经济的长远稳定发展，当地有关部门应对民营企业的管理者进行培训。比如推动企业与高校之间的合作关系，让管理者进入高校，学习管理知识；高校研究者也能进入企业，为企业的长远发展出谋划策。

4. 更加积极地改善民营企业的融资环境。民营企业的融资渠道并不宽泛，尤其是对于中小企业而言，融资难一直是限制其发展的重要因素。虽然多数县域地区已经宣布要为民营企业贷款减少不必要的环节、拓宽企业的融资渠道。但就目前而言，很多县域地区民营企业融资难的问题依旧突出。这一问题的难点在于目前我国还没有为民营经济建立起较合适且较健全的贷款担保机制。民营企业融资难，主要是因为企业抗风险能力弱，信用度不够，这时就需要当地政府和相关部门的积极参与，才能有效地改善民营企业融资环境。政府等相关部门应在这中间担任重要的中介作用，首先，其应对企业进行定期考察，对于发展前景良好的企业，政府可以出面做担保。其次，在企业不能偿还贷款时，由政府出面对企业进行收购、改制或者出售，保障金融机构的利益。最后，政府等相关部门还应更深入地推动当地县域金融的建设和发展，为县域金融的发展提供良好的外部环境，进一步丰富县域金融的服务主体和服务方式，并通过政府带头，重点开展相关担保业务的开发和实施，支持其他融资性担保机构为当地民营经济提供融资担保服务，从多方面来解决民营企业的融资问题。

三、发展循环经济走可持续之路

构建和谐社会要求人与自然相和谐，重视发展循环经济。县域经济是在县域内特色资源和能源的基础上发展起来的，因而保护资源、走可持续发展道路对县域经济的发展至关重要。

（一）构成可持续发展的因素

可持续发展涉及生态、经济和社会三个方面，三者相互联系、相互制约，共同组成了可持续发展的基本内涵。具体如下。

1. 生态可持续发展所探讨的范围是人口、资源、环境三者的关系，即研究人类与生存环境之间的对立统一关系，调节人类与环境之间的物质和能量交换过程，寻求改善环境、造福人类的良性发展模式，最终实现生态经济平衡发展的状态，从而为社会、经济的向前发展奠定坚实基础。

2. 经济可持续发展对于大多数依靠资源发展起来的县域经济是有重要意义的。它要求在发展经济时，应摒弃以往传统的发展思想，转而发展以"资源—产品—再生资源"为主要发展模式的循环经济，使经济活动对自然环境的影响降低到尽可能小的程度。其本质是把清洁生产、废弃物的综合利用、生态设计以及可持续消费融为一体，充分挖掘各种物质的价值，实现企业、部门、行业间的要素耦合，从而实现经济、社会和生态效益的统一。

3. 社会可持续发展主要是从人的发展和社会发展层面去思考的。一方面，它要求在满足人的基本需要的同时，促进人的全面发展，从而实现人与社会其他因素之间的相互适应与协调发展。另一方面，它又要求在社会发展中逐渐改善并消除社会上各种不公平的发展现象。可持续社会发展应是公平性和可持续性的有机统一体，只有公平性才能保证社会发展的稳定性和持续性。可见，社会可持续发展的目标在于推动社会整体全面进步，其终极目的是使人得到全面发展。

（二）县域地区走可持续发展道路的基本思路

1. 生态经济发展是先导。过去，县域经济的发展往往是以牺牲本区域的生态效益去片面地追求经济效益而发展起来的，这种发展方式不仅违背了自然生态的发展规律，还造成了资源的大量浪费与生态环境的严重恶化。使经济发展和环境资源等因素之间的矛盾加剧，从根本上限制了县域经济的持续稳定。因此，为了县域经济的可持续发展，就必须要舍弃以往不当的做法，走生态经济发展道路，切实保证整个地区环境资源系统的完整性，维护当地生物多样化，在实现生态持续发展的前提下来发展当地经济。

2. 发展循环经济是必备条件。为了实现县域经济的可持续发展，则必须走发展循环经济的道路，其关键是加强对科技的利用率。当前，县域地区应重视并尽快建立起循环经济产业结构体系。通过产业结构调整和高新技术开发及其应用，转变县域经济增长方式，提高当地经济发展质量，对其资源进行优化配置，达到节约能源、降低损耗、增加经济效益的目的。首先，县域地区应进一步研究生态农业的发展模式和实现手段，调整和丰富农业经济的增长方式，并加大对农业方面的科学技术研究投入，建立起新兴的生态农业产业。其次，立足于现有基础产业，通过技术创新，加快当地工业部门的产业结构调整和技术改造，通过对物质与技术的多层次有效利用，实现清洁生产，减少对资源的浪费，降低对环境的污染，从而提升整体工业素质。最后，在发展循环经济的过程中，还应为其建立起配套的法律机制、保障机制和激励机制，从多方面来刺激循环经济发展的有序进行。

3. 县域经济的可持续发展还应注重社会可持续发展。县域地区要实现社会可持续发展，应全面开展对当地群众的素质教育和思想道德教育，尤其是对生态道德、生态文化的教育培养，使其彻底改变对自然资源的传统态度，建立起更为科学的道德和价值评判标准，不再把自然资源看作随意盘剥和利用的对象，提升百姓自我道德修养和行为规范能力。此外，还应着重培养劳动者的科学技术和文化水平，增加当地人力资本存量，从而推动当地社会系统持久的发展能力。同时，当地还应合理地调节社会分配关系，建立和完善当地各种社会保障体系，并致力于消除贫富不均和两极分化，使县域经济发展所产生的利益能够得到公平与合理的分配，促进社会发展的长久稳定。

（三）针对实施县域经济可持续发展的有关建议

1. 发挥好政府的引导监管作用。首先，当地政府应端正经济发展指导思想，科学制定县域经济发展规划，正确处理好国家利益和局部利益之间的关系，克服盲目追求经济发展速度和总量的老旧思想，根据自身资源特色，全面分析当前经济发展走势，科学制定出低消耗、低污染和高效益的产业规划蓝图。其次，根据当地发展情况，对各产业经济可持续发展的状况采用比较全面的评价指标体系。包括对自然资本、生产资本、人力资本和社会资本等各要素进行综合评价，揭示对资源环境的利用和保护、企业经营和发展、当地民众的生产生活状态等有关信息，从而使当地政府能及时地发现存在的问题，并调整相关规划和决策，对各产业部门实施动态监管。最后，根据多方汇总的信息，及时更改和完善相关制度，以便能更好服务当地经济发展的需要。

2. 打造支撑县域经济发展的人才支撑体系。人才对县域经济可持续发展起着枢纽和调控作用，是确保县域经济可持续发展的重要保障。人才支撑体系对于当地经济可持续发展的竞争力有着举足轻重的作用。因此，在县域经济可持续发展中，当地应建立起具有对各类人才源源不断的吸引力的管理和激励机制，以及较完善的人才评价体系，构建出具有整体性、多元性、动态性和层次性的人才支撑体系。政府部门应该强化用人理念，形成用人公开化、程序化和规范化。打造县域经济可持续发展人才支撑体系的突破口在于实现用人主观化到用人制度固定化的转变。积极转变用人机制，摒弃老旧的用人方法，建立以能力和业绩为导向的县域经济可持续发展所需的人才支撑体系，以此规避人才歧视。

3. 提升县域经济可持续发展的科技创新能力。首先，应保证科研经费的财政支持力度，并加大对那些带有特色经济且市场潜力巨大的科研项目的投入。其次，形成有效的"产学研"科技联合体。这种发展方式是以市场需求为导向、以产业发展为龙头、以科技研发为支撑、以利润效益为目标，与县域地区特色经济发展紧密结合的发展模式，是与现代市场经济相符的经济发展创新机制。将县域现有的科技成果转化为适应市场需求的产品，把以此带来的盈利反哺科研，开发出技术含量更高、市场适应性更强的产品。最后，当地还应积极打造科技平台，以此为基点提高科研水平、促进技术交叉和融合、加强创新人才的培养，打破县域地区科技成果少的局面。

四、县域金融服务与县域经济是否协同发展的经典案例

（一）县域金融服务助推县域经济迅速崛起——以江苏省泗洪县为例

1. 泗洪县域经济和金融服务体系整体状况。泗洪县隶属于江苏省宿迁市，位于江苏省西部，淮河下游，洪泽湖西岸。2016 年全县完成地区生产总值 401 亿元，从图 12－1 中可以看出自 2005 年起泗洪县的 GDP 开始稳步快速增长，从 2011 年开始，年均增长率达到 11.8%；一般公共预算收入 31.75 亿元，年均增长 16.3%；规模以上固定资产投资 380 亿元，是 2011 年的 3.2 倍，年均增长 26.2%；城镇居民人均可支配收入 22950 元、农民人均可支配收入 13660 元，年均分别增长 10.4%、10.8%；经济结构不断优化，三大产业结构由 2011 年的 19.7∶41.5∶38.8 调整为 14.3∶42.8∶42.9，第三产业逐步超过第二产业，结构日趋合理，经济增长动力充足。

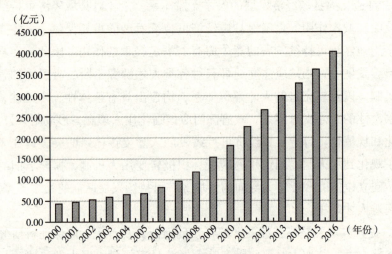

（亿元）

图 12－1　2000~2016 年泗洪县 GDP

资料来源：Wind 资讯。

在县域金融发展方面，泗洪县在江苏省率先完成农村土地承包经营权确权登记颁证县级验收，在全市率先启动不动产统一登记，成功承办全国农村"两权"抵押贷款试点现场会，累计发放"两权"抵押贷款 1.05 万笔共计 16.5 亿元。截至 2015 年末，全县共有 11 家银行业金融机构，5 家小贷公司。全县金融机构人民币各项存款余额 250.02 亿元，比年初增加 16.4 亿元，增

长 7.02%，个人存款余额 166.94 亿元，比年初增加 14.77 亿元。全县金融机构人民币各项贷款余额 265.86 亿元，比年初增加 28.35 亿元，增长 11.94%。从图 12-2 中可以看出，在 2006~2014 年泗洪县年末金融机构各项贷款余额及城乡居民储蓄存款余额均有明显增长，尤其是 2008 年后金融机构各项贷款余额开始明显高于城乡居民储蓄存款余额，金融服务进一步完善。

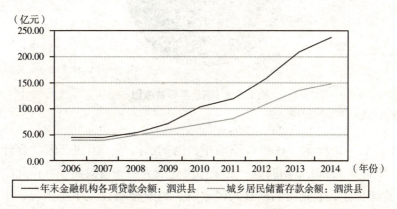

图 12-2　2006~2014 年泗洪县年末金融机构各项贷款余额及城乡居民储蓄存款余额
资料来源：Wind 资讯。

同时，泗洪县大力发展特色农业，推行种养结合、稻虾混作、水上牧场等农业生产新模式，"泗洪大闸蟹"获批国家地理标志商标，出口量连续十一年位居全省县级第一，创成国家级出口大闸蟹质量安全示范区，"泗洪大米"多次入选全国名特优新农产品目录。电子商务迅猛发展，与淘宝、京东等电商巨头合作举办泗洪 2016 "蟹逅京秋"网上螃蟹节，打开了农业产品的销售路径。青阳镇老庄村、临淮镇洪胜村入选"全国淘宝村"，泗洪县被评为农村淘宝全国优秀示范县、京东农村电商示范县。大众创业如火如荼，新登记个体工商户 10102 户，新发展企业 2294 家，朱湖镇王路果树基地等 4 个创业项目被评为江苏省大学生优秀创业项目，泗洪县成功入选全国首批返乡创业试点县。精准扶贫成效显著，探索"互联网＋公益＋扶贫＋保险"新路径，"扶贫 100"公益项目已募集资金 1378 万元，"扶贫 100"保险理赔 1195例、389 万元。

2. 泗洪县域经济和县域金融良性互动的经验。

（1）创新保险模式助力脱贫攻坚。泗洪县是苏北的一个贫困县，"十三五"期间，对照人均年纯收入低于 6000 元的新一轮扶贫开发任务，全县仍有 4.02 万户、13.26 万名低收入人口。致贫原因如图 12-3 所示。

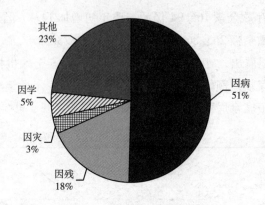

图 12 - 3　泗洪县致贫原因

资料来源：中国资讯行数据库。

　　如图 12 - 3 所示，在致贫原因中，因病、因残、因灾、因学合计占比77%，要想真正解决贫困问题，发展保险业成为一条有效路径。由此"扶贫100"应运而生，它是由泗洪县人民政府、蚂蚁金服以及中国人保、中国人寿两家保险公司合作首创"互联网＋保险＋公益"的新路径，它是保障范围包含教育、医疗、意外伤害、家庭财产四方面的商业保险，每人每年保费100 元，资金来源主要有政府的扶贫资金和支付宝募捐来的爱心捐款，覆盖全县 13.26 万名低收入人口。"扶贫 100"的运作模式，是通过泗洪县政府扶贫款与支付宝公益平台募捐结合的方式筹集保费，统一为 13.26 万名低收入人口投保综合型保险。同时，作为一款商业保险，加速了理赔效率，避免了行政拨款的层层审批。保险公司除去税收与必要的运营成本，保险公司当年保费理赔有结余的，将转入下一年的保费，继续为低收入人口投保。在保额标准上，关于大病的报销比例，对初次罹患相关重大疾病的，按照相关标准最高赔付 2 万元。同时家庭财产最高赔付 1 万元，如果考取了高中或大专将获得 2000 元，本科将获得 3000 元教育补助金。长期以来的扶贫工作主要是政府主导，通过结对帮扶、为低收入人口提供资金、逢年过节时提供米面油等生活必需品的补助等方式，但是一旦遭遇重大疾病或自然灾害，这种方式明显解决不了问题。"扶贫 100"虽然保险额度还不算高，但是弥补了新农合的部分不足，通过这种创新的保险模式，有效解决了部分因病、因灾、因学致贫问题，显著改善了农村地区的生活质量，进一步释放了农村的经济活力。

　　目前，保险服务在精准扶贫上的发力点主要体现在农业保险、民生保险、产业脱贫保险、教育脱贫保险等方面。泗洪县的"扶贫 100"是一个很好的尝试，原保监会与国务院扶贫办曾联合发布《关于做好保险业助推脱贫攻坚工作的意见》，强调要充分发挥保险机构助推脱贫攻坚的主体作用，多措并举部署精准扶贫，而且通过这种方式成效确实很显著。通过保险这种商业风险管理模式的介入，有效阻隔了部分风险，提高了执行效率，在精准扶贫、脱贫攻坚方面发挥着无可比拟的作用。

（2）因地制宜发展特色产业。

①结合当地人文、地理环境打造特色小镇。泗洪县注重保持村庄原有历史风貌，在双沟镇罗岗村、界集镇丁岗村等首批 5 个市级美丽乡村试点建设中取得实质成效。精心打造特色小镇，围绕打造柳山稻米小镇，全面加快小镇 PPP 模式策创营一体化运作；围绕打造临淮渔家风情小镇，加快启动游船码头生态停车场项目建设，完成乾隆观日台、临淮古镇城墙等项目建设。加快打造文体小镇，进行文体产业区、妙笔创意区、休闲体验区等五大功能区项目建设，精心提升服务配套。打造网络创业示范基地，完善"县有园区、乡有中心、村有网店"的县乡村三级电商服务体系，制定实施电子商务发展三年行动计划，依托泗洪中专·京东农村电商生态中心实训基地开展电商培训，年内建成快递物流园，创成省级农村电子商务示范县，全县电子商务交易额突破 150 亿元。

②壮大生态经济产业。泗洪县坚持生态经济化、经济生态化，全力打造生态产业体系，努力实现产业竞争力和生态竞争力的"双提升"。在制定规划和政策上下功夫，加强相关体系建设，创新以市场为核心的投融资、生态补偿、公众参与等机制，探索实施有利于生态经济发展的财税、金融、土地等支持政策。推动西南岗区域"生态工业、现代农业、镇村建设、公共服务"水平整体提升，全力打造宿迁生态经济示范区的先行区。以沿湖特色小镇、水产乡镇为依托，加速区域内产业的生态化转型升级，全力打造沿洪泽湖生态经济带。推动生态与现代工业的深度融合，加快淘汰落后技术、落后产能，大力推进清洁生产，发展绿色产业。同时寻求机会，加强生态与文化体育产业的融合，以良好的生态为特色，精心办好洪泽湖湿地国际半程马拉松、稻米文化节、洪泽湖湿地国际休闲垂钓邀请赛等文化赛事活动，扩大泗洪县的影响力和知名度。推动生态与特色农业融合，发展生态种植业和养殖业，发挥绿色生态产业的优势和潜力。

③发展特色农业和产业化经营。大力发展绿色农业、生态农业、有机农业、创意农业，打响特色农业的泗洪品牌。重点打造"优质稻米、高效水

产、绿色蔬果、生态畜禽"四大主导产业，增加市场效益好的农产品供给，加快实现农业产业结构调强、调优、调特。打造特色农业示范区。建设西南岗高效林果和生态畜禽养殖区、沿洪泽湖高效水产养殖区、成子湖设施农业示范区、西北片休闲农业观光区。同时，注重提升特色农产品品牌。持续提升泗洪大米、水产、林果等名特优农产品知名度，努力将"泗洪大米""泗洪大闸蟹"培育成省级名牌农产品。

提升农业产业化经营水平，完善农业全产业链条。以农业部门为主导，形成"龙头企业＋基地"模式，以大企业、大项目带动特色农业发展，为打造农产品品牌、带动农民增收提供有力的主体支撑。围绕构建多元新型的特色农业经营体系，加大对龙头企业、家庭农场、专业合作社等农业经营主体的扶持力度，推动家庭农场标准化生产、规范化管理、品牌化营销，引导合作社开展"农社对接""农超对接"和网上销售，提升特色农业发展的规模化、集约化水平。借力农村淘宝、京东泗洪生鲜馆、特产馆等线上平台，以"一品"为关键深化"一村一品一店"布局，促进"互联网＋现代农业"深度融合。

（3）创新投融资机制。发展产业扶持基金，相继出台了《关于鼓励工业经济发展的若干政策意见》《泗洪县产业发展基金管理暂行办法》等政策措施，最大限度地扶持企业。把服务企业作为政府经济工作重心，认真落实部门挂钩服务企业制度，帮助企业解决用工用地、融资信贷等个性化问题。完善产业发展基金运作机制，优化应急过桥资金运作模式，加大"双代偿"追偿力度，探索整合湿地生态公司、金水集团、金路桥公司等县本级国有融资平台，推进盛达担保融资方式创新，拓宽债券、信托等融资渠道。发展PPP项目融资，引导社会资本参与小城镇整体开发建设。在农业农村领域，完善农村"两权"抵押贷款试点。规范"两权"抵押贷款流程，创新风险补偿机制，完善农村产权交易市场标准化体系建设。深化不动产统一登记工作，全面启动农村集体建设用地及农房调查，有序推进农村宅基地使用权和农房所有权登记发证。引导农户自愿以土地经营权入股，发展村级土地股份合作社，进行"一社一群一中心"运行机制试点，健全新型农业生产经营体系，更好促进农业增效、农民增收。

（二）国内县域经济与县域金融互动发展受到阻碍——以河北省饶阳县为例

1. 饶阳县域经济和金融服务体系整体状况。饶阳县隶属于河北省衡水市，位于河北省东南部，是典型的农业县。近几年 GDP 虽然也稳步增长，但是与泗洪县相比增长势头较慢。如图 12 - 4 所示，自 2005 年开始泗洪县 GDP 开始迅猛发展，而饶阳县的 GDP 增长相对缓慢，县域经济与县域金融互动发展之间存在一定问题。

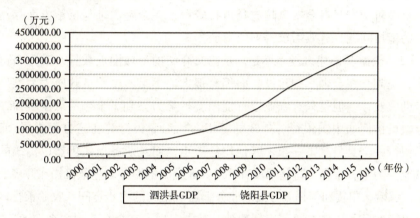

图 12 - 4　泗洪县和饶阳县 GDP 对比

资料来源：Wind 资讯。

从饶阳县金融机构数量上来看，除农村信用社以外共有 11 家银行金融网点。从银行金融网点类型来看，主要包括邮政储蓄银行、农业银行、中国银行、工商银行四种，其中邮政储蓄银行和农业银行的支行网点数最多均为 4 个，分别占金融网点总数的 36.4%，中国银行 2 个、工商银行 1 个，分别占金融网点总数的 18.1% 和 9.1%。从银行金融网点区域分布来看，82% 的金融机构都集中在县城，在乡镇级别的金融机构只占 18% 且仅有的两个营业网点都集中在五公镇。而饶阳县辖 4 个镇 3 个乡，除五公镇以外，其他乡镇只有信用社来满足日常的金融服务。其他金融机构方面，饶阳县有 13 家保险代理公司，1 家担保公司和 3 家贷款公司。

2. 饶阳县域经济与县域金融互动中存在的问题。

（1）金融需求与供给之间不能有效衔接。饶阳县的涉农企业大部分都存在流动资金不足的现象，尤其是养殖、种植大户，农民专业合作组织，以及一直专注于农业形成产业化的龙头企业更加需要资金的支持。但是目前县域金融机构在信贷方面囿于国家监管和创新形式不足，导致农户个人和部分涉农企业的信贷需求得不到满足。这其中也有制度本身的缺陷，因为抵押担保物难以落实，能够进行担保和抵押的只有山林使用权、集体土地房产以及土地经营权，但是由于变现能力差以及价值衡量问题等使其无法成为有效的抵押担保物，加大了农户以及涉农企业申请贷款的难度。但是农业产品的生产周期较长，前期需要大量投入而且易受自然灾害、流行疾病的影响，抵御市场风险的能力不强，更加需要金融机构在资金流动性方面提供帮助。但是县域的金融机构本身对金融风险放贷审批较严，在金融需求与供给方面存在很严重的衔接问题，有效需求得不到满足。

（2）金融基础建设设施不足。从前文介绍的金融网点数量及其分布可以看出，饶阳县在金融基础建设方面仍有很大的不足。虽然县政府大力推广银行卡助农业务，但是只有农业银行饶阳支行努力做到了金融网点全覆盖，其他金融机构例如中国银行、邮政储蓄银行、工商银行等在这方面进展缓慢，工商银行在全县只剩下一家，其他均已撤走，而且业务模式仍然以传统的存贷款业务为主，中国银行基本没有涉及农业金融的服务。金融机构在开展农业担保、保险、租赁和信托等方面的业务上还有很大的进步空间。农业银行饶阳支行尽管推行了"惠农通"工程建设，基本实现了在全县范围"乡乡通"，但是很多村镇中的自动取款机因为损坏没有及时修理而发挥不了应有的作用。

（3）信贷供求结构之间的矛盾凸显。随着社会经济的不断发展，人们的信贷结构明显发生了变化，由以前的短期借贷向更长期转变，由以前的小规模借贷向大规模转变。由于现代农业的快速增长，农村金融的需求规模也发生很大变化，由零散型转向规模化、由消费型转向生产型，这就要求贷款的数额越来越大、贷款的期限越来越长，然而在实践中饶阳县的金融供给结构还未能及时转变过来。一些种植、养殖大户或者专业合作社，在生产经营过程中往往需要 30 万 ~ 50 万元，有些规模较大的甚至需要上百万元的资金，但是在金融机构的信贷额度上，无法适应他们的需要。邮政储蓄银行和农村信用社只能提供 5 万元左右的信贷额度，即使采用联保的形式能贷款的数额也十分有限，而且一般贷款期限只有 1 年左右，这种信贷期限基本符合传统种植、养殖业的需要，但是对于周期较长的现代特色农业的发展来说并不能满足其要求。

3. 促进饶阳县域经济与县域金融良性互动发展的对策。

（1）促进金融需求与供给对接，形成风险补偿机制。作为金融部门来说，要对于地方政府的政策给予积极的配合，对城乡金融资源进行整合。政府和监管层面也要尽快完善各种政策措施，加强顶层设计，尽快完善农村土地经营权、承包权等的确权工作，建立起一套针对广大农村群体的贷款路径，充分满足人们贷款需要的同时还能控制住风险。对产业和金融政策给予足够的重视，促进其和财税政策等的有机结合，使其在城乡统筹发展的过程中能够更好地促进金融发挥积极作用。同时，还应该整合各种社会资源，探索形成风险补偿机制，补偿金融机构信贷造成的损失以及业务范围不足的缺陷。对于农业或农村而言具有一定的脆弱性，如果遭受自然灾害等无法抵抗因素的影响，就会让在农村市场投放的信贷资金难以回收。因此，要促进饶阳县金融体系的完善，建议饶阳县政府设立专门的涉农贷款风险补偿基金，对因为市场或是自然风险等因素所造成的信贷损失，相应的给予金融机构以补偿，同时鼓励社会资金加入保险等领域以分散风险提高市场化程度，提升本地区对金融的吸引力。

（2）着重加强农村金融基础设施建设，推动数字普惠金融发展。从饶阳县当前的金融基础设施建设来看，一些银行的基层网点的覆盖率不高，银行卡的业务发展也十分缓慢，在农村 ATM 机、POS 机的占有率依然较低。首先，对于农村金融机构来说，基层网点应该在覆盖率、支付系统通汇率以及支付结算范围上都有所提升。其次，要完善农村的征信体系，要对电子信用档案进行科学的采集和完善，对金融机构进行指导，使其能够把相关信息有效地纳入到人民银行的信用系统当中，促进征信系统服务水平的提升。最后，随着移动互联网技术的普及，要加快推动农村数字普惠金融建设，鼓励银行开展各种形式的宣传教育活动，提高农村居民的金融知识和金融素养，开展多种形式的手机银行业务，提高金融服务的可获得性。

（3）加大对涉农金融机构的政策性优惠措施，化解信贷供求结构矛盾。政府的扶持性措施可以很好地促进农村金融机构的发展，同时有助于农村金融服务的完善。因此，首先，饶阳县政府可以利用收购不良资产、对涉农金融机构给予减免税收和注资等方式进行扶持。要结合发展的经验，对农村信用社加大政策扶持力度。其次，政府为主导，利用财政资金，建立专门针对农业项目担保的涉农担保公司，给那些民营农业担保公司在一些涉农担保风险上给予相应的补贴，构建多层次、多性质的担保体系。最后，促进银保之间合作的发展，通过对金融业之间进行协调，促进其总体上的提升，促进保险公司与银行间的深入合作。针对不同客户群体的需要，探索多种形式的信贷产品，满足对不同期限结构和信贷规模的需要，切实完善信贷供求结构。

结语：本章主要从发展特色经济、发展民营经济、发展循环经济这三个方面来阐述在县域经济与县域金融服务协同发展过程中，可供其选择的路径和方式，同时结合我国县域经济发展情况进行了相关的实例分析。但无论是通过哪种途径，都离不开国家政策的支持、人才的培养和引进、技术的创新和改造这三方面，没有它们的共同支持，地方和国家都很难将县域经济发展起来。因此，各地应基于其县域金融服务县域经济的现状，分析其有利因素和制约因素来提出适宜自己的发展思维和路径，并从上述三个方面来推出相配套的政策和措施，以便实现县域经济与县域金融服务协同发展这一最终目的。

第十三章 促进县域经济与县域金融协同发展的政策建议

我国的县域金融服务与县域经济之间的关系是极其复杂的，两者之间双向互动关系在不同地域并非一致。我国幅员辽阔在空间上具有很强的区分性，这也为我国的县域经济发展带来很多问题，各个区域的经济、文化、环境、民族等都具有很强的个性。在这些条件的共同作用下，我国的经济发展具有地区性，不同地区的经济发展水平具有非连续性的特点。对于县域经济与县域金融的协同发展路径也是有不同选择的，因此我们需要将对发展水平不同的地区因地制宜、对症下药。

一、中西部地区县域经济与县域金融协同发展的政策建议

从地理、经济、环境、文化等方面来综合考虑东中西和东北部的划分有其存在的合理性，因此，本章按照这一划分标准有针对性地提出县域金融与县域经济协调发展的政策建议。如果在未来的研究中我国出现了科学严谨的按照发展水平划分区域的方法，本章会根据其结果进行相应调整。

中西部地区大多数可以划分到欠发达地区范围内，中西部地区的县域经济发展相对比较落后，与此相对金融服务水平也亟待提高，甚至一些落后的中西部地区的县域金融服务与县域经济协同发展存在着排斥现象。为了扭转这种不利局面，政府应该努力改变西部地区的金融环境，而作为改善金融环境的重要一步，政府可以通过政策性金融机构开展对于欠发达地区的金融扶贫攻坚战。

（一）划分依据

在介绍现状之前，需要界定中西部地区的范围，按照我国约定俗成的地

域划分方法，中部地区包括 6 省，河南、安徽、山西、湖北、湖南和江西，西部地区包括 12 省（自治区、直辖市），重庆、四川、贵州、云南、西藏、陕西、甘肃、青海、宁夏、新疆、内蒙古、广西。

世界银行 2015 年的中等偏上收入国家划分标准是人均国民总收入（GNI）4126 ~ 12735 美元，所谓国民总收入与国内生产总值（GDP）是有区别的，按照国家统计局的指标解释 GNI 与国民生产总值（GNP）是相同的。按照这种统计标准我国 2015 年的 GNI 为 673021 亿元，相比 GDP 少 3687 亿元，这是由于我国长期是投资的目的地国家，因此要素收入大部分年份是负值，造成 GNI 少于 GDP。由于数据缺乏，我国没有分省 GNI 的统计数据，相对于巨大的总量来讲，GDP 与 GNI 的数值相差在 1% 以下。因此，在这里使用 GDP 数值代替 GNI 数值做以定性分析。按照国家统计局公布的数据，2015 年全年人民币平均汇率为 1 美元兑 6.2284 元人民币。2015 年本区域内人均 GDP 最高的省份选取重庆市（虽然内蒙古最高，但是综合资源、人口、人均可支配收入等原因作为异常值剔除），为 47850 元，折合美元计约是 7683 美元。最低的甘肃为 26433 元，折合美元计约是 4244 美元。从总体上来讲，中西部地区大部分处于中等偏上收入国家的中下等水平。

（二）中西部地区的总体经济现状

首先，我国中西部地区有大片的欠发达地区。欠发达地区是指那些有一定经济实力和潜力但与发达地区还有一定差距，生产力发展不平衡，科技水平还不发达的区域。尤其是西部 12 省（自治区、直辖市）全部都处于欠发达地区的范围内。在本区域内集中连片贫困地区分布众多，国家扶贫工作重点县有接近 90% 在本区域内。中西部情况如图 13 - 1、图 13 - 2 与图 13 - 3 所示。

中西部地区占我国国土面积的 81.6%，截至 2014 年人口约占 55%，经济总量占全国的 40.4%。除去内蒙古，人均国内生产总值在 48000 元以下。从产业结构来看，大部分省份还是以第二产业为主导产业。

（三）中西部地区金融服务存在的问题

1. 县域政策性金融机构支持不足。图 13 - 4 分别选取部分省份的政策性银行数量①和国家扶贫工作重点县的数量进行对比。如果按照一个县域范围

---

① 政策性银行数量选取的只有支行数量，分行及其同级别的机构一般情况分布于省会及省内大城市不属于县域范围。

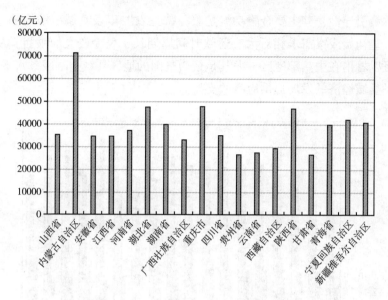

图 13 - 1　中西部 18 省人均 GDP 分布

资料来源:《中国统计年鉴（2014）》。

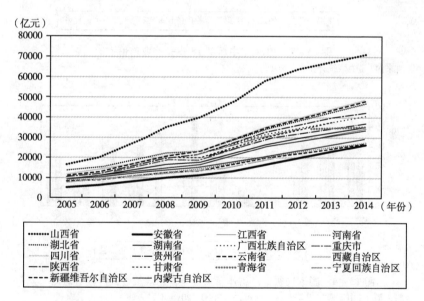

图 13 - 2　2005～2014 年中西部地区人均 GDP 变化情况

资料来源:《中国统计年鉴（2014）》。

内下辖 10 个镇（乡），可以发现政策性银行根本不可能覆盖乡镇一级的行政单位，甚至有些省份连县域范围内都很难进行全覆盖。而政策性银行具有很强的政策引导性，其主要金融功能是服务"三农"以及县域范围内的小微企业等一些初始成本需求相对大、还款时间周期长、风险较大的项目。从这个侧面可以看出在中西部地区，尤其是最为贫困的地区县域金融服务水平不高，很难对县域经济的发展提供应有的支持。

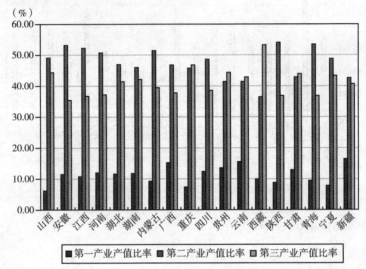

图 13 – 3　2014 年中西部 18 省分产业产值占比

资料来源：《中国统计年鉴（2014）》。

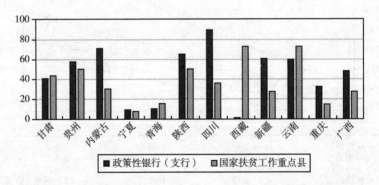

图 13 – 4　国家扶贫重点工作重点县与省内政策性银行数量对比

资料来源：《中国实施千年发展目标报告（2000 – 2015 年）》。

2. 县域商业性金融机构不断萎缩。商业性金融机构从本质上来讲，是以盈利为目的而存在的组织。面对信用水平不高、还款周期长、风险大的县域金融项目，其往往保持审慎态度。尤其其在国有商业银行改革之后，出于经营上的考虑，国有四大行开始逐步地撤出西部地区，不断进行银行网点的撤并。

以广西为例，1999～2005 年，国有四大行从县域范围内撤并网点数 2000 个以上，撤并率 50% 以上，使广西 80% 乡镇没有四大行的网点。这种情况在中西部地区非常普遍，商业性金融机构的不断退出使得中西部地区的金融环境不断恶化，融资瓶颈不断成为中西部地区县域经济发展的重要障碍。

3. 县域资金外流严重。在金融机构的问题之外，还存在着一个严重问题。县域金融机构从县域吸收的资金在某些地方并未用于县域经济发展，反而出现外流。分析其原因有三：首先，从管理体制上来讲，基层银行机构没有自主决定贷款的权限。申请贷款需要层层审批、逐级确定，过程相当烦琐，贷款申请周期很长经常会错过放贷时机。其次，银行考核机制不合理。银行从业人员为了应付银行设立的考核条件，希望加快资金周转速度和资金收益率，而县域范围内的项目往往不能满足这一点，因而资金会被用于县域之外。最后，银行涉农经营水平不高。对于银行来讲，受存款准备金率、经营风险等因素影响，银行对于县域金融并不感兴趣，因而没有投资县域经济发展的动力。

（四）中西部地区县域金融环境构建的要素

1. 金融环境中的主体。在构建中西部地区金融环境的过程中，我们需要明确主体是谁，这关系到能否成功地使本地区落后于经济发展需要的金融服务系统起到其应起的作用。

我国整体的金融体系构建与发达国家相比存在很大差距，这点在中西部地区中尤其突出。我国缺少促使金融业良性发展的征信体系、担保体系，另外，中西部地区本身还处于贫困线之下，故很难做到互助集资构成资金池。日本的经验表明，单纯的商业银行体系不能很好地完成对于以农业生产为主的落后县域的金融服务活动。商业银行出于追求利润的原因，极有可能吸收当地资金而将资金转移到区域外使用，这样反而使本就落后的地区陷入更加窘困的局面。

因此，作为主体的金融机构应该以政策性金融机构为主。政策性金融机构是具有很强政策导向性的金融机构，其天然性地带有政府的政策意志。同时政策性金融机构并不以赢利为首要目的，这点可以在很大程度上弥补商业性金融机构的趋利性而忽视县域金融发展的弊病。

2. 金融环境中的客体。县域金融支持的对象是谁，这个问题是金融服务能否促进经济发展的重要问题。我国幅员辽阔、情况复杂，中西部地区有着各自不同的文化、环境、经济发展水平等初始禀赋。对于持有不同要素禀赋的县域经济发展应该采取因地制宜、区别对待的发展方式。

但是即使需要因症施治也是存在共性的方面，因此，只在这里讨论中西部地区县域金融环境构建所帮助的共同客体。根据中西部地区的一般特点和政府倡导的发展方略来看，应该存在着以下三个方面：基础设施建设、产业结构优化和中小企业发展。基础设施既包括道路、水利等传统基础设施范畴，也包括义务教育、职业技术等教育机构，医院等民生服务机构。产业机构的优化需要根据地区的特点制定中长期规划，宜农则农、宜工则工、宜服则服，在这基础上使产业结构均衡并进行相应升级。中西部地区大部分还是以第二产业为主导产业，这其中固然有适合于发展第二产业的地区，例如一些具有相应要素禀赋的地区，但是也有很多地区是由于盲目工业化而形成的，这些在当下已经不合时宜了，需要进行大力扭转。大型项目是政府主导的投资项目，是县域经济发展规划的延伸。与此同时关系到微观方面金融机构也不能放过，县域经济的发展能否出成绩关键在于"三农"和中小企业能否在县域金融的支持下得到健康发展。这是县域经济发展的基础，是扶贫攻坚战的前线，是民生改善的关键。

（五）中西部地区县域金融服务与县域经济协同发展的政策建议

1. 中西部地区县域金融服务以政策性金融机构为主要主体。我国对于中西部地区的经济发展提供了很大的帮助，但是这往往集中于财政方面的资助从政策效果来看不是很理想，很多财政资金没有如计划一样为中西部地区带来经济上的长足发展，甚至使一些地方养成了等待中央财政"输血"的不良习惯。从激励角度来看，一些中央财政的专项补贴也不符合激励相容的原则，这样只会在一定程度上助长对于经济发展方面的懈怠情绪。

《中国实施千年发展目标报告（2000－2015年）》中披露我国2000～2014年共投入中央财政专项扶贫资金2966亿元，平均每年增速为11.6%，然而，我国从1985年开始对于国家级贫困县进行审批，国家级贫困县的数量从最初的280余个增加到2012年的665个。当然这其中存在着每次评价的标准不断变化的情况，但是数量增多的重要原因是成为国家级贫困县（国家扶贫工作重点县）会享受到包括专项扶贫资金等在内的一系列优惠政策。国家级贫困县数量变化如图13-5所示。

正是因为存在这种逆向激励的情况，依靠财政手段发展县域经济并不是一个理想的方法。因此，利用系统化的金融手段成为解决西部地区经济发展的重要方式。但是在这里需要看到的是在中西部地区中，金融体系构建的相对落后是普遍现象，这是摆在中西部地区经济社会发展面前的拦路虎。这方面的缺失不是一个局部性的问题，这从本质上来讲是一个金融环境构建缺失的问题。金融服务的发展向来是一个系统性发展的过程，金融服务不会单独存在，它需要依托保险、信用、担保、证券等众多行业的支持。因此，对于中西部地区来讲，构建一个良好的金融环境是解决金融服务发展的重点。

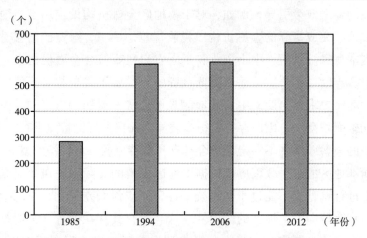

图 13 –5　国家级贫困县（扶贫工作重点县）数量变化

资料来源：《中国实施千年发展目标报告（2000 –2015 年)》。

对于中西部地区来讲，真正的金融支持不是简单地资金注入、片面的政策优惠，而是需要对金融环境进行重新构建，这也是众多国家利用县域金融服务发展县域经济的共通之处。而这种金融环境不仅需要具备通常金融系统所具有的资金融通、促进经济发展的作用，还要拥有服务县域小微实体企业、"三农"的扶植性作用。因此，这种金融环境的构建不宜单纯通过商业金融机构通过市场手段来进行配置，这需要政府顶层设计、发挥引领作用来完成。只有这样才能保证西部地区的金融环境得到改善，使县域金融服务与县域经济协同良好的发展。而作为核心举措，以政府为主的政策性金融机构应该作为中西部地区金融环境构建的主力开拓者，起到基础与引导的作用。

2. 中西部地区县域金融政策应有区别性。我国长期以来的金融政策具极强的统一性，所谓"全国一盘棋"这样固然有好处，例如对于发达地区有利于其资金的合理配置，发挥市场对于资源的配置作用，做到资金要素的自由合理流动，降低资金成本。但是，对于西部地区却存在着很多缺点。

第一，由于发展水平的差异，中西部地区的融资方向一般有风险大、还款周期长、项目收益率低的特点，这使中西部地区相对融资成本较高。这些客观现实的存在使金融机构很难将资金留在西部地区县域经济的发展上，中西部地区资金外流和金融机构萎缩严重。第二，政策性导向不明显。虽然对于"三农"和小微相关金融机构的存款准备金具有一些优惠，这可以引导金融机构向这些领域发展，但是需要明确的是这些政策远远不够。还需要更加有针对性的金融政策引导，例如，对于本地区金融机构设定用于本地的放贷指标，并给予完成指标的金融机构以税收优惠。第三，融资的门槛过高。中西部地区本身经济落后，中小企业和个人农户很难符合金融机构设定的融资标准，融资难度过高。应该适当降低融资的门槛要求或是相对降低本地区金融机构的坏账要求。第四，中西部地区县域经济发展的特点不同。由于中西部地区涵盖面积巨大，因此存在着很多差异，并在发展的特点上存在着不同。国家统一的金融政策并不一定会适合具有各自特色的县域经济的发展。

中西部地区的金融政策应该根据本地区发展的实际水平在政府制定的统一标准上进行调整，不能过于强调统一性，而应强调差异化。我国金融政策的制定一直有偏向发达地区的倾向性，这当然有其存在的意义，但是在中西部地区的金融政策制定上应当充分考虑到本地区的经济发展现实因地制宜。县域金融服务也应该根据不同地区的产业发展特点精准调整服务方向，尤其是政府应该赋予地方政策型金融机构一定的自由度，使其可以根据地方特点重新调整金融政策的倾向性，使县域金融服务真正成为县域经济发展的助力。

3. 中西部地区的金融政策应具有阶段性。上一条强调区别性，强调通过政府的政策性工具对中西部地区的经济发展提供引导，但是更不能忽略发挥市场本身的功能，"看得见的手"只是"看不见的手"的一种引导工具。针对中西部地区提出的县域金融政策建议，从根本上是为了让中西部地区的金融服务环境得到提升、县域经济不断发展，使我国经济发展不出现断层。因此，随着中西部地区经济的发展，应该分阶段将具有引导性质的金融政策向无倾斜性调整，使中西部地区逐步融入全国统一的市场中，以免长期有倾斜性的金融政策将中西部地区与其他地区割裂开来，造成不良影响。

4. 中西部地区金融服务发展重点是金融环境构建。中西部地区金融发展水平落后，很多金融分支机构只延伸到县一级行政单位，甚至在最为落后的地区连县级单位也没有金融分支机构。这些都反映了中西部地区所面对的是一个相当艰难的金融环境。

金融环境的构建不是一个可以依靠超经济手段从发达地区移植过来的过程，金融环境的构建需要依托本地区经济内生发展，即使一时可以移植过来，但从长期来看这种做法也是没有意义的。

由于我国特殊的国情，政府在我国经济运行过程中一直扮演着重要的角色，虽然政府无法打破经济运行的规律，但是政府可以加快西部地区经济发展和市场化的速度。这可以在一定程度上间接地加快中西部地区金融环境的构建进度。金融服务和经济增长之间有着相互促进的作用，金融服务可以促进经济增长，而经济增长可以反作用于金融环境的成长。从长期来讲，中西部地区的经济增长离不开良好的金融环境，而金融环境的发展是需要长期经营的。因此，中西部地区在经济发展的过程中需要不断关注金融环境的构建。

二、东北地区县域金融与县域经济协同发展的政策建议

东北地区严格来讲并不是区划概念，而是地域概念，其包括黑龙江省、吉林省、辽宁省和内蒙古自治区的一部分。但是本节中的东北地区是区划概念，指的是东北三省所包含的范围。

东北地区在我国的发展中一直占有极其重要的地位，一方面，东北地区由于矿产资源丰富，是工业尤其是重工业的中心之一；另一方面，东北的自然环境优越，是农业尤其是粮食作物的主产区。东北地区的工业和农业相对发达，并且发展水平相对较高，这使东北地区在县域经济的发展上与其他地区不尽相同，东北地区的县域经济发展具有特殊性。

（一）划分依据

东北地区的部分情况如图 13 - 6、图 13 - 7 所示。

首先是地理区位因素。东北地区包含我国地理上东北方向的三个省份，三省地域上相邻，环境、文化等相近。东北地区的特点是第一、二产业的发展具有极大优势，因此在发展方式上具有很强的相似性。其次是国家和地区战略因素。我国提出振兴东北老工业基地的国家战略，东北作为我国的重工业基地缔造了数不清的全国第一，但是在资源与环境的约束之下东北地区风光不再，每个省份都面临经济转型的巨大压力。最后是经济因素。在经济上，吉林和辽宁两省 2015 年的人均 GDP 高于中西部绝大部分省份，按照 2015 年

人民币兑美元的平均汇率（1 美元兑 6.2284 元人民币）来计算，两省人均
GDP 接近一万美元，即将跨越中等收入国家水平。黑龙江省虽然有所落后，
但是也高于中西部的平均水平。故总体来讲，2015 年东北地区的平均人均
GDP 为 52359 元，折合 8400 美元以上，属于中等收入国家的上游水平。

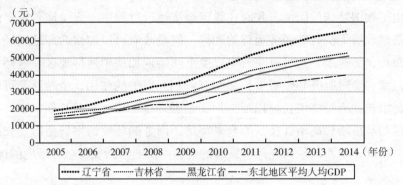

图 13-6 东北地区分省及总体人均 GDP 走势

资料来源：2005~2014 年《中国统计年鉴》。

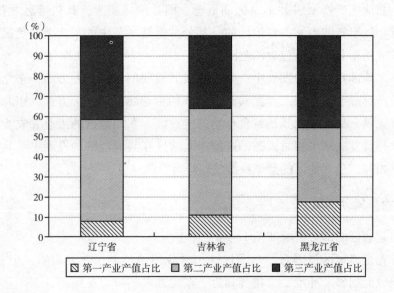

图 13-7 东北地区分省产业结构分布

资料来源：《中国统计年鉴（2014）》。

这些因素都使得东北地区在县域经济与县域金融的发展上与中西部地区
总体上有区别，因此，将本地区专门划分为一个专题。

（二）东北地区县域金融体系存在的问题

东北地区在由计划经济向市场经济转型的过程中已经建立了一个相对完善的金融体系。金融生态体系基本建立，金融法律、金融服务、金融监管、金融市场等子体系基本构建完成。各个金融参与主体与客体产生互动，保证体系的正常运行。融资渠道多样化，除了国有商业银行与以国家财政为基础的政策性银行以外，农村商业银行、地区性银行、小贷公司也积极参与其中。

但是，东北地区的县域金融环境总体来讲还是存在着一些问题，这些问题影响着东北地区县域经济的健康发展。东北地区长期以国有大型企业为主的经济发展模式，存在着很多"遗毒"，这也是东北地区金融环境构建过程中的一个阻碍。首先，计划经济时期形成的依靠政府财政和政策性融资的心理并未完全去除。其次，中小企业和县域居民缺乏获取金融服务的意识。最后，在金融体系构建和发展中缺乏创新。

1. 金融环境基础相对薄弱。虽然东北地区建立了从形式上看比较完善的市场与政策相结合的金融机构体系，但是，从实际来看金融服务的主流还是以农业银行、农村合作金融机构和邮政储蓄银行为主的农村金融三大主力。而作为多样化金融体系构建的参与者包括村镇银行、小贷公司等机构并未形成体系。

同样，中西部普遍存在的乡镇范围内金融机构不足的现象，在东北地区也同样存在。金融机构尤其是商业银行的撤并所带来的融资缺口是其他金融机构难以补充的。

东北地区具有相对于中西部地区更加完善的融资体系，但是融资本身并不是只有融资机构参与就可以完成的。由于农业风险大，大多保险公司不愿意为其承保，专业的农业保险体系尚未健全，对农业产业化企业和农村中小企业贷款设立的门槛太高，这些都在一定程度上影响了金融部门的贷款投放。然而，资金匮乏又限制了其农业产业化的发展，使县域经济陷入恶性循环。

2. 农村金融的资金成本高。东北地区县域经济乃至东北地区整体经济发展的特点是以第一产业和第二产业为经济发展的主体。东北地区的农业产值对 GDP 的贡献率都在 10% 左右，这大大高于全国平均水平。东北地区的大米、玉米、大豆等作物在全国产量占比不容忽视。因此，东北地区农村金融的发展不但对县域经济发展有重要意义，而且对我国农产品供应也有重要意义。

但是，东北地区农村金融的发展并不乐观，由于农业发展本身存在的融资风险高、还款周期长等天然"缺陷"，使农村金融机构容易"惜贷"。与此同时，东北地区农村基层金融机构的缺少使金融业缺乏竞争，融资成本往往并不低，与处于灰色地带的民间借贷相差不多。而农业发展的风险也为融资成本居高不下起到了推波助澜的作用。

3. 金融审批和服务效率低下。县域范围内即使具有金融机构的分支机构，其本身也缺乏直接决定发放贷款的权利。基层金融机构需要将贷款申请向上级单位进行申报，上级金融机构进行集中的审批。这一过程往往需要花费几个月的时间，对于农业生产来讲这将是致命的缺陷。同时，金融机构发放贷款的主要形式为抵押贷款，在目前我国主流情况下，土地是不可以作为对抵押物的，而用自身持有的房屋作为抵押物又往往不符合条件，故对于农户的贷款申请往往很难得到审批。

从服务角度来看，县域金融的服务质量不是很高。首先，产品的种类单一，缺乏具有本地特点的金融产品。当然这与很多因素有关，县域金融的宣传教育不足、县域金融的基础设施构建不完善、缺乏同业竞争等都是造成该问题的原因。其次，金融服务效率不高。不论是县域企业还是农户都认为目前东北地区的县域金融服务存在着"服务手续繁杂""手续费相对比较高"等问题。这使很多县域经济参与者放弃通过正式的县域金融手段来促进本身发展的机会，这对区域县域经济的发展带来了很多障碍。

（三）东北地区县域金融环境构建的要素

1. 东北地区县域金融的构成主体。东北地区的金融环境相对中西部地区有一定的提升，从经济发展水平上来看也是占优势的。因此，与中西部地区相比，东北地区金融主体并不需要通过政策性金融机构对其金融环境进行重新构建，东北地区的现有金融主体需要得到保留和发展。与此同时，东北地区需要有针对性地选择培育新的适合于当地经济发展特点的县域金融主体。

通过对国外县域金融发展经验的梳理可以发现，东北地区面临相同的特点，可借鉴一些国家处理和培育县域金融主体的经验。例如，美国通过建立社区银行，一方面，阻止资金外流，让资金为本地经济的发展做出贡献；另一方面，面向本地的社区银行可以降低违约、信用风险和成本。日本以农业协同工会为基础的农业合作社等合作型金融机构，利用县域内的资金实现共济作用。

　　东北地区也可以利用这样的县域合作型金融机构解决目前县域金融发展所面临的问题。以合作型金融机构作为东北地区县域金融的主体是东北地区发展县域经济的一个正确选择。

　　2. 东北地区县域金融的客体。东北地区的县域经济发展有其特点，一方面，东北地区农业经济占比相对较大，而工业相对发达；另一方面，东北地区三个省份的发展情况与禀赋并不完全同调，有三个省份各自的专长。

　　因此，东北地区的金融客体也需要根据各地不同的要素禀赋区分对待，其中重点应该在对产业融合参与者的金融支持上。例如，东北地区农业与工业发达，将两者结合的农业深加工以及相关产业的参与者应该作为县域金融的重点支持对象。与此同时，在国家经济结构与产业机构调整政策背景下，在东北地区振兴东北老工业基地的区域战略下，东北地区应该抓住机会在保持原有优势的基础上，加大全要素生产效率，注重科技创新，引进高技能人才，提升对于服务业的关注。

（四）东北部地区县域金融服务与县域经济协同发展的政策建议

　　东北地区的县域金融服务的发展在过去取得了一定成绩，对于县域经济的增长起到了积极作用。但是在实现东北地区县域经济迈向更高层次目标面前，这些工作还远远不够，东北地区的县域金融服务体系发展还需要做出更多的努力来实现县域金融与县域经济协同发展。为此，提出下列建议以期为东北地区县域金融的发展提供一些帮助。

　　1. 培育县域合作型金融机构。将合作型金融机构作为一个重要的县域金融服务的主体是具有其客观现实性的。首先，合作金融具有极强的服务本地区的倾向性。合作型金融机构的资金使用范围应该被严格限定在本地区，因此，对于其他县域金融机构资金外流的通病可以做到最大限度地避免。其次，县域合作型金融机构发放本地贷款的风险和成本比较低。县域合作型金融机构的贷款客户多为本地企业与农户，在顾客信用信息的收集和资金使用的监督上具有所谓"小银行优势"。最后，为其他融资类金融机构提供竞争对手。在东北地区的县域金融机构缺少竞争对手，因而在服务质量、产品设计、产品价格等方面不追求精益求精。

　　在县域合作型金融机构的建设上，可以适当参照美日同类机构的建设经验。首先，可以适当引入县域范围内的企业等民间资本参股。这样做既有利于抑制资金外流，促进本地区县域经济的发展，也可以正确引导民间资本，防止由其引发的问题。其次，与当地中小企业联合会进行合作。与这些机构的合作可以降低信用风险，可以更全面地了解农户或企业的信用状况。同时有利于了解本地区县域经济发展的方向，使合作型金融机构可以更好地设计出适应本地县域经济发展的金融产品。另外这也会为宣传机构产品起到良好的推介作用。

2. 探索确立县域金融机构独立法人地位。县域金融机构没有独立法人地位，这使县域经济发展受到很大阻碍。首先，大大拉长了融资审批的时间；其次，使审批流程变得烦琐复杂；最后，不利于产品创新，各地县域经济有各自的发展特点，只有基层机构才能最快速、深入地了解本地区的实际需求情况。县域金融机构贷款审批权力的缺失会极大地降低其对于县域经济的支持作用。

农村金融乃至县域金融长期以来都面临着商业化与政策性的矛盾，政策性鼓励金融机构大胆地向县域经济融资，以便使县域经济活性化；但是县域经济风险大、周期长的特点又与金融机构所追求的商业性形成矛盾，让金融机构在面对县域经济参与者时望而却步。而县域金融机构独立法人地位之争也属于这一矛盾的范畴，如何确保安全盈利与政策帮扶之间的平衡是这一矛盾的核心。正因如此，县域金融机构对立法人地位必须得到确立。当然这必须在央行、地方政府的监督之下才能成立，同时也不能缺少金融机构内部监管。

3. 鼓励县域金融机构进行适当的创新。东北地区的县域经济发展是建立在大农业与大工业之上的，因此，东北地区的产品有很多符合大宗交易品的标准。东北地区的县域金融机构不应该只局限于融资、保险等传统金融服务之上，应该大胆开拓新型的金融服务模式。

东北地区的县域金融机构完全可以凭借地理上的优势开展多种多样的业务，期货、咨询、股权融资等都是适合于东北地区县域金融发展的方向之一。例如，东北地区大豆、玉米等大宗农产品在全国产量中占有举足轻重的地位，而这些产品的价格波动会给县域经济发展带来不可预测的结果，因此可以成立县域期货公司来确保大宗农产品的价格稳定。县域经济发展中缺少抵押物，可通过创新进行项目抵押等新型质押、抵押手段来进行弥补。总之，东北地区县域金融服务领域具有广阔的创新空间，可以在很大程度上盘活东北地区县域金融的发展局面。

三、东部地区县域金融与县域经济协同发展的政策建议

东部地区所涵盖的是我国经济最为发达的区域，本地区是我国改革开放最先惠及的地区。本区域大部分省份属于临海区域，经济、文化、科技、教育等方面相对发达，有些省份已经达到或超过高收入国家的标准。与此相对应，本区域的城镇化比率相对较高，因此在很大程度上县域经济的发展会脱离传统产业，县域金融服务也更为趋同于城市金融的发展水平。

（一）东部地区及县域经济发展的总体情况

1. 东部地区经济发展情况概述。首先界定东部地区的范围概念，东部地区包含天津、北京、河北、山东、江苏、浙江、上海、福建、广东、海南3市7省。东部地区面积占全国的9.68%，人口占全国人口的38.3%，经济总量占全国的55.03%。2005～2014年东部地区人均GDP分布如图13－8所示。

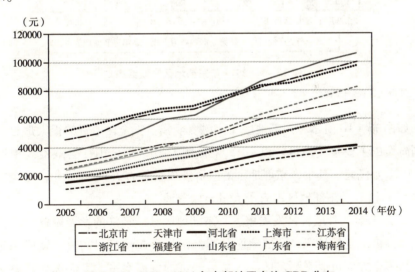

图 13 - 8　2005～2014 年东部地区人均 GDP 分布

资料来源：2005～2014 年各年《中国统计年鉴》。

东部地区大部分省份的人均 GDP 超过 1 万美元，这个数值接近或超过世界银行的高收入国家的标准。截至 2014 年，东部地区人均 GDP 为 67110 元，按照 2014 年的全年平均美元汇率可以折合为 10775 美元。这不仅远远高于中

西部地区的水平，也比东北地区高出一筹。

如图 13 - 9 所示，东部地区超过 1/2 的省份以第三产业为主导产业，其他省份为第二、第三产业兼顾。从产业结构来看，东部地区的产业发展阶段已经进入了以第三产业为拉动经济主引擎的阶段，相对领先我国其他地区的发展水平。从这个角度讲，东部地区的服务业发展水平比其他地区高出一筹。

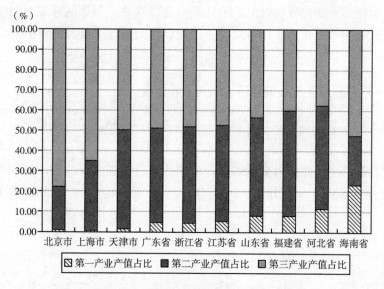

图 13 - 9 2014 年东部地区产业结构

资料来源：《中国统计年鉴（2014）》。

如图 13 - 10 所示，东部地区每年融资规模占据全国融资的很大部分，是我国融资的主要接受地区。以 2015 年为例，2015 年全国社会融资规模增量为 15.41 万亿元，其中，东部地区的融资规模增量为 7.87 万亿元，占全国增量的 50% 以上，东部地区占有了大量金融资源。

2. 东部地区县域经济发展概述。东部地区县域经济的发展得益于东部地区整体经济的发展情况，东部地区县域经济发展起步相对较早，发展相对充分。从多个方面可以观测东部地区县域经济的发展水平，下面选取其中一些信息对东部地区县域经济发展的情况做以描述。

一方面，中郡经济发展研究所发布的《2015 县域经济发展报告》评选出了 2015 年中国的百强县，东部地区占据了 70 个，其中，江苏 26 个，山东 21 个，浙江 18 个。百强县的评比主要是从 GDP 总量方面对全国县级行政单位来进行比较的，因此，从这份报告中也可以窥见，在县域经济的发展中东部

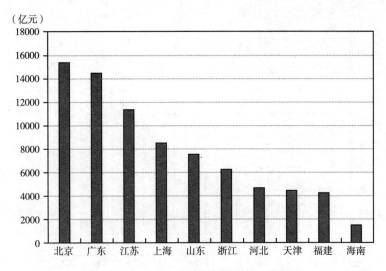

图 13 – 10　2015 年东部地区融资增量分布

地区的优势是压倒性的。

　　另一方面，东部地区的县域经济发展模式相对比较成熟。在东部地区县域经济发展的过程中，学术界总结了一些县域经济发展的模式，这些模式大部分来自于东部地区县域经济发展的经验。其中几种在学术界有一定共识，例如依托大城市辐射功能发展的苏南模式；以农业为基础并进行产业链扩张的寿光模式；依托外资的珠江模式；市场先导的温州模式等。这些模式对于我国其他地区的县域经济发展具有一定的指导意义，这也是东部地区县域经济相对发达的一个间接证据。

（二）东部地区县域金融存在的问题

　　东部地区县域金融发展比较完善，对比我国其他地区不论是从网点建设、贷款余额，还是从乡镇金融机构覆盖率等指标都处于领先地位。

　　图 13 – 11 是《中国农村金融服务报告（2014）》中的一些数据，该报告由中国人民银行农村金融服务研究小组撰写，从 2008 年之后每两年发布一次。东部地区涉农及"三农"贷款余额占据全国的 57%，而且大部分东部省份贷款余额的增长率也高于或接近全国平均水平。

　　但是，东部地区的县域金融发展也存在着一些问题，这些问题影响着东部地区县域金融与县域经济的协调发展。

　　1. 县域金融机构的贷款增长速度与县域经济的增长速度不匹配。在前

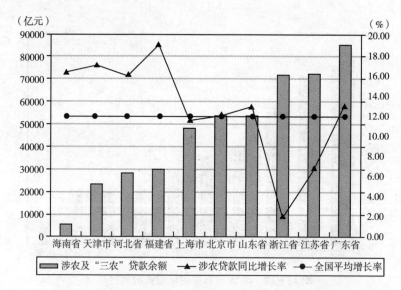

图 13 – 11　东部地区分省涉农及"三农"贷款数据统计

资料来源:《中国农村金融服务报告 (2014)》

面,我们分析过我国不同区域的县域金融发展和县域金融效率与县域经济增长之间的关系问题。通过那里的一些结论,我们可以看到东部地区县域金融与县域经济发展之间的一些问题。

如图 13 – 12 所示,通过东部地区县域金融机构的贷款余额增长情况与年均 GDP 增长情况可以发现,我国东部地区县域经济发展与县域金融发展呈现负相关的关系。县域金融不能起促进县域经济发展的作用,反而在一定程度

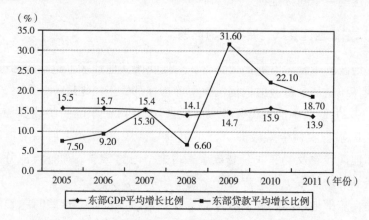

图 13 – 12　东部县域 GDP 与县域金融机构贷款增长比例

资料来源:《中国农村金融服务报告 (2014)》。

上阻碍了县域经济的发展。这其中原因包括以下三点：一是东部地区县域经济发展速度快，县域金融体系难以全面保障县域经济所需资金；二是东部地区县域经济发展方向广、范围大，而县域金融所提供的产品不能完全适应县域经济发展的水平，产品相对单一；三是东部地区县域经济发展水平高，需要不同的县域金融供给机构提供全方位的金融支持。

我国"十二五"和"十三五"期间，中央政府在农村经济发展政策和策略上做了重大调整，县域经济需要根据市场化的资源配置方式进行转型，县域金融体系也面临着进一步改革的压力。县域金融需要在多方面进行深入改革，其中包括：（1）以农业现代化为基础的农村工业化、信息化，用农业现代化带动管理企业化和农业科技化，以这种方式为县域经济发展提供新的动力，这些需要县域金融体系的大力支持；（2）农村工业化和由工业化所带来的城镇化；（3）第一二产业的强势联合，农工产业链的形成与培育需要县域金融体系的政策性扶持；（4）农业组织与县域金融组织的叠加，农村互助金融组织的构建以提升县域金融体系的丰富度；（5）县域基础设施建设、长期性便民工程等项目需要县域金融体系的支持等。面临县域经济转型发展，使县域金融机构面临新的多层次化、多元化的农村金融市场环境，现有的县域金融服务严重滞后，不能满足县域经济发展进程中的需求。

2. 县域金融发展的效率低下阻碍了县域经济的发展。县域金融发展效率（FDE），即县域金融机构的存款转换为当地贷款的比例。根据第七章内容，我国东、中、西部的县域金融发展效率与县域经济是正相关关系，说明我国县域金融发展效率在逐步提高，对县域经济的增长起到促进作用。不过我国东、中、西部之间的县域金融发展效率还是存在差异的（见图13-13），中部县域的金融发展效率最高，而东部县域的金融发展效率还不及西部县域。这说明东部地区县域金融发展效率相对低下，其中原因可能有以下四点。一是县域金融市场化程度不够，出于自身利益，地方政府存在行政干预县域金融机构市场化经营的行为。二是东部地区县域金融体系与县域经济发展不匹配。东部地区县域经济发展快速、全面，而商业金融机构对于县域金融关注不足，造成县域金融体系与县域经济发展水平不相适应，部分金融需求未得到满足。三是县域金融产品种类相对单一。县域经济发展不同于城市经济发展的轨迹，县域经济有其经济发展的特点，而面对这些特点，县域金融体系的产品创新能力不足。以个体、私营经济为主力的县域经济体系对于金融产品的需求具有规模相对小、需求时间紧等特点，而金融机构应变能力难以满足县域经济发展的需求。四是县域金融机构不愿背负县域经济发展过程中的风险。县域金融机构对于风险相对较大的县域经济项目向来审慎，而县域企业与个人的信用意识也不强，这就形成了一个负循环。金融机构不愿冒风险为县域经济发展提供支持。

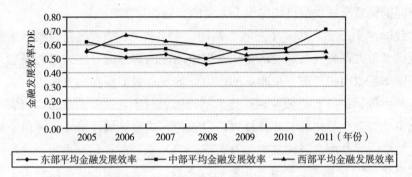

图 13 – 13　东、中、西部金融发展效率对比

资料来源：《中国农村金融服务报告（2014）》。

3. 县域金融缺少金融创新的手段。东部地区的县域金融发展相对完善，各种融资渠道并存，看似具有很优质的金融支持资源。但是这只是表面现象，涉农金融机构虽然积极响应县域金融的环境建设，但在金融创新方面意愿不高，金融机构保持着在大城市中的经营模式，缺乏改变。同时其他金融资源如担保、保险和民间资金等对进入县域金融领域仍举步不前，这些都严重影响了县域信用体系建设的整体推进和实施效果。另外，东部地区县域金融的发展也存在其他地区的普遍问题，例如抵押贷款缺少合格抵押物、规模化经营缺乏融资手段、申请审批周期长等问题。

东部地区县域范围很多都与大城市甚至国际级城市毗邻，这些城市往往具有很强的金融创新能力，不缺乏金融创新的手段与实施的资源，县域金融的创新发展应该灵活利用这种资源。

（三）东部地区县域金融服务与县域经济协同发展的政策建议

东部地区县域金融与县域经济协调发展的推进，需要在东部地区原有的优势基础之上依靠金融创新、提高效率等手段不断加以整合。东部地区县域金融在拥有众多优势要素禀赋的同时，需要摆脱传统县域金融发展的桎梏，引入金融创新工具，为县域经济的发展和转型提供强有力的支撑。

1. 发展县域经济为改革打下良好基础。解决县域经济发展当中遇到的融资难问题，从本质上来讲需要提升县域经济本身的环境水平。东部地区的县域经济发展需要根据自身的要素禀赋特点因地制宜。一要把握政府政策方针的风向，借势而为、顺风而为；二要突出本县域的重点改革项目，培育本地区的特色经济，避免产业趋同和行业间的恶意竞争；三要大力发展个体私营经济、民营经济，构建以民营经济为主体的发展格局；四要依托当地资源优势，振兴当地传统特色农业，同时开展农业深加工、旅游农业等提升附加值的产业；五要完善现有的个人信用体系，建立与资信评估、担保、惩罚和风险控制相配套的机制。

2. 创新县域金融服务模式和丰富金融产品。通过借鉴西方发达国家的成功经验，并结合我国县域经济发展实际情况，逐步将管理集中到专业的部门，探索建立包括财务公司、信用评估机构、信贷联盟、银行、保险等多方为主体的、符合我国国情的金融服务新模式，并引导各方联手合作，形成健康互动互补的良好服务格局。同时，针对农村转型，创新金融产品，从而缓解县域地区金融产品和服务模式单一，不能满足县域经济发展过程中对多元化金融服务需求的矛盾。

3. 大力发展资本市场，促进金融市场的多元化。要进一步完善金融市场，通过大胆地进行金融创新，打破县域经济发展过程中的融资瓶颈。一方面，要大力发展资本市场，开展多样化的金融业务，如鼓励优质企业发行短期融资券、中期票据等，引导县域中小企业发行区域性集合票据等进行直接融资，从而降低企业融资成本，解决部分县域中小企业难以从银行获得贷款的困难。另一方面，也可以尝试转让县域中小企业股权，利用地区性交易所进行股权融资，利用社会资本发展县域经济。只有这样，金融服务才能更贴近社会资金的流动，也从本质上体现了金融发展对经济增长的促进作用。

4. 创新金融服务和金融产品。各类银行、小额贷款公司等金融机构应充分考虑东部地区县域经济发展水平的差异，积极开发新产品和新服务。首先，要加大中间业务创新，商业银行对经营所在县域范围的企业经营情况、信用状况等信息了解较多，要积极开发创新型金融服务产品，及时解决中小企业的融资问题，并将金融创新渗透到投资咨询、财务顾问以及理财等业务中，满足居民个人对金融理财产品的需求。其次，要探索授信管理模式的创新，减少对企业财务报表的过分依赖，根据企业所处行业情况、原材料的供给、产品的生产和销售、对外担保以及被担保等情况，综合做出信用评级。最后，还要促进金融服务内容的创新。改变目前单一的信贷服务模式，转而为企业提供信贷、结算、账户、代理、理财、咨询等全套金融服务。通过金融创新，促进金融资源的整合，提高资金配置效率。

结语：我国县域金融与县域经济协调发展，既需要有整体大战略，也需要有区域性甚至更加细微的对策。根据不同地区县域经济与县域金融发展的实际情况因地制宜、辨证施治，才能将两者纳入协同发展的快车道中。利用以政府为主导的政策性金融方式、以县域经济主体为主导的互助性金融方式、以商业性金融机构为主导的金融创新方式，为我国县域经济与县域金融协调发展提供分地区的具体支持方案。

第十四章 建立城镇化进程中县域经济与县域金融服务协同发展长效机制

在新型城镇化金融中，县域发展水平的高低决定着新型城镇化的成败。而县域发展水平的高低取决于县域金融与县域经济两者协同发展的程度。因此，总结出一套县域经济与县域金融协同发展的可持续发展机制就显得迫在眉睫。为此需要首先搞清县域金融于县域经济的理论性双向互动的机制，在这基础之上完成对协同发展的长效机制的探究。

一、县域经济与县域金融服务的双向反馈内在机理

县域经济的发展与城镇化建设存在交互作用。发展县域经济，推动县域城镇化进程，已被看成是缓解"三农"问题、实现城乡统筹和农村可持续发展的基本动力。大力发展县域经济，不仅能将农村富余的劳动力转移到非农产业中去，还能带动乡镇企业的发展，进而促进城镇的自我发展。同时，城镇化的推进，使得更多的资源流入县域地区，进一步促进县域经济的发展。

发展县域经济和促进城镇化，关系我国经济社会发展全局。一般来说，县域经济与城镇化协调发展会受到地理区位、历史文化、经济社会、制度与体制、认识与观念等因素的影响。因此，研究县域经济发展的问题必须考虑这些因素的影响。但是，在经济社会因素中的金融因素无疑是最关键的因素，也是分析县域经济发展问题的核心。

由于历史的原因，我国经济形成了极其不均衡的二元城乡经济结构，特别是县域经济，因各种原因造成农村商品要素市场、金融要素市场等发育迟缓，制约了整个社会资本向农村的流动，制约了农村产业的规模发展和农业产品结构调整的速度，制约了农村产品市场的发展，进而制约了县域经济与

城镇化的发展。因此，金融也就成为人们关注的促进县域经济发展的首要条件。

金融是现代经济发展中最活跃的因素，县域经济与城镇化都离不开金融的支持，而二元经济结构形成的中国城乡经济格局，城乡经济的巨大差别，无疑也使县域金融体系发展不健全，金融市场等不发达，农村社会资本外流，县域金融体系不能有效地服务于县域经济。而且，随着金融市场化的改革，农村金融机构一时间成为资金流出的通道。县域金融成为我国金融最薄弱环节，长期成为县域经济发展的瓶颈。为此，人们开始关注县域金融与县域经济的关系及其互动关系的机理的研究，探索解决问题之道。但是，研究成果较少。以往国内外学者主要关注国家总体的或者是省际区域的经济增长与金融发展的关系及其机理。本课题首先就此问题的研究成果给予综述，以求得前车之鉴。

（一）金融发展与经济增长的影响机理研究综述

1. 金融发展对经济增长的影响机理研究综述。进入 20 世纪 90 年代，国外学者们已不再局限于研究金融发展与经济增长的互动关系，而将研究领域扩展到金融发展对经济增长的影响机理，并创新了传统的经济增长理论，提出包含金融部门的 AK 内生增长模型、技术进步模型、全要素生产模型等多个理论分析模型框架。

AK 内生增长模型是影响机理中最具代表性，之后的技术进步、全要素生产模型都是 AK 模型的一个扩展。AK 模型将金融部门作为经济增长的一个要素引入生产函数，在经对数化处理后，量化金融对经济的影响机理与影响效果。鲁比尼和马丁（Roubini & Martin，1992）在 AK 内生增长模型的框架下，重新考察金融抑制现象。在他们的模型中，政府的金融抑制政策可能导致资本生产力的下降和储蓄的萎缩，从而对经济增长产生负面的影响。格林伍德和约万诺维奇（Greenwood & Jovanonic，1990）在 AK 框架下提出另一影响机理：一方面，金融机构的信息收集优势促使他们将资金导向最具有生产力的部门，从而提高了投资效率，促进经济增长。另一方面，经济增长也促进了金融结构的改革与完善。金和莱文（King & Levine，1993）在 AK 模型的基础上引入技术进步的因素，并指出，金融中介可以促进企业家的创新，从而提高生产力并促进经济增长。

而西尔伯（Silber，1983）在诺斯制度经济学的框架下，提出金融制度也是促进经济发展的内生因素之一。首先，金融交易成本因制度演进而大大降低。金融市场的全球一体化和金融交易量的快速扩张，无疑应归功于金融制度节约交易成本的功能。其次，金融制度部分地克服了金融交易中信息不对称问题。最后，金融制度完善了金融交易中的风险防范机制。除了理论模型外，国外学者也在实证研究中有所创新。德格雷戈里奥和吉多蒂（De Gregorio & Guidotti，1993）从金融中介代表指标进行分析，探讨利率与经济增长的关系，指出实际利率与经济增长之间遵循倒 U 形的曲线关系，过低的实际利率会降低经济增长水平；过高的实际利率并不代表投资效率的提高，更有可能是风险的提高，可能导致较低的投资水平与投资效率，从而影响经济的增长。

在借鉴国外学者研究的基础上，国内学者主要从金融中介的微观机理来探析金融发展对经济增长的影响机理。在具体研究中，国内学者不局限于利率、信贷等因素，还从金融中介信息优势、风控优势、技术进步等方面进行研究。

周正庆（1997）指出金融体系具有分配社会资源的功能，资源的配置首先表现为资金的配置，资金的配置需要通过金融中介来完成。以银行为主体的金融机构按照自身利益最大的原则进行投资分配，实际上也遵循了投资效率的最大化，因此能够实现资源的最优配置，从而促进经济增长。孙伍琴（2004）从金融功能出发，分析了不同的金融结构——以金融市场为主的金融结构与以银行中介为主的金融结构，并指出，在中国特有环境下，以银行为主的金融结构能够帮助企业进行技术创新，从而对经济增长产生影响。

唐绪兵（2005）指出，金融体系的重要功能之一就是项目的筛选和监控，中介本身能通过各种事前和事后的机制甄别和选择创新项目进行投资，金融中介能够利用其出色的专业技巧进行项目评估，并为广大投资者提供评估信息，这就降低了单个投资者进行投资时所需投入的前期甄别成本，有助于及时获取信息。金融机构的信息优势在一定程度上为经济发展提供了便利。

汤清（2010）指出，由于技术创新具有高风险性，金融机构具有强大的风险管理功能，通过投资分散和内部风险控制，降低技术创新初期的风险性，使得新技术的初期成功率大幅提高。此外，金融机构在参与技术创新的过程中，对其也有监控的效果，对项目进程进行评估，能够限制经济中创新主体的盲目性和随意性。

总体上看，国内学者关于金融对经济影响机理的研究在一定程度上扩展了已有成果，但现有结果主要针对的是金融中介的功能性特征，对整体区域经济的特征却鲜有涉及。

2. 经济发展对金融影响的反馈机理研究综述。区域经济增长与金融发展关系密切，但从区域金融对经济影响的角度进行分析研究更多，与之相反的反馈机理研究分析比较少。目前，国外学者主要的研究成果有：区域金融内生理论、门槛理论、资本积累理论和破产成本理论等。此外，金融契约理论和金融地理理论也在一定程度上解释了区域经济发展对区域金融的影响。

区域金融内生理论认为区域金融的发展需以区域经济的发展为条件，区域的经济增长过程中伴随着区域市场化过程，在市场化的过程中区域市场体系得以形成，并催生出包括金融市场在内的区域要素市场，所以区域经济增长内生于区域金融市场的形成和发展。

希克斯（Hicks，1946）在此基础上，基于交易成本理论，提出了门槛效应，解释人均收入和财富的增长与金融需求之间的关系。希克斯在研究金融体系对西方国家工业革命的影响时，提出了金融机构的固定成本可能成为金融发展的"门槛"。后来的文献中，门槛效应一般指超过经济变量一定水平后，某个机制才会发生作用。格林伍德和约万诺维奇（Greenwood & Jovanovic，1990）在研究收入分配问题时，提出由于存在门槛财富水平，在经济发展的早期阶段，人均收入和财富水平很低，一部分人无力支付金融进入费用，或者即使有能力支付也因为交易量太小而无法充分补偿成本，从而不能进入金融中介和金融市场，享受金融服务，而另一部分有能力享受金融服务的人，财富水平则进一步增加。这一方面扩大了收入差距，另一方面则导致对金融行业的需求不足，金融发展缓慢。当经济发展突破一定门槛，人均收入和财富水平超过临界值之后，更多人有能力接受金融服务，对金融的需求增加，金融中介和金融市场得以发展壮大。如果将复杂的金融服务同更高的金融费用联系起来，金融体系的复杂程度同经济增长就形成了一种互动的关系。因此，简单金融体系会随着人均收入和财富的增加而演变为复杂的金融体系，金融体系复杂程度的提高则是经济增长的结果。

汤森（Townsend，1979）、葛尔和海尔威格（Gale & Hellwig，1985）等学者在债务合同理论（Theory of Debt Contracts）、戴蒙德（Diamond，1984）的银行作为委托监管人的理论以及萨洛普（Salop，1979）的空间竞争模型基础上，建立了一个垄断竞争银行体系，基于信息的模型，提出了资本积累理论。该理论认为，区域资本存量的数量决定了该地区的金融发展水平。他们认为成本比金融资产的数量更能反映银行系统的发展水平，金融中介（银行）的发展就表现为存贷利差的下降、专业化分工和效率的提高。厂商生产中的生产率冲击因素的实现，对厂商自身来说不需要成本就能观测到，而银行则必须通过监督才能观测到此项信息。研究假设银行监督的成本随银行和厂商空间距离的拉大而提高，在信息不对称的条件下，银行会对空间距离不同的厂商采取具有歧视性的价格，而厂商则会选择离自己最近，成本最低的银行购买金融服务。银行业则形成一种空间上的专业化分工的格局。每个银行在自己附近一定范围的空间里，由于成本优势而处于垄断地位，得到垄断租金，而且这种租金随着资本存量的增加、市场规模的扩大而上升。在银行业可以自由进入的条件下，垄断租金的提高刺激新的银行加入，导致每家银行更加专业化于更小的区域，银行的毛利率水平下降，效率提高。

博伊德和斯密斯（Boyd & Smith，1996）基于传统破产成本理论，分析了经济发展促进金融市场发展的机理。在传统的成本状态证实模型（CSV）中，企业家所拥有的风险技术都具有收益不可观测的特征，若假定有如下两种技术可供自由选择：第一，收益不可观测的技术，有成本的状态证实和信息摩擦的存在导致这种技术需要严格的监督，所以企业家只能通过债权方式融资；第二，收益可观测的技术，这种技术的收益可被所有当事人观察到，因而企业家可以凭借低廉的发行成本通过股权方式进行融资。

企业家在两种技术之间进行选择，基于这两种技术扣除掉可能产生的破产成本之后的预期收益水平的比较。在预期监督成本相对较低时，收益不可观测的技术以其更高的预期收益率获得了企业家的青睐，企业家通过债权融资获得所需资金，股票市场就不会存在；当预期的监督成本相对提高，使用收益可观测的技术来降低监督成本变得更加具有吸引力，此时，债权融资和股权融资会同时存在，企业家可实现平均外部融资成本的最小化。

在此作用机制下，经济增长就促进了金融市场尤其是股票市场的发展。首先，经济增长和资本积累规模的不断扩大会导致资本的边际产品，也就是相对价格呈现下降的趋势；其次，无论监督成本的付出是以何种形式发生，资本的边际生产率的下降导致监督成本的相对上升；再其次，监督成本的相对上升促使企业家更多地投资于收益可观测的技术，生产过程中股权融资的份额提高；最后，技术构成的变化减少了信贷市场上不必要的信息摩擦和监督行为，节约了金融中介用于状态证实的资源付出，金融中介的效率得以提高。

金融契约理论一定程度上阐述了经济和金融的关系。金融契约理论最早是代理成本理论的一个分支，是从詹森和麦克林（Jensen & Meckling，1976）就债务契约可用于解决股东与债权人之间、因利益冲突产生代理成本这一观点派生而来，早期为斯密斯和华纳（Smith & Warner，1979），后期为汤森（Townsend，1976）、戴蒙德（Diamond，1984）等学者将规范分析之方法引入金融契约领域，最终演变为公司金融的主流理论。朱建芳（2006）则运用金融契约理论提供了区域经济与区域金融发展新的分析思路。从金融契约的视角出发，金融发展被定义为金融契约数量的增加、种类的丰富和承载功能的增强。那些能够推动、促进金融契约达成的因素就成为金融发展的促进因子，反之亦然。

（二）金融发展对经济增长影响机理的分析研究

改革开放以来，我国总量经济的增长取得了举世瞩目的巨大成就，而反观这一时期区域经济的发展则呈现出了较明显的空间非均衡性，特别是城乡经济区域间的经济增长差距在渐次拉大。而县域经济某种意义上讲是以农业为主导的落后乡村经济，在经济总量、产业结构和增长效率等层面与先进的城市经济存在鲜明的差距，并由此而形成了城乡区域经济的非均衡增长格局，城乡区域经济发展的失衡已成为困扰我国当前和今后一个时期经济发展的重要矛盾之一。

对于我国城乡区域经济发展差异或非均衡性的研究，可以从地理区位、资源禀赋、政策制度等角度加以解释。但是，无论是在短期还是长期，资本积累和技术进步都是经济增长的主要源泉，进而也是影响县域经济增长差异的重要因素，而县域金融的发展至少在节约交易成本、影响储蓄率、促进资本加速形成、提高资本配置效率以及为产业结构的优化升级提供资金支持等方面，对于县域经济发展有着重大意义；同时，县域经济的增长也在维护和改善金融生态、动员和累积金融资源等方面为金融系统的培育和发展提供了土壤及动力。因此，县域金融与县域经济增长之间实际上存在着一种双向的反馈效应，从这个意义上讲，县域金融发展应当是县域经济增长的一个重要解释变量。从金融发展差异的角度审视县域经济增长的非均衡格局，对于认识金融因素在区域发展过程中的影响和作用，进而通过健全金融机构，改善金融环境和完善金融市场，发展金融工具的运用，促进县域经济的均衡增长和协调发展，具有积极的政策意义。县域经济是我国特有的一种经济形态，壮大县域经济和城乡统筹，促进第一、第二、第三产业融合发展，推动县域经济科学发展，是国民经济发展的重要组成部分和历史性必然选择。

那么县域金融发展差异到底体现在哪些方面？金融发展的区域差异是以何种机理并且在多大程度上加剧了县域经济增长的非均衡性？如何从改善金融环境入手，完善县域金融体系，实现县域经济的均衡发展？对这一系列问题进行深入研究，有着较大的学术意义和现实价值。

在县域经济的发展中，如何有效发挥金融机构和金融市场的功能，多年来，是我们没有解决好的大问题，以致出现了严重的不协调发展，为此，我们将就此问题进行探讨。在以往的发展经济学研究中，大多数国内外学者关注的是经济体或区域经济的经济增长问题。在国外大部分关于分析经济增长的决定性因素模型中，物质资本是作为主要生产要素反映在生产函数中，而金融因素并未作为生产函数的要素。只是到了 20 世纪 90 年代人们创新了传统的经济增长理论，提出了包含金融部门的 AK 内生增长模型、技术进步模型、全要素生产模型等多个理论分析模型框架。

从历史的角度来说，本来金融是内生于经济体系的一个生产要素，是经历了现代经济的发展过程，金融业才成为一个独立的部门，从经济体系中被分离出来，金融业的发展壮大才成为一个独立的经济部门。货币的使用使银行业发展为一个独立的金融中介部门，服务于经济部门和非经济部门。并发展了资本市场，服务于产业投资。然而，正是这种独立，使金融业和其他经济部门的关系变得非常复杂。一方面，金融业为经济的发展提供了重要的资源；另一方面，金融机构又在跨时空的资源共享配置方面，产生种种不协调。现代经济是开放型经济，生产要素可以自由流动，金融在生产资源的时间配置和空间配置中起到关键作用。由此而来，形成了地域经济集聚布局上的巨大差异，和经济梯度发展的不同阶段性。金融的创新、自由化和全球化，虽然推动世界经济的繁荣发展，但也成为经济波动和经济金融危机的根源。

金融是现代经济体系中最活跃的要素，关于金融与经济之间相关关系机理的理论与实证研究较多。总体上看，国外金融发展模式分为两类：供给引导型和需求跟进型。帕特里克（Patrick）指出在经济金融欠发达地区，金融发展一般遵循的是供给引导型模式，只有在金融市场化水平达到一定层次后，金融发展才会变为需求跟进型，之后很多分国别的实证研究也都验证了这一观点。由于金融服务需求对经济增长起着积极引导的作用，故金融部门主动激发传统资源，促进资源转移到能够推动经济增长的其他部门，提高了资源配置的效率。从某种意义上讲，经济增长是金融发展的结果。帕特里克（Patrick）进一步指出，在经济增长的早期阶段，一般呈现的是"供给引导"的金融发展模式，尤其在发展中国家比较常见。而在经济发展的后期，金融部门发展程度较高，"需求跟随"的模式会更加普遍。但是，在我国县域金融与县域经济关系的实证研究中，得出的结论与此有所不同。

无论是供给引导还是需求跟随，强调的都是金融对经济的正面影响，然而，由于金融是政府高度控制的行业，并不是所有学者都持正面观点，其中最具代表意义的是麦金农和肖（McKinnon & Shaw，1973）提出的金融抑制理论。在许多发展中国家，政府的金融压抑政策，通过低利率和宽膨胀的货币政策来促进增长和提高收入。麦金农和肖认为设定利率上限、提高存款准备金率等政策妨碍了对储蓄的最有效率的配置，因而会对经济增长产生负面效果。他们认为经济增长最大化的存款率必须是自由市场均衡的产物，因此他们建议取消利率上限，放弃那些有选择的或者直接的信贷计划，降低存款准备金率，并且确保金融部门的平等竞争性环境。提倡实现金融体系的自由化，以刺激经济增长。麦金农和肖提出的金融抑制理论也引起了学界的普遍争议。新结构主义学派的学者巴菲（Buffie，1984）和范·维恩伯根（Van Wijnbergen，1983）指出，在许多发展中国家，非正规金融市场发挥了重要的作用，但麦金农认为非正规金融市场是低效率的。新结构主义者认为非正规金融市场的资金分配效率并不一定低于正规金融市场。在乡镇地区，借款人与贷款人之间具有密切的联系，这使得非正规金融市场对借款人的资信具有更充分的信息。而金融自由化将会导致资金从非正规金融市场流出，资金的重新分配可能会减少用于投资的资金规模，这是因为正规金融市场有法定存款准备金率等要求，而非正规金融市场上没有这样的要求。

县域经济是属于区域经济的范畴，探讨中国县域金融与经济之间独有的互动关系机理。从理论层面上讲，由于区域经济与总体经济增长的过程与路径具有很高的相似性，而经典经济理论中的总体经济增长模型在一定程度上也适用于分析地区经济及县域经济增长过程。鉴于此，可以通过对现有经典总体经济增长理论模型的回顾和拓展，一方面探讨金融因素在县域经济增长过程中的作用；另一方面揭示区域经济增长对于县域金融发展的影响机理。首先，让我们回顾一下哈罗德－多马的经济增长模型，并加以扩展引入金融因素；其次，介绍索洛—斯旺开创的新古典增长模型。

1. 哈罗德—多马经济增长模型的分析。经济增长模型是用于说明经济增长与有关经济变量之间的因果关系和数量关系的理论抽象。对经济增长的不同理论分析构成了不同的经济增长模型。现代西方经济学中，把经济增长作为一个独立的领域，是从英国经济学家哈罗德（Harrod）和美国经济学家多马（Domar）开始的。哈罗德1939年发表《论动态理论》一文，试图把凯恩斯采用的短期静态均衡分析所提出的国民收入决定理论长期化和动态化，并于1948年出版了《动态经济学》一书。在同一时期，多马也进行了类似的研究，完全独立地提出了与哈罗德基本一致的经济增长模型。

现代经济增长理论研究始于哈罗德—多马的经济增长模型。之后，经济增长理论研究的主流就从哈罗德—多马模型变为新古典增长理论。在此后的发展经济理论演进过程中，学者们通过对该模型前提假定的不断修正，开发出一系列的经济增长模型，尽管结论不尽一致，但是这些理论和模型在很大程度上都受到哈罗德—多马模型的影响。

（1）哈罗德—多马经济增长模型的假定。英国经济学家哈罗德与美国学者多马几乎同时提出自己的经济增长模型。由于两者在形式上极为相似，所以称为哈罗德—多马模型。两者的区别在于哈罗德是以凯恩斯的储蓄—投资分析方法为基础，提出资本主义经济实现长期稳定增长模型；而多马模型则以凯恩斯的有效需求原理为基础，得出与哈罗德相同的结论。哈罗德—多马模型考察的是一国在长期内实现经济稳定的均衡增长所需具备的条件。

哈罗德—多马模型基本形式的假定条件如下。

①不存在货币金融部门，且价格水平不变，投资率既定，即储蓄率等于投资率，储蓄转化为投资的机制畅通；

②劳动力按不变的、由外部因素决定的速度 n 增长，即 $\dfrac{dN/dt}{N} = n = $ 常数；

③社会的储蓄率，即储蓄与收入的比率不变，若记 S 为储蓄，s 为储蓄率，则 $\dfrac{S}{Y} = s = $ 常数（Y 为收入）；

④社会生产过程只使用劳动 N 和资本 K 两种生产要素，且两种要素不能互相替代；

⑤不存在技术进步，规模报酬不变。

⑥资本存量没有折旧。

根据假定④，生产函数可以写为：

$$Y = Y(N, K) = \min(VK, ZN) \tag{14-1}$$

其中，参数 $V = \dfrac{Y}{K}$ 为产出—资本比；$Z = \dfrac{Y}{N}$ 为产出—劳动比；V 和 Z 为固定的常数。

（2）产出和资本。根据上面的说明，由 $V = \dfrac{Y}{K}$ 有：

$$Y = VK \qquad (14-2)$$

对式（14-2）关于时间 t 求微分有：

$$\frac{dY}{dt} = V\frac{dK}{dt} \qquad (14-3)$$

式（14-2）说明，经济中供给的总产出等于产出—资本比乘以资本投入。式（14-3）则说明，总产出随时间的变化率由产出—资本比和资本存量变化率（即投资水平）所决定。

另外，在只包括居民户和厂商的两部门经济中，经济活动达到均衡状态时，要求投资等于储蓄，即：

$$I = S \qquad (14-4)$$

根据假定条件，有 $S = sY$。而 $I = \dfrac{dK}{dt}$，故式（14-4）变为：

$$\frac{dK}{dt} = sY \qquad (14-5)$$

将式（14-5）代入式（14-3），并对其进行变形，有：

$$\frac{dY/dt}{Y} = Vs \qquad (14-6)$$

式（14-6）就是在资本得到充分利用条件下总产出的增长率所必须满足的关系。在 V 和 S 都为常数的条件下，模型式（14-6）的解为：

$$Y = Ae^{Vst} \qquad (14-7)$$

其中，A 为常数；t 为时间；e 为数学中自然对数的底数（e≈2.718）。

为了进一步分析式（14-7）所反映的产出增长率的意义，将式（14-2）代入式（14-5），并对其进行整理，得到下式：

$$\frac{dK/dt}{K} = Vs \qquad (14-8)$$

比较式（14－6）和式（14－8）可知，为使资本得到充分利用，总产出 Y 与资本 K 必须同步增长，其增长率由储蓄率和产出—资本比确定。按照哈罗德的说法，这一增长率被称为有保证的增长率，记为 G_W，即 $G_W = Vs$。至此，已建立了资本得到充分利用时经济增长的条件。

（3）产出与劳动的关系。根据假定条件，劳动力增长率为 $\dfrac{dN/dt}{N} = n =$ 常数。依据生产函数式（14－8），在充分就业条件下，总产出和劳动力的关系变为：

$$Y = zN \qquad (14－9)$$

当参数 z 为常数的时，式（14－9）意味着总产出必须与劳动力同步增长。事实上，对式（14－9）关于时间 t 进行微分，有：

$$\frac{dY}{dt} = z\frac{dN}{dt} \qquad (14－10)$$

用式（14－9）除式（14－10），得：

$$\frac{dY/dt}{Y} = \frac{dN/dt}{N} = n \qquad (14－11)$$

式（14－11）是劳动力充分就业时经济增长的条件。其含义是，若要使经济实现充分就业的均衡增长，总产出的增长率必须等于劳动力的增长率。哈罗德将这一增长率称为自然增长率，记为 G_N，即 $G_N = n$。

（4）经济均衡增长的条件。为了得到哈罗德—多马模型均衡增长的条件，首先考察生产函数式（14－8）的等产量曲线，为使生产达到 Y_1 的产出水平，该经济体需要 N_1 单位的劳动力和 K_1 单位的资本，均衡点为 E_1。如果该经济体有 $N_a > N_1$ 单位的劳动力和 K_1 单位的资本，那么该经济体的产出水平也只能是 Y_1。在这种情况下，一些劳动力会因缺乏生产性资本不能从事生产而处于失业状态。同样，若该经济只有 N_1 单位的劳动力，而拥有 $K_b > K_1$ 单位的资本。其最大产出水平仍然为 Y_1。在这种情况下，大量生产性资本又会因劳动力不足而被闲置。

根据前面的讨论，为使经济中资本和劳动力都得到充分利用，总产出的增长率必须满足的条件是，有保证的增长率 G_W 等于自然增长率 G_N，即：

$$G_W = G_N \qquad (14－12)$$

由于 $G_W = Vs$，$G_N = n$，故上式又可写为：

$$Vs = n \qquad\qquad (14-13)$$

式（14-13）被称为哈罗德—多马均衡增长条件。若这一条件不能满足，如 $G_N > G_W$，则失业率就会上升；反之，如果 $G_W > G_N$，则会出现大量资本闲置。

在哈罗德—多马模型的框架下，式（14-13）给出了保证经济均衡增长、产出—资本比 V、储蓄率 s 和劳动力增长率之间的内在联系。哈罗德认为，由于储蓄率、产出—资本比率和劳动力增长率这三个因素分别由不同的因素所决定，因此，在现实中没有任何经济机制可以确保 G_W 等于 G_N。更何况，即使偶然原因，$G_W = G_N$，使经济处于均衡增长路径上，但一出现某种扰动，有保证的增长率就会越来越偏离自然增长率。换言之，即使存在均衡增长路径，该路径也是不稳定的。从一定意义上说，哈罗德—多马模型可以用来解释一些非均衡增长的现象。

哈罗德—多马模型作为一种早期的经济增长理论，尽管具有简单、明确的特点，但该模型关于劳动和资本不可相互替代以及不存在技术进步的假定也在一定程度上限制了其对现实的解释。在模型中假设：储蓄等于投资，而投资又等于资本存量 K 的变化量 ΔK。可见，经济增长率与储蓄率成正比。

在上述假设条件下，哈罗德将经济增长抽象为三个宏观经济变量之间的函数关系，第一个变量是经济增长率，用 G 表示；第二个变量是储蓄率，用 s 表示；第三个变量为资本—产出比率，用 v 表示。数学表达式为：$G = s/v$。从式中可看出：一国的经济增长率与该国的储蓄率成正比，与该国的资本—产出比率成反比。另外，哈罗德将经济增长率分为实际增长率、均衡增长率和自然增长率。实际增长率就是社会实际达到的经济增长率，值得注意的是，在一般情况下，实际增长率不能用哈罗德模型的基本公式来计算，这是因为实际经济状况并不满足哈罗德的前提假设。比如储蓄不等于投资或总需求与总供给不一定相等。均衡增长率就是哈罗德提出的有保证的增长率。它所对应的是投资者满意的储蓄率和投资者满意的资本—产出比率，因此，在实现均衡增长率的情况下，由于实现了充分就业的有效需求水平，且形成的生产能力得到充分利用，所以，就各期而言，产量或收入达到最大值时，社会上既无失业又无通货膨胀。自然增长率 G_N 是在人口和技术都不发生变动的情况下，社会所允许达到的最大增长率。故均衡状态下国民收入增长率须等于资本存量的增长速度。这时候资本积累过程中的储蓄—投资转化机制畅通，从而储蓄等于投资。哈罗德认为由于模型假定储蓄率、劳动生产率、资本产出比和劳动力增速外生给定，而真实世界中不存在可以确保自然增长率与有保证的增长率始终一致的经济机制。因此该结论所描述的充分就业的稳定增长，其现实性是极其脆弱的，是一种"刀锋"（Knife edge）状态。

2. 对哈罗德—多马模型的修正与扩展。哈罗德—多马模型稳态增长路径的不稳定性，首先包含在充分就业的隐含假定里，而失业的存在并不与经济的均衡增长相冲突，充分就业本身也会随着经济周期波动而波动。因此如果放松充分就业这一假定，将哈罗德—多马模型置于经济周期的波动背景之下，从而可以通过分解有保证的增长率 G_w 来揭示经济增长过程中的动态特征。哈罗德—多马模型强调资本积累在经济均衡增长过程中的重要作用，但是模型假定储蓄—投资转化无摩擦，而现实中投融资渠道的梗阻以及金融抑制的现象普遍存在，尤其在发展中国家更是如此。因此为全面分析金融因素在经济增长过程中的角色，将放松哈罗德—多马框架下储蓄—投资转化机制畅通的假定。现实经济中，储蓄在转化为投资时存在一定"漏出"，设 β 为储蓄转化为投资的系数，它表征了经济体金融市场发展状况，$1 - \beta$ 则是转化过程中的"漏出率"，从而有 $I = \beta sY$。基于哈罗德—多马增长模型的框架，经济增长的分解过程如下：

$$g = \frac{dY(t)}{dK(t)} \cdot \frac{dK(t)}{Y(t)} = \frac{dY(t)}{dK(t)} \cdot \frac{I(t)}{Y(t)} = \frac{dY(t)}{dK(t)} \cdot \frac{\beta sY(t)}{Y(t)} = \frac{dY(t)}{dK(t)} \cdot \beta sg$$

$$(14 - 14)$$

其中，$\dfrac{dY(t)}{dK(t)}$ 表示单位资本增量对应的产出增量。

增量资本产出比（increased capital—output ratio，ICOR）是通行的投资效率衡量指标，$\dfrac{dK(t)}{dY(t)}$ 表示单位产出增量所需的资本增加额，ICOR 越高表明投资效率越低，反之投资效率运高。而 $\dfrac{dY(t)}{dK(t)}$ 恰好是 ICOR 的倒数，将之设为 E 表示投资效率。从而结合式（14 - 14）得到经济增长率：

$$g = \frac{dY(t)}{dK(t)} \cdot \beta s = \frac{\beta s}{ICOR} = E\beta s \qquad (14 - 15)$$

由式（14 - 15）可知，经济体的增长状况将取决于三个因素，即投资效率、储蓄—投资的转化效率和储蓄率。设区域 A 和 B，从而区域经济增长速度的差别也是三个因素综合作用的结果，比较区域间的增长差异，须立足于对投资效率、投融资渠道的发展以及储蓄率的高低比对。一般而言，同一经济体内部由于社会文化制度的相似性，使得不同区域的储蓄率较为接近，由于资源禀赋地理区位的差异，各区域在经济结构和金融市场的发展状况方面存在普遍差异，由此可以推断区域经济增长的非均衡性主要来源于区域间金融资源总量结构及其配置效率方面的差异。

3. 新古典增长理论框架下金融发展对经济增长的影响分析。在西方经济增长理论的文献中，经济学家几乎公认，美国经济学家罗伯特·索洛在 20 世纪 50 年代后半期所提出的新古典增长理论是 20 世纪 50～60 年代最著名的关于增长问题的研究成果。下面就来讨论一下论新古典增长理论。

（1）新古典增长理论的基本模型。索洛—斯旺开创的新古典增长模型，进一步放松了哈罗德—多马模型中单位产出所需的资本和劳动投入外生给定的假设，采用新古典主义的生产函数代替了哈罗德—多马的固定系数生产函数。在索洛—斯旺模型的生产函数中，资本和劳动具有同质性和可替代性，且边际收益递减，规模收益不变。接下来将在新古典增长模型的框架下，分析金融因素在经济增长过程中的作用机理，探索金融差异对区域经济非均衡增长的影响。

模型设定形式为 $Y = F(K, AL)$，哈罗德中性的技术因素和劳动投入共同以有效劳动的形式进入生产函数。规模报酬不变，则有：

$$F(K/AL, 1) = 1/AL(K, AL) \qquad (14-16)$$

定义 $k = K/AL$ 为单位有效劳动资本，$y = Y/AL$ 为单位有效劳动产出，令 $f(k) = F(k, 1)$，将式（14-16）表示为 $y = f(k)$，从而忽略技术因素的差异，则地区之间人均产出的差别取决于人均资本。区域经济增长的非均衡性主要来源于区域资本积累状况的差异，从这一点来看索洛—斯旺模型与哈罗德—多马模型关于区域经济增长差异的认识具有一致性。

考虑要素投入对经济增长的影响。设劳动投入的增长速度为 n，即有 $n = \Delta L(t)/L(t)$；技术进步速度为 g，$g = \Delta A(t)/A(t)$。设折旧率为 q，储蓄率为 s，外生给定，则资本增量方程：

$$\Delta K(t) = sY(t) - qK(t) \qquad (14-17)$$

由单位有效劳动资本 $k = K(t)/AL$，则有人均资本增量 $d(k)$，将资本增量和劳动与技术变动方程分别代入，进一步化简则可得到资本增量方程：

$$d[k(t)] = sf[k(t)] - (n+g+q)k(t) \qquad (14-18)$$

式（14-18）的意义是说明经济在储蓄率外生给定的情况下，稳态时的资本积累将使单位有效劳动资本保持在 $d[k(t)]=0$，此时总资本存量和总产出以 n+g 的速度增长。因此在储蓄率相同，并且都达到增长稳态的情况下，经济总量和增长速度取决于地区劳动力投入和技术水平。由此模型的结论是同一经济体在不同发展阶段，以及处于不同发展层次的经济体，其人均收入水平的差异来源于人均资本和技术进步率。此外，王婷（2011）基于柯布—道格拉斯生产函数推广索洛—斯旺模型，设区域 A、B 两地储蓄率、技术水平以及资本产出弹性一致，得出单位有效劳动产出的结论。意味着如果资本产出弹性为 1/3，当 A 地人均产出是 B 地的 2 倍时，A 地的资本边际产出只相当于 B 地的 1/4，这也远高于现实经济中区域人均收入的差别所对应的资本边际产出的差别。

索洛—斯旺模型在经济体人均收入差别上的理论解释与现实差距甚大，但是新古典增长理论同样可以用于分析区域经济增长差异，为非均衡增长过程中的资本和金融因素提供了一个有益的框架。我们注意到，索洛—斯旺模型中资本增量公式中同样隐含了储蓄向投资无摩擦转化的假定，采取在扩展哈罗德—多马增长模型时的做法，加入反映货币金融体系运作状况的储蓄投资的转化率 β。由于货币金融体系对投资形成额的影响必然包含在地区资本积累的差异中，这一点可以解释区域人均资本的差异。此外，由于货币金融体系的运作不但影响储蓄向投资转化的情况，而且还影响投资资金的产出效率，所以地区间的资本产出弹性并非绝对一致，相反由于资金配置效率的差异，导致具有成熟的金融市场的经济体往往资本产出弹性较高。所以当纳入金融市场差异因素时，相同的人均收入差距对应资本边际产出的差异小于初始的索洛—斯旺模型，这也进一步验证了扩展后的模型对区域经济增长差异的解释力显著增强。

（2）基于内生增长理论的进一步分析。以索洛—斯旺模型为代表的新古典增长理论抽象掉了经济体之间的金融差异，假设技术水平一致，认为稳态时人均收入的增长率最终表现为统一的外生技术进步率。由于假定资本的边际产出递减，因此在人口和技术不变的情况下，总体经济的增长无法依靠资本积累来维系。前文通过引入金融市场发展因素扩展了索洛模型，对经济体之间的增长差异给出了初步的解释，但是面对长期存在的收入差距和增长差异，需要进一步将能够抵消资本积累过程中边际产出下降的因素内生化，从而使得经济增长随着资本的积累延续下去，进而解释经济体之间的增长差距在较长时期内存在。内生经济增长理论或新经济增长理论正是通过假定除资本之外的增长因素随资本积累等比例增长，从而克服了资本边际产出的递减。AK 模型就是这类内生增长理论的代表模型之一。

AK 模型假定产出是总资本存量的线性函数，$Y(t) = AK(t)$，其中，A 为常数，表示资本的边际产出率。这里的资本 K 在内涵上较新古典增长理论更为丰富，除实物资本外还包括人力资本和智力资本等。由 $Y(t) = AK(t)$ 两端取对数并对时间 t 求导，得到：

$$d(Y(t))/Y(t) = d(K(t))/K(t) \qquad (14-19)$$

式（14-19）表示非资本的增长因素的变动保持了资本存量与产出的线性关系，从而资本积累与产出同步增长。定义资本增量为：$d(K(t)) = I(t) - qK(t)$，其中，q 为折旧率，$I(t)$ 为 t 年的总投资。同样我们引入储蓄—投资转化率 β，储蓄率为 s，得到资本增量公式：

$$d(K(t)) = \beta s Y(t) - qK(t) \qquad (14-20)$$

由式（14-20）得经济增长 $g = \dfrac{dY(t)}{Y(t)} = \dfrac{dK(t)}{K(t)} = \dfrac{\beta s Y(t) - qK(t)}{K(t)}$，将 AK 模型代入得到内生增长模型框架下的经济增长率：

$$g = A\beta s - q \qquad (14-21)$$

由式（14-21）可知，AK 模型中由于非资本增长因素的变化是在保持资本边际产出不变的前提下以资本积累为目的，从而经济体之间产出规模与增长速度的差异根本上仍然来源于资本积累。这就意味着即使将技术因素内生，以保持资本边际产出不变，解释经济体之间非均衡的增长格局仍须立足于对各自资本积累情况的考察，从而不能脱离对金融差异分析。所以，促进后进地区的经济增长缩小地区间的收入差距必须注重发挥金融系统或金融市场的作用。

（3）中国金融发展促进经济增长的现实。改革开放以来，通过引进外资及经济的快速增长，中国金融机构在市场化的同时，打破地域分工，引进经营竞争机制，经营和发展能力增强；金融产品的种类不断增多，服务领域不断扩展，金融商品和金融服务对社会需求的满足程度越来越高。

总体来看，金融快速发展极大地促进了经济增长，有力地支撑了改革至今中国经济的持续高位运行。在现代经济中，经济运行与金融活动总是相伴而行的，经济的高速发展必然伴随着金融总量的迅速增长，金融总量的增长对经济增长也提供着强有力的支持。

全面建成小康社会的重点和难点在"三农"，县域是"三农"的集中区域。县域发展在全面建成小康社会的进程中具有举足轻重的作用。30 多年来，县域经济发展较快，党的十八大后，县域经济发展即将进入新阶段，即进入"统筹推动县域经济科学发展"的新阶段。

县域经济是中国特有的一种经济形态，县域经济的竞合发展是我国改革开放 30 多年来经济奇迹之一。县域是中国发展的基础，是城乡协调发展的纽带，如今县域经济规模已经接近全国 GDP 规模的一半，但与此同时，县域经济发展也面临各种瓶颈，其中金融是主要制约瓶颈之一。截至 2007 年末，县域贷款占全国贷款的比重约为 23.4%，县域存款占比约为 20.6%，县域经济与金融呈现出明显的不匹配特征。从金融资源对县域经济的配置来看，城乡金融存在着极端的不平衡，城乡经济形成巨大落差。因而，若合理地调整经济政策和金融体制变革，县域经济的生产发展潜力将进一步得到释放。并将继续成为中国经济未来长久发展的一个动力。

一般而论，在经济增长的不同阶段中，各种因素的作用路径及力度存在显著差异。金融发展因素对经济增长的作用机制也具有同样的属性，在计划经济体制下，金融体系发挥作用的程度受到了严重抑制，只是被作为一种计划手段来使用，实际上长期以来中国金融体系在经济发展中扮演了一种财政化角色，金融成为财政分配资金的辅助性手段。改革以来，随着计划经济体制的破除和市场经济的逐步确立，金融的作用逐步显现，但在这一时期，金融作用的发挥仍然是初步以及适应性的，行政手段仍然是推动金融发挥作用的主要力量，市场因素的主导地位并不显著。近年来，随着中国经济市场化程度与开放程度的进一步提高，金融体系的作用发生了重大转变，主要体现在，第一，金融对经济发展的促进作用更加突出，作用途径不再仅体现为提供信贷和货币上，而是通过全方位的系统性金融服务来实现；第二，金融对经济发展推动的主要阵地不再仅限于银行机构，资本市场的作用力度大大增强；第三，金融业作为第三产业的重要组成部分，在自身创造产值及就业机会的同时，也通过对实体经济提供资金支持的结构性转变来促进经济结构的优化升级；第四，金融运行的市场化程度大幅提高，金融体系的"去财政化"趋向逐步增强。

（三）县域经济增长对县域金融发展影响的机理分析

前面主要讨论了金融发展因素在区域经济增长及其差异形成中的作用机理，由于资本的积累无论在短期还是长期都是经济增长的主要源泉，同时金融发展在节约交易成本、影响储蓄率、提高资本配置效率、促进资本加速形成以及为产业结构的优化升级提供资金支撑等方面对区域经济发展都有着重大意义，因此可以得到的一个基本判断是，金融发展差异在资本配置层面对县域经济及城乡非均衡增长应当具有显著解释力。

那么，县域金融发展差异本身又是如何形成的，在城乡地区金融发展差异加大区域发展非均衡性的同时，区域经济非均衡性是否对加深城乡地区金融发展差异存在反馈效应。从现实来看，中国金融体制改革使得金融机构逐渐成为真正的市场交易主体，尤其是 20 世纪 80 年代中后期以来股份制银行的设立以及近年来各地城市商业银行的涌现，使得中国金融机构逐渐呈现出一种市场化趋势，开始独立做出交易决策，并面临着利润约束的"硬化"，这也必然导致在金融机构的经营中，更多地考虑利润与风险因素。中国欠发达地区，特别是县域地区金融风险大，交易成本高是客观存在的事实，于是在金融资源的配置过程中，金融机构基于成本及风险规避考虑而不自觉地产生了金融歧视倾向，这一倾向导致城乡区域间金融发展差异逐渐形成，并通过金融与经济发展的循环累积效应，造成城乡区域金融发展差异不断固化。在现有文献中已有不少研究注意到了，地区经济社会发展差距对金融差异的加深作用，但与以往研究相比，这里将着重从金融市场的微观主体角度来解释由于区际差异而引起的金融歧视现象。

在国外，格林伍德和约万诺维奇（Greenwood & Jovanovic，1990）及松山（Matsuyama，2000）分别建立了在初始分配外生给定条件下，基于微观个体之间融资能力差异之上的金融发展、经济增长及收入分配之间的动态理论模型，并将个体无法进入金融市场并取得融资的原因，归结为金融市场的固定成本要求或自身财富约束。马草原（2009）认为无论是金融市场的固定成本要求还是自身财富约束，本质上都只是一种投资规模约束，无法进入金融市场并获得信贷支持的原因，不应仅仅因为自身的财富无法达到最低投资规模的要求。随后又对松山（Matsuyama）的模型做了修正以及扩展，将金融机构风险预期引入模型，从而为之赋予了金融歧视的色彩，这一理论假说在中国城乡差距的检验中得到了数据支持。

王婷（2011）将在对上述理论框架做了方向性调整并适当扩展后，引入利润函数来说明金融机构歧视性金融资源配置方式的动机及根源。这有助于进一步厘清金融歧视的微观基础，并借此来揭示群体差异如何引起金融歧视进而导致不断固化的金融发展差异。通过一个简单的动态模型，刻画了由于经济主体差异而引发的金融歧视现象。理论分析表明，由于经济主体之间的差异，使得金融机构为不同的主体赋予了不同的金融风险预期水平，这导致不同群体在金融市场资金竞争的时候，面临着不同的财富门槛约束，这一问题本质上是一种金融歧视现象；金融机构对经济主体之间不同风险水平的区分，将会提高自身的预期利润水平，这也激励了金融机构的金融歧视动机；由于金融歧视的存在，一方面引起了经济中金融压抑现象的发生，另一方面使得经济中的经济主体逐渐出现分化，这一分化不仅体现在财富的增长速度上，还会更进一步地反馈到下一期的金融市场的资本竞争上，从而导致了经济中金融发展的差异逐渐固化。

江源等（2012）利用省域面板数据进行实证研究，结果认为无论是东部地区还是中西部地区，经济规模差距与城乡二元金融水平之间都存在显著的负相关关系，说明工业部门经济规模的适度领先有助于抑制城乡金融反差的扩大，这一结论也说明用经济增长与金融发展的总量关系来解释城乡金融结构差异与我国金融发展的事实不相符。以劳动结构反映的经济效率差异变量系数在模型中显著为正，说明城乡经济效率差异对城乡金融非均衡发展具有促进作用，也体现了市场机制在金融资源配置中的重要性。而与以上两个变量形成鲜明对比的是，收入差距和制度因素对城乡二元金融结构的影响在东、中、西部地区并不具有普遍性。前者的影响仅在东部地区显著，且与城乡二元金融结构存在正相关关系。说明在经济发达地区，城乡收入差距引致的金融需求差异是城乡二元金融结构形成的重要诱因。收入差距变量在西部地区模型中不显著可以从两个方面来解释：其一，经济发展相对滞后的地区难以形成有效的金融需求，因而无论是城市地区还是农村地区，金融需求对金融发展的作用都不明显；其二，经济发展落后地区的金融需求不能得到有效满足。

相反，金融制度差异对城乡二元金融结构的影响在三个模型中均为正，但仅在西部地区显著，说明城市倾向性的金融制度供给刺激了西部地区城乡二元金融结构的形成。此外，分组回归中变量显著性水平的差异也说明随着经济发展水平的提高，城乡二元金融结构的形成机制具有从供给导向向需求导向演变的规律。在经济发展水平较低的西部地区，经济效率差异和制度供给差异共同影响了城乡二元金融结构的形成；在中部地区，金融供给差异对城乡二元金融结构的影响开始弱化，城乡金融分化主要由经济效率驱动；在经济相对发达的东部地区，经济效率对城乡二元金融结构的影响同样存在，而收入差距引致的金融需求差异进一步加剧了城乡金融的非均衡发展。

经济中资本是财富增长的唯一源泉。当然，在现实经济中财富增长至少源自劳动、资本以及技术进步等多方面。中国是发展中国家，依据发展经济学理论并联系到中国发展历程，改革至今，资本约束一直是中国经济发展最大的制约瓶颈。

随着中国金融体制改革的推进，金融机构的经营主体地位逐渐确立，其利润约束也不断地得以强化，使得金融机构在贷款分配时，必然更多地考虑利润及风险因素。中国区域发展的非均衡性不仅体现为经济总量方面，还表现在社会总体发育程度上，欠发达县域地区社会发育程度低下，信用环境落后，金融交易成本高是事实，这必然引起金融机构在市场交易中"嫌贫爱富"的金融歧视倾向，这一倾向严重削弱了欠发达区域应有的金融支持，使之面临不利的资金竞争地位，而且通过财富与资本的双向反馈效应，形成一种循环累积效应，在长期以来导致中国县域及城乡之间的金融发展与经济社会发展同时出现巨大差异，并交织沉淀，相互加深。

中国县域经济发展差异较大，已有研究表明东部地区县域经济对金融的影响最强，西部次之，中部最弱，甚至表现为负面的影响。这可能是由于发展差异较大，在东部区域，县域经济金融市场化格局较好，因此经济对金融的正面影响较为明显；在西部区域，虽然没有相对完善的市场化条件，但由于我国的金融发展具备"需求跟进型"的特征，国家政策的支持在一定程度上创造了新的金融需求，因而促进了金融的发展；而在中部区域，市场体系本身并不完备，同时支持政策也有所缺乏，因而经济对金融的传导效果并不明显。

总体来看，县域经济对县域金融绩效有正面影响，但同时需要看到，我国县域实证分析模型对应这一影响并不显著，可能是区域间传导机制的差异造成的。城市化率和第二、第三产业比例对金融机构绩效的影响显著为正，说明一个地区城市化率越高、工业和服务业越发达，金融绩效就越好。县域人均存款对绩效的影响为正，通过检验，存款在一定程度上反映的是一个地区居民和企业的富裕程度以及金融积聚程度，一般而言，富裕的地区，金融机构发展潜力大；同时，存款也是贷款的一个约束指标，若金融积聚程度达不到规定水平，纵然融资需求再旺盛，银行也难以将其转化为实在的业绩。不良贷款率 NPL 与绩效呈现负向影响，不良贷款率越高，银行的呆坏账也越多，对应的盈利能力也会越低。

根据石盛林（2011）利用多元回归分析研究的结论，可以发现，县域经济对金融的传导影响通过四个层面体现：一是经济规模和金融集聚水平；二是经济结构；三是政策环境；四是区域特征因素。县域经济规模和金融集聚水平的影响说明了我国县域金融的发展是需求跟进型，与帕特里克（Patrick）的结论似乎相悖，帕特里克认为，在发展中国家，金融的发展往往是供给引导型的。政府"看得见的手"或是导致这一现象的重要原因。在拟合的多元回归方程（不含非连续变量）中，资金净流出与县域支行绩效呈现负相关关系。县域政策支持力度一方面提升了县域总体经济发展水平，另一方面促进了县域经济对金融的支持力度。

通常而言，县域经济的总体发展水平不高，资本积累和财富积累水平低于城市水平，区域市场化程度、生产要素流动和配置能力有限。这些外部环境必然制约县域金融的发展。在县域既定的经济和金融发展水平下，政策支持力度和转移支付水平将成为促进县域经济与县域金融融合、相互推动发展的催化剂。政府的政策支持，将可能提升县域经济总量水平及结构性调整，促进市场化程度的提升，有效地降低农户进入金融服务的"门槛"，提升县域金融的有效需求。

因此，可以认为，国家的政策支持对县域经济影响金融的机理起到促进和推动作用。在中国西部地区，近十年以来，国家推进西部大开发战略，出台了财政、税收倾斜政策，加大了财政转移支付力度，重大开发项目形成了巨大的金融服务需求，从而改善了县域当地的金融生态，促进了金融水平的提升；而金融发展水平的提升，又推动了县域经济的增长，使得县域经济和县域金融发展呈现良性互动。借助多元回归分析方法和我国县域经济金融的宏观及微观数据，可以发现，经济作用于金融的传导变量除地区经济总量外，还有经济结构、城镇化水平、金融生态环境以及地区的金融聚集程度，在此基础上，微观主体还受自身经营规模、效率和管理水平的影响。进一步的变量分析，模型方程的解释能力明显增强，表明不同地域经济增长的扩散回流效应和区域发展政策安排对金融发展的传导有一定的差异。

基于我国城乡二元金融结构形成机制的区域差异，表明无论是东部还是中西部地区，工农业部门产出差异的扩大不仅没有加剧二元金融差异，反而抑制了城乡金融反差的扩大，这充分说明，在工业化达到一定阶段之后，"工业反哺农业"的机制在金融体系中同样存在；工业化和城市化推动农业劳动力与金融资源同向流动，说明在剩余劳动力转移过程中工业部门仍然具有比较效率优势，而在市场经济条件下，经济效率对金融资源的配置具有决定作用。但由于经济发展水平和阶段性的差异，以及经济转型发展过程中市场与政府作用的差异，不同地区城乡二元金融的形成具有区域特征。以功能财政化体现的金融制度差异对中、东部地区城乡金融差异的影响并不显著，却是强化西部地区城乡二元金融结构的主要诱因，说明西部地区的金融发展受到市场与政府的双重影响，也说明西部地区的金融控制强于中、东部地区。收入分配差异对二元金融结构的影响仅在东部地区显著，说明东部地区的金融发展具有"需求导向"的典型特征。

由上述的实证结果，政策含义也十分清晰，即解决区域二元金融反差问题无法通过简单缩小区域经济产出差距来实现，也难以通过增加对落后地区的金融供给来完成。总的来看，城乡金融的协调发展需要通过全方位的经济社会转型来实现。一方面，以产业结构优化来带动劳动力结构优化，加速形成剩余劳动力转移的拐点；另一方面，需要通过城乡统筹来整合农业农村资源，消除城市部门的效率比较优势。而从我国不同地区金融发展的阶段性差异来看，在经济发展落后的地区，城乡二元金融结构的解决还有赖于金融供给从总量增长向结构优化转变；在经济发展水平较高的地区，调节收入分配则具有一定的积极作用。

由此，通过推动新型城镇化统筹城乡发展，城镇化形成的生产资源集聚效应，可以提高劳动生产率，推动县域经济快速增长。城镇化可以促进县域剩余劳动力的转移，有利于农村工业的产业集聚，有利于服务业的成长，有利于促进农村劳动力的转移。在农村城镇化的过程中，农民向第二或第三产业转移，有利于提高土地的规模经营和集约化程度，县域实现农业现代化、三次产业融合发展，城镇化盘活土地资源，土地资本化，创造金融资本，改变县域社会经济结构，可以在新型城镇化过程中形成县域金融与县域经济发展协调发展的互动机制。

二、建立县域金融服务与县域经济协同发展的长效机制

（一）深化县域金融体制改革以充分发挥金融的支持作用

1. 在发挥原有商业银行作用的基础上完善商业性金融机构的设置。首先，国有商业银行的定位是股份制商业银行，对原来农业银行承担的农村政策性业务，可以全部交割给农业发展银行。其次，国有商业银行应改变经营策略，适当放宽县域金融的信贷自主权，加大对县域经济的信贷支持。把有发展潜力的县域中小企业作为培育和支持的重点。商业银行要适应县域经济发展的新形势，找准追求利润与支持县域经济发展的结合点。最后，必须进一步完善商业性金融机构的设置。路径有两条：一是新设商业性金融机构，如地方性商业银行、股份制商业银行；二是将原有的农村信用社的一部分分离出来，改造成股份制商业银行，专门服务于中小企业和民营企业。

2. 强化农业发展银行的政策职能以扩大政策性金融供给。农业发展银行是国家独资的农村政策性金融机构，主要支持农村政策性业务、农村产业结构调整及产业化经营项目。政策性金融要真正体现出政府的引导作用，对支持县域经济发展的基础产业、投资回收期长且微利的项目及其他商业银行不愿意投放但能收回本金的项目，都应予以投入。同时，县级政府可以主动和国家开发银行对接，积极筹措国家开发银行信贷资金以支持县域经济发展。

3. 加快农村信用社改革以增强农村信用社的服务功能。一方面，农村信用社必须要加快产权制度改革，建立现代法人治理结构，通过产权改造，促成农村信用社内部机制的转换，提升对县域经济发展的金融服务水平。另一方面，要拓宽金融服务范围和层次，要在拓展中间业务方面寻求突破，进一步增强和完善信用社服务功能，加快农村信用社电子化建设，形成完备的支付交易结算系统和金融信息系统，为中间业务发展创造技术和信息条件。

4. 逐步推进邮政储蓄改革以减少县域经济发展中资金的外流。邮政储蓄是县域资金外流的渠道之一，成立邮政储蓄银行，允许开办存单、国债等有价证券贷款业务和小额担保贷款业务，增加资金本地使用的比例，可以加大对县域经济发展的支持力度。因此，应加快邮政储蓄改革步伐，尽快开办贷款业务，让邮政储蓄资金返还农村，支持县域经济发展。

（二）加强地方政府的支持力度以发展壮大县域经济

1. 明确地方政府职能。地方政府是县域经济发展的管理者，其职能应做到既不缺位，也不越位，否则，将影响到金融行业支持地方经济发展的成效。首先，地方政府应结合本地实际情况，按照国家产业政策、信贷政策要求来确定项目，不干预银行和信用社贷款的自主权。其次，营造诚信环境，建立中小企业担保机构，为县域中小企业提供担保，支持中小企业的发展。再其次，创造良好的执法环境，支持司法部门依法维护金融机构的合法权益，积极协助金融机构清收不良贷款，努力打造诚信政府。最后，政府应加强调查研究，准确把握县情，制定长远发展战略，同时改善投资环境，促进地方经济的快速发展，推动县域经济转型。

2. 推动县域经济转型。县域经济转型升级是新常态下推进"新四化"、实现中国经济升级版的重要支撑。2013 年中国的城镇化率是 53.73%。即使达到发达国家 60% ~70% 的城镇化率，依然有广大人口在农村。没有农业农村的现代化就没有中国的现代化。工业化发展至今，随着老龄化和农业富余劳动力减少，丰富而廉价的劳动力要素的驱动力减弱。与此同时，改革初期期待出现的城市对农村的"涓滴效应"不仅没有出现，反而扩大了城乡差距。对此，党中央提出了新四化协同推进的目标，通过以工促农、以城带乡、工农互惠的方法推动城乡一体化。县域作为城乡一体化发展的基本单元，只有县域经济完成转型升级，实现质量和效益的统一，实现充分就业和人民收入的大幅提升，实现环境保护和资源节约，才能真正打造出中国经济的升级版。

此外，县域经济转型升级是推进新常态下经济增长的新动能。实现县域经济的转型升级，必须实现动能转换。一是经济增长将更多依靠人力资本质量和技术进步，必须让创新成为驱动发展新引擎；二是要发挥消费推动经济发展的基础作用。技术进步和消费推动将是新常态下支撑我国经济中高速增长的动能所在。

传统城乡二元格局下，人口来回迁徙，劳动力人口的不稳定导致人力资本积累缓慢，创新能力弱；不断扩大的城乡收入差距导致数以亿计的农村消费潜力无法释放。重点在解决作为城乡结合地带的县域对人口的吸引能力。在县域范围内，坚持以人为本，全面实施社会保障、健康住房和广泛培训，才能快速积累稳定的人力资本；通过让广大农民平等参与现代化进程、共同分享现代化成果，逐步扩大中等收入者阶层，为扩大内需创造社会基础。

（三）建立现代化的中小企业经营机制

中小企业要尽快建立起适应市场经济需要的现代企业经营管理模式，建立健全各项内控制度，应做到以下方面的转变：在企业家素质上，由经营型向知识型、开拓型转变；在企业管理上，由传统的家族式管理向科学的现代化企业管理制度转变；在产权制度上，由自然人产权向现代企业产权制度转变；在经济增长方式上，由粗放型转向集约型，选择科技含量高、市场潜力大的产品作为主营对象；在产品定位上，由传统型转向科技型、农产品深加工型、出口创汇型，加快产品和技术创新步伐，增强市场竞争力。

（四）加强诚信建设以创造良好的县域金融环境

县级政府要采取强有力的措施，进一步加大信用环境的建设力度，坚持"以政府信用为先导，以企业信用为重点，以个人信用为基础"，大力推进社会信用体系建设，着力打造"信用政府"，建设效率型、服务型、法制型、信用型政府。政府相关部门要依法加大对金融部门清查收缴的支持力度，坚决打击各种逃废金融债务的行为和偷骗银行债务的企业。

县域企业要树立诚信意识，守信经营。以信用为灵魂，加强各项规章制度建设，按照现代企业制度建立管理体系，规范运营，增强决策的透明度，强化内部财务管理，保证会计信息的真实、合法、准确、及时，让金融机构了解企业的真实情况，提高企业资信度。

在中小企业信用评级和授信制度方面，县域金融机构应积极探索，建立起统一的适合县域经济的相关制度体系，金融机构目前"各自为政"的信用评价办法已经不适合县域经济发展要求，应予以取消。应该加快构建中小企业信用担保体系，为解决中小企业融资难创造条件，以财政性资金为引导，吸引民间资金，按照现代企业制度设立担保公司，为有潜力的优质中小企业提供信用担保，着力解决中小企业融资问题，进一步促进所在区域的中小企业发展，从而推动县域经济加快发展。

（五）确立适应县域经济发展的金融机构经营理念以构建金融稳定的长效机制

各商业银行应以战略的高度来看待县域经济的发展，对县域中小企业采取特殊的扶植政策。一方面，金融机构在追求自身利益最大化的同时，兼顾社会效益的提高，正确处理好局部与整体、近期与长远利益的关系。另一方面，科学确定国有商业银行县级支行的市场定位。根据现阶段经济发展水平和实际，确定市级商业银行在贷款营销中侧重一些大户企业、重点行业或领域。而县级商业银行应把贷款发放的侧重点转移到中小企业上，争取增加有效投入，扩大贷款的市场份额。对县域中小企业，可单独设立一些授信评级体系，放宽贷款准入门槛。

（六）引导农村信贷资金流向以支持农业和农村经济的发展

一是人民银行应通过增加再贷款的方式，增加对农村的资金投入，解决邮政储蓄等分流资金带来的支农资金不足的矛盾。二是依据 2005 年中央一号文件精神，制定县域内各金融机构承担支持"三农"义务的政策措施，明确金融机构在县及县以下机构、网点新增存款用于支持当地农业和农村经济的比例。三是对待发展中的农业基础设施建设、高效农业、特色农业等项目，中央财政和地方财政应拿出更多的资金，通过财政政贴息补偿的方式，引导资金向农业和农村流动。

基于实证分析结论和经济对金融传导的路径，促进县域经济与县域金融协同发展的长效机制为：

1. 县域金融机构的设立必须和经济增长水平相适应。由于存在门槛效应和总体需求导向型的县域金融内生机制，超越当地经济发展状况的布局网点可能难以到达预期的产出效果。

2. 县域金融机构业务发展的方式必须和经济增长驱动要素相适应。县域金融成长的重点领域是：县域城镇化所带来的包括居民住房和耐用消费品在内的县域消费需求的增长、县域基础投资规模的扩大和县域社会公共服务设施的改善；县域农业现代化、第一、第二、第三产业融合，结构升级、劳动密集型产业从城市向县域转移以及县域产业集群形成发展所带来的资本累积和金融服务机会。

3. 县域金融的政策安排应充分注重当地金融生态和金融集聚的因素。在加强县域金融服务体系建设的同时，必须对县域资金的运用进行单独监管，规定凡经营范围跨越城乡的金融机构，其县域存贷比不能低于城市。同时，加强社会诚信建设，将人民银行征信系统尽快覆盖县域。

4. 实行差异化的区域金融发展政策。区域经济增长规划需要配套区域金融发展措施，东部县域重点是拓展金融服务的深度和产品领域；中部县域重点是加强金融生态建设；西部县域重点是实行财税优惠政策，降低金融门槛效应和交易成本，引导更多的金融机构开展金融服务。

5. 加强县域金融监管，强化风险管控能力。县域金融部门自身的经营管理是发挥好金融中介功能、实现其健康发展的重要保障，必须按照城市、县域统一的监管标准和激励机制约束县域微观金融主体的经营行为。

结语： 郡县治，天下安。我国幅员辽阔，县级行政单位作为我国管理国家的基层单元具有重要作用，而从经济发展角度来讲，县域经济也同样具有举足轻重的意义。县域经济与县域金融服务的协调发展是一项复杂工程，不同地区的县域经济存在着巨大差别，即使是同一地区的不同县，县域经济的发展也存在着不同。县域金融如何支持县域经济的发展，一方面我们可以借鉴国外县域经济与县域金融发展的经验；另一方面我们更加需要根据当地的要素禀赋特点，有针对性地调整策略与手段。我国县域金融服务与县域经济的协调发展研究还在"征程"之上，随着国内外复杂经济形势的变化，县域经济发展也会出现相应波动，为此县域金融服务需要适应变化、及时调整。

参考文献

[1] 艾洪德，徐明圣，郭凯. 我国区域金融发展与区域经济增长关系实证分析 [J]. 财经问题研究，2004 (7).

[2] 蔡昉. 如何转向全要素生产率驱动型 [J]. 中国社会科学，2013 (1)：56 - 71.

[3] 陈岱松. 小额贷款公司法律制度研究——上海的实践与探索 [M]. 北京：法律出版社，2010.

[4] 陈鸿彬. 农村城镇化质量评价指标体系的构建 [J]. 经济经纬，2003 (5)：90 - 92.

[5] 陈亮等. 中国经济潜在增长率的变动分析——基于日韩及金砖四国等典型国家 [J]. 经济理论与经济管理，2012 (6)：44 - 55.

[6] 陈先勇. 二元结构与经济发展——对中国农业经济发展要素的解析 [J]. 武汉大学学报（哲学社会科学版），2007 (1).

[7] 陈志伟. 金融发展对河南县域城镇化的影响 [J]. 经济经纬，2015 (3)：7 - 12.

[8] 邓大松. 论美国社会保障制度改革（一）[J]. 保险研究，1996 (6)：55 - 57.

[9] 邓大松，丁怡. 国际社会保障管理模式比较及对中国的启示 [J]. 社会保障研究，2012 (06)：3 - 8.

[10] 邓大松，张建伟. 福利型与保障型社会保障制度模式及其经济发展效应的比较 [J]. 经济评论，2003 (2)：36 - 39.

[11] 东北亚开发研究院. 2013 年中国中小城市绿皮书 [M]. 北京：社会科学文献出版社，2013.

[12] 董晓林，徐虹. 我国农村金融排斥影响因素的实证分析——基于县域金融机构网点分布的视角 [J]. 金融研究，2012 (9).

[13] 董彦岭，吴立振．对我国县域金融与县域经济协调发展的研究 [J]．科技信息，2007（1）．

[14] 杜晓山．我国小额信贷发展报告 [J]．农村金融研究，2009（2）：13－15．

[15] 高佩义．中外城市化比较分析 [J]．天津社会科学，1990（4）：68－74．

[16] 高晓燕，杜金向，马丽．我国县域经济与县域金融互动关系的实证研究——基于我国东、中、西部47个县域的数据分析 [J]．中央财经大学学报：2013（12）．

[17] 高晓燕，杜晓斐，刘晴．县域金融服务支持小微企业的路径选择 [J]．财经问题研究，2015（9）：58－62．

[18] 高晓燕，惠建军，张婧瑜．微型金融对小微企业的支持力度比较研究 [J]．河北经贸大学学报，2015（6）：66－81

[19] 高晓燕，姜荣荣．金融支持在我国农村土地流转中的杠杆功能 [J]．江汉论坛，2015（7）：18－23．

[20] 高晓燕，李腾．新型城镇化的内在要求与实施路径研究 [J]．福建论坛（人文社会科学版），2016（1）：20－27．

[21] 高晓燕，李媛媛，李瑞晶．县域经济、县域金融及其协同发展——基于复合系统协调度模型的检验 [J]．江汉论坛，2016（1）：53－59．

[22] 高晓燕，刘欢，李延军．我国农村小额信贷的构建原则与发展路径 [J]．中央财经大学学报，2010（6）：43－48．

[23] 高晓燕，尚卫卫．政策性金融扶持农户和小企业的创新思路 [J]．中央财经大学学报，2011（9）：37－40．

[24] 辜胜阻，易善策，李华．中国特色城镇化道路研究 [J]．中国资源·人口与环境，2009（1）：47－52．

[25] 郭冠军．地方政府小额贷款公司监管体系建立与创新 [J]．金融经济，2013（2）：104－106．

[26] 郭勇，陆峰．经济欠发达地区金融发展与经济增长关系的实证分析 [J]．金融论坛，2010（5）．

[27] 何念如．中国当代城市化理论研究1979－2005 [M]．上海：上海人民出版社，2007．

[28] 何平，倪苹．中国城镇化质量研究 [J]．统计研究，2013 (6)：11-18.

[29] 胡锦涛．中共十八大报告．2012 (11).

[30] 简新华，罗钜钧，黄锟．中国城镇化的质量问题和健康发展 [J]．当代财经，2013 (9)：5-16.

[31] 蒋智华．城镇化进程中农民工社会保险问题研究 [J]．经济问题探索，2008 (9)：66-70.

[32] 黎和贵．国外农村金融体系的制度安排及经验借鉴 [J]．国际金融研究，2009 (2)：36-41.

[33] 李波．"城市化" 的几个误区 [D]．北京：中国人民银行货币政策二司工作论文，2010.

[34] 李红英．基于三阶段 DEA 模型的我国城镇化发展效率研究 [J]．企业经济，2014 (6)：122-126.

[35] 李克强．在中国工会第十六次全国代表大会上的经济形势报告 [N]．工人日报，2013-11-4.

[36] 李莉莉．微型农村金融机构发展进程与阶段性评价 [J]．金融理论与实践，2008 (9).

[37] 李月，周密．跨越中等收入陷阱研究的文献综述 [J]．经济理论与经济管理，2012，(9)：64-72.

[38] 李珍，杨玲．养老基金制度安排与经济增长的互动——以美国为研究对象 [J]．金融研究，2001 (2)：101-106.

[39] 林寿富．中部地区县域经济增长的趋同分析 [J]．统计与决策，2011 (7)：128-131.

[40] 林毅夫．金融改革与农村经济发展 [J]．上海改革，2003 (10).

[41] 刘京生．论区域经济与区域保险 [J]．保险研究，2002 (6)：20-22.

[42] 刘曦彤．我国小额贷款公司监管政策及其演变趋势 [J]．科学决策，2013 (11)：43-69.

[43] 刘溢海，牛银栓．城镇经济学 [M]．北京：中国人民大学出版社，2012.

[44] 刘勇．中国城镇化发展的历程、问题与趋势 [J]．经济与管理研究，2011 (3)：20-26.

[45] 刘志国，郑旭．户籍制度对我国农村剩余劳动力转移的约束分析 [J]．经济研究导刊，2012 (3).

[46] 吕文广，时保国．西部落后地区县域经济发展实证研究——以甘肃省为例 [J]．区域经济，2009 (3)：28 –31.

[47] 吕政，黄群慧，吕铁，周维富．中国工业化、城市化的进程与问题——"十五"时期的状况与"十一五"时期的建议 [J]．中国工业经济，2005 (12)：5 –13.

[48] 罗其友，高明杰，张晴等．城乡统筹发展研究 [M]．北京：气象出版社，2010.

[49] 马常青．县域经济与县域金融的匹配性分析 [J]．中国金融，2011 (11).

[50] 孟庆松，韩文秀．复合系统协调度模型研究 [J]．天津大学学报（自然科学与工程技术版），2000 (4).

[51] 倪晓宁，包明华．中国城镇化的度量与发展取向——基于 DEA 的城市化研究 [J]．城市问题，2007 (6)：28 –33.

[52] 欧阳红兵，胡瑞丽．微型金融及其在我国的发展 [J]．改革与战略，2007 (10)：50 –53.

[53] 钱良信．县域金融与县域经济发展的作用机制及实证研究——以浙江省为例 [J]．中国发展，2010 (8).

[54] 乔雅君．河南省金融发展与经济增长关系的实证分析——基于动态 VAR 模型的解释 [J]．金融理论与实践，2010 (4).

[55] 秦青，仝俊杰．基于 DEA 交叉评价的中国三线城市新型城镇化水平研究 [J]．工业技术经济，2015 (2)：151 –160.

[56] 饶春宝，黄桐熊．大竹：园区撑起工业强县大旗 [J]．当代县域经济，2015：38 –41.

[57] 神门善久．日本现代农业新论 [M]．上海：文汇出版社，2013.

[58] 沈可，章元．中国的城镇化为什么长期滞后于工业化？[J]．金融研究，2013 (1)：53 –64.

[59] 石全虎．县域金融支持县域经济发展的理论思考 [J]．经济社会体制比较，2009 (2).

[60] 石盛林．县域金融对经济增长的影响机理——基于 DEA 方法的前沿分析 [J]．财贸经济，2011 (4).

[61] 石晓军, 郭金龙. 城镇化视野下我国农业保险发展的若干思考 [J]. 保险研究, 2013 (8): 13 - 18.

[62] 孙祁祥, 朱俊生. 我国保险业发展评价指标探析 [J]. 保险研究, 2008 (2): 18 - 23.

[63] 王定祥, 李伶俐, 冉光和. 金融资本形成与经济增长 [J]. 经济研究, 2009 (9).

[64] 王婷. 中国城镇化对经济增长的影响及其时空分化 [J]. 人口研究, 2013 (5): 53 - 67.

[65] 王小华, 温涛, 王定祥. 县域农村金融抑制与农民收入内部不平等 [J]. 经济科学, 2014 (2).

[66] 王雅卉. 试论我国县域金融抑制与深化 [J]. 农村经济, 2013 (6).

[67] 武志. 金融发展与经济增长: 来自中国的经验分析 [J]. 金融研究, 2010 (5).

[68] 夏书亮. 日本农村金融制度及对我国的启示 [J]. 金融与经济, 2009 (6): 75 - 76.

[69] 向春玲. 城市化进程中的理论与实证研究 [M]. 长沙: 湖南人民出版社, 2008.

[70] 谢文. 农村土地流转金融支持体系研究 [D]. 长沙: 中南大学, 2010.

[71] 谢问兰, 戴国海, 褚保金. 县域金融发展与经济增长关系的研究——以江苏省为例 [J]. 南京大学学报 (社会科学版), 2008 (1).

[72] 徐永智, 于海慧. 区域金融与区域经济发展的动态相关性分析 [J]. 经济论坛, 2012 (2).

[73] 徐志峰, 温剑波. 保险业参与城镇化发展的思考 [J]. 保险研究, 2013 (6): 68 - 75.

[74] 杨东阳, 赵永, 王小敏, 苗睿, 田光辉. 中原经济区县域经济差异时空演变研究 [J]. 地域研究与开发, 2015 (10): 29 - 33.

[75] 杨兆廷. 农村金融机构收缩对农村经济影响的实证分析 [J]. 上海金融, 2009 (5).

[76] 姚士谋, 张平宇, 余成, 李广宇, 王成新. 中国新型城镇化理论与实践问题 [J]. 地理科学, 2014 (6): 641 - 647.

[77] 叶裕民. 中国城市化质量研究 [J]. 中国软科学, 2001 (7):

27 – 31.

[78] 于海. 中外农业金融制度比较研究 [M]. 北京: 中国金融出版社, 2003.

[79] 岳立, 张钦智. 农村人口的城市化问题研究——基于户籍制度的视角 [J]. 经济问题, 2009 (3): 40 – 45.

[80] 曾宪影. 美国的社会保障制度及其启示 [J]. 江苏社会科学, 2006 (6): 202 – 204.

[81] 翟超颖, 代木林. 提升我国城镇化质量的财政政策研究 [J]. 财政研究, 2014 (12): 79 – 81.

[82] 张德荣. "中等收入陷阱" 发生机理与中国经济增长的阶段性动力 [J]. 经济研究, 2012 (9): 17 – 29.

[83] 张红宇. 中国农村的土地制度变迁 [M]. 北京: 中国农业出版社, 2002: 140.

[84] 张鸿雁. 中国新型城镇化理论与实践创新 [J]. 社会学研究, 2013 (3): 1 – 14.

[85] 张健涛. 绍兴土地信托流转的运行机制、实施困境与发展策略 [J]. 上海国土资源, 2014 (1): 60.

[86] 张静. 当前县域经济资金运作机理、金融缺陷及对策——对湖北省县域经济资金运作现状的调查与思考 [J]. 金融研究, 2006 (9).

[87] 张俊刚, 王鹏. 基于 AK 模型的农村金融发展与经济增长研究 [J]. 国际经济合作, 2011 (12).

[88] 张良悦. 户籍对价、劳动力迁移与土地流转 [J]. 财经科学, 2011 (1).

[89] 张龙耀, 包欣耘. 非吸储类放贷机构的发展与监管创新 [J]. 金融论坛, 2014 (12): 17 – 25.

[90] 张译义. 基于 DEA 分析法的新型城镇化与农业产业化协调发展研究——以四川省为例 [J]. 经济管理者, 2014 (25): 136.

[91] 张子宸, 李宾. 城镇化、金融发展与城乡统筹关系研究 [J]. 经济问题探索, 2014 (6): 60 – 66.

[92] 赵磊, 方成, 丁烨. 浙江省县域经济发展差异与空间极化研究 [J]. 经济地理, 2014 (7): 36 – 43.

[93] 郑秉文. 围绕美国社会保障 "私有化" 的争论 [J]. 国际经济评

论，2003（1）：31－36.

［94］中共中央，国务院. 关于全面深化农村改革 推进农业现代化的若干意见. 2014（1）.

［95］中共中央办公厅，国务院办公厅. 关于引导农村土地经营权有序流转发展农业适度规模经营的意见. 2014（11）

［96］中共中央关于全面深化改革若干重大问题的决定. 2013.

［97］中共中央关于推进农村改革发展若干重大问题的决定. 2008.

［98］中国（海南）改革发展研究院. 人的城镇化——40 余位经济学家把脉新型城镇化［M］. 北京：中国经济出版社，2013.

［99］中国金融 40 人论坛课题组. 土地制度改革与新型城镇化［J］. 金融研究，2013（5）.

［100］中国人民银行. 2014 年金融机构贷款投向报告.

［101］中国人民银行南昌中心支行课题组. 金融支持县域经济发展大有可为［J］. 金融与经济，2011（4）.

［102］中国社会科学院《城镇化质量评估与提升路径研究》创新项目组. 中国城镇化质量综合评价报告［R］. 经济研究参考，2013，（31）：3－32.

［103］周立，王子明. 中国各地区金融发展与经济增长实证分析：1978—2000. 金融研究，2002（10）.

［104］周萍. 土地信托银行：农村土地流转的金融模式探索［J］. 中国金融，2015（5）：29.

［105］周天芸，王莹. 金融机构空间集聚与经济增长——来自广东县域的实证检验［J］. 地理研究，2014（6）.

［106］周伟，曹银贵，王静，袁春，乔陆印. 基于 GIS 和 DEA 的三峡库区城镇建设用地变化与效益评价［J］. 地理科学进展，2010（11）：1420－1426.

［107］朱剑玮. 县域经济与县域金融协调发展——以芜湖县为例［J］. 重庆科技学院学报，2013（2）.

［108］Arestis, Demetriades. Financial Development and Economic Growth：Assessing the Evidence［J］Economic Journal, 1997.

［109］Craig P. Aubuchon, Juan C. Conesa, and Carlos Garriga. 2011. A Primer on Social Security Systems and Reforms［J］. Federal Reserve Bank of

St. Louis Review, 93 (1): 19 -35.

[110] Croasdale, K, Strecher. R. Community Banks: Surviving Unprecedented Financial Reform [J]. Academy of Banking Studies Jouranl, 2011 (10).

[111] C. J Rodríguez-Fuentes. Credit Availability and Regional Development [J]. Papers in Regional Science, 1998 (77): 63 -75.

[112] E. S. Shaw. Financial Deepening in Economic Development [J]. Oxford University Press, 1973, 77 -101.

[113] GAO. Person-to-Person Lending, New Regulatory Challenges Could Emerge as the Industry Grows [R]. Washington. DC: Government Accountability Office, 2011.

[114] George Georgopoulos. Measuring Regional Effects of Monetary Policy in Canada [J]. Applied Economics, 2009, 41 (6): 2093 -2113.

[115] Gopi Shah Goda, John B. Shoven, and Sita Nataraj Slavov. 2011. How Well are Social Security Recipients Protected from Inflation [J]. National Tax Journal, 64: 429 -450.

[116] Harrison, Sussman, Zeira. Finance and growth: Theory and new evidence [Z]. Working Paper, The Hebrew University of Jerusalem and CEPR 2004 (5).

[117] Jeffrey B. Liebman. 2002. Redistribution in the Current U. S. Social Security System [M]. University of Chicago Press. 11 -48.

[118] John Geanakoplos, Olivia S. Mitchell, and Stephen P. Zeldes 1998. Would a Privatized Social Security System Really Pay a Higher Rate of Return? NBER Working Paper No. 6713. 8.

[119] King, R. G. R. Levine. Financial and Growth: Schumpeter Might Be Right [J]. Quarterly Journal of Economics, 1993, 108 (3): 717 -738.

[120] Kristof Dascher. County Capital Cities, County Public Finance and County Economic Geography [J]. Economics of Governance, 2004, Vol. 5 (3), pp. 213 -233.

[121] Levine. Finance and Economic Growth: Theory and Evidence [M]. Handbook of Economic Growth. New York: North Holland, 2005.

[122] Ligita Gaspareniene, Deimante Venclauskiene, Rita Remeikiene. Critical Review of Selected Housing Market Models Concerning the Factors that

Make Influence on Housing Price Level Formation in the Countries with Transition Economy ［J］. Procedia-Social and Behavioral Sciences, 2014, Vol. 110.

［123］ Martin, Feldstein. 2005. Structural Reform of Social Security ［J］. Journal of Economic Perspectives, 19 （2）: 33 –55.

［124］ Michael Fung. Financial Development and Economic Growth: Convergence or divergence ［J］. Journal of International Money and Finance, 2009 （6）

［125］ Michael Kaganovich, Volker Meier. 2012. Social Security Systems, Human Capital, and Growth in a Small Open Economy ［J］. Journal of Public Economic Theory, 14 （4）: 573 –600.

［126］ M. K. Hassan, Z. B. Sanche, J. S. YU. Financial Development and Economic Growth: New Evidence from Panel Data ［J］. The Quarterly Review of Economics and Finance, 2011, 51 （1）: 88 – 104.

［127］ R. I. McKinnon, Money and Capital in Economic Development, ［J］. American Political Science Association, 1973, 177.

［128］ Wendy Carlin, Colin Mayer. Finance, Envestment, and Growth ［J］. Journal of Financial Economics, 1998 （69）: 191 –226.

［129］ W. A. Lewis. Economic Development with Unlimited Supply of Labor ［J］. The Manchester School of Economic and Social Studies, 1954, 22 （2）: 140 – 187.